U0517115

政治经济学系列丛书 · 学术系列

Zhengzhi Jingjixue Xilie Congshu

国家社科基金重大项目阶段性成果（项目编号：11&ZD146）

农业转移人口市民化 与二元经济转型

NONGYE ZHUANYI RENKOU SHIMINHUA YU ER'YUAN JINGJI ZHUANXING

张桂文　徐世江　等著

中国财经出版传媒集团
经济科学出版社
Economic Science Press

图书在版编目（CIP）数据

农业转移人口市民化与二元经济转型/张桂文等著．—北京：经济科学出版社，2017.11
ISBN 978 - 7 - 5141 - 8735 - 9

Ⅰ．①农⋯ Ⅱ．①张⋯ Ⅲ．①农业人口 - 城市化 - 关系 - 中国经济 - 二元经济 - 转型经济 - 研究 Ⅳ．①C924.24②F121

中国版本图书馆 CIP 数据核字（2017）第 292290 号

责任编辑：于海汛　刘　悦
责任校对：隗立娜
版式设计：齐　杰
责任印制：潘泽新

农业转移人口市民化与二元经济转型
张桂文　徐世江　等著
经济科学出版社出版、发行　新华书店经销
社址：北京市海淀区阜成路甲 28 号　邮编：100142
总编部电话：010 - 88191217　发行部电话：010 - 88191522
网址：www.esp.com.cn
电子邮件：esp@esp.com.cn
天猫网店：经济科学出版社旗舰店
网址：http：//jjkxcbs.tmall.com
北京财经印刷厂印装
710×1000　16 开　17.25 印张　260000 字
2017 年 11 月第 1 版　2017 年 11 月第 1 次印刷
ISBN 978 - 7 - 5141 - 8735 - 9　定价：46.00 元
（图书出现印装问题，本社负责调换。电话：010 - 88191502）
（版权所有　侵权必究　举报电话：010 - 88191586
电子邮箱：dbts@esp.com.cn）

前 言

经过改革开放近 **40** 年的转型增长，我国已进入了中高收入国家的行列，从一个农业经济大国转变为工业经济大国。然而，受传统二元经济体制的束缚以及改革开放以来城乡二元经济体制改革滞后的影响，我国二元经济转型的进程远滞后于我国的工业化进程。虽然我国总体已进入工业化中后期，但二元经济转型还处于刘易斯转折区间；农业向非农产业的就业结构转换远滞后于产值结构的转换；反映出二元经济结构强度的二元对比系数不仅低于发达国家水平，也低于和我们发展程度大致相同的发展中国家水平。工业与农业、城市与乡村之间巨大的二元反差，使我国经济发展面临着资源环境与市场需求的双重约束；劳动力资源配置中"民工荒"与严重就业压力并存；经济运行中投资与消费比例失衡所造成的宏观经济波动等诸多症结性问题。可见，尽管我国已从总体上进入了工业化中后期发展阶段，但城乡二元经济结构仍然是制约我国经济持续健康发展的主要结构问题。

经典的二元经济理论都把农业剩余劳动力转移问题作为二元经济转型核心问题。农业剩余劳动力转移问题也是一个长期以来备受学术界关注的热点问题，受中国二元经济体制及其转型滞后的影响，中国农业剩余劳动力的乡城迁移表现为非永久性特点，因此，近年来我国学者重点研究了农业转移人口市民化问题。但是由于这些研究大多没有把农业转移人口市民化问题与二元经济转型联系起来进行研究，现阶段学术界对农业转移人口市民化问题的研究还存在两大问题：一是多数研究成果没有抓住农业转移人口市民化的要害，所提对策难以解决农业转移人口市民化的症结性问题。例如学者们普遍把农业转移人口市民化的重点放在放开户籍准入和农业转移人口的身份转换上。但从实践上看，很多中小城市、小城镇早已放开了城市户口，由于其产业支撑不足，人们还是选择向就业机会更好的大城市集中；大城市受资源环境承载能力的约束，户籍门槛儿随外来人口的进入而日渐提高，选择性户籍准入不仅限制了农业转移人口及其家属落户，还进一步拉大了城镇间、区域间人力资本存量差距；发达地区或大城市近郊，其土地增值潜力大，非农就业机会多，农村户籍反而比城镇户籍更具吸引力。二是多数研究成果缺乏全局视野和战略思维，有些对策甚至相互掣肘。或是片面强调大城市聚集效应，坚持走以大城市为重点的城市化道路；或是片面强调小城镇连接城乡、迁移成本低的好处，坚持走以小城镇为重点的城镇化道路；在户籍制度改革上强调要放开户籍准入，而在土地制度改革方面又要进城人口以放弃土地为条件，增加了农业转移人口市民化的机会成本；一些对策不能兼顾农业转移人口、城镇居民、人口输出地与输入地的各方利益，从而难以落实；农业转移人口的社会保障制度设计上区域分割、短视化现象严重。

　　本书的一大特色是把农业转移人口市民化与二元经济转型联系起来进行研究，以马克思主义经济理论为指导，综合运用马克思主义政治经济学、发展经济学、新制度经济学以及劳动经济学等理论，考察中国改革开放以来，农业劳动力转移的特殊路径；分析农业转移人口的非市民化对中国二元经济转型的影响；研究现阶段推进农业转移人口市民化所面临的症结性难题；从二元经济转型的视角提出推进农业转移人口市民化的战略思路；在上述研究的基础上，对农业转移人口的就业歧视、社会保障和土地产权问题进行了专题探讨。

本书是国家社科基金重大项目的阶段性成果，也是我们对中国二元经济转型及农业转移人口市民化问题关注的延续。本书由张桂文教授提出写作提纲，由项目组成员讨论确定。第 1 章、第 3 章、第 4 章由张桂文教授执笔；第 2 章由贾晓华副教授执笔；第 5 章由徐世江教授、张桂文教授执笔；第 6 章由王杰力博士执笔；第 7 章由张太宇副教授执笔；第 8 章由李淑妍博士执笔。贾晓华副教授、张荣和李莹莹两位在读博士协助张桂文教授进行了数据搜集与更新工作。全书由张桂文教授总编纂定稿，徐世江副教授参与了书稿的修改与定稿工作。

本书在写作过程中参阅了大量国内外文献，从中得到诸多的启迪与借鉴，在此谨对相关作者表示谢忱。本书中的一些观点和数据来自项目组成员的实地调查，以及项目组在 2014 年 10 月 ~2015 年 10 月间对全国东中西部 20 个省份就征地制度、土地流转，以及宅基地制度改革问题开展的问卷调查。辽宁大学经济学院的部分本科学生、劳动经济学专业、政治经济学专业的部分硕士与博士研究生参与了实地调研和问卷调查，在此，也向学生们卓有成效的工作表示感谢。本书的责任编辑为本书的出版做了大量的工作，使本书增色颇多，在此也一并表示感谢。

由于本书作者学识水平有限，因而疏漏乃至错讹在所难免，恳请专家、学者斧正！

张桂文

2017 年 8 月

目 录

第1章

绪　论

1.1　问题的提出

　　发展中国家由传统农业经济向现代工业经济演进过程中都经历了一个二元经济发展阶段。发展中国家工业化阶段的主要任务就是对这种相对落后的国民经济结构进行改造，使异质的二元经济转型为同质的现代化一元经济。因此，经济发展的核心问题就是二元经济转型问题。

　　经过改革开放近40年的转型增长，截至2010年我国国内生产总值按平均汇率折算达到58791亿美元，超过日本，成为仅次于美国的世界第二大经济体，人均GDP达到4682美元，按世界银行对不同收入组国家的划分标准，我国已从低收入国家进入中高收入国家的行列。2016年，国内生产总值达112028.51亿美元，人均GDP约为8126美元；第一产业的增加值占GDP的比重从1978年的27.9%下降到2016年的8.6%，第二、第三产业产值比已高达91.4%[①]，中国已从一个农业经济大国转变为工业经济大国。然而，受传统二元经济体制的束缚，以及改革开放以来城乡二元经济体制改革滞后的影响，我国二元经济转型的进

---

　　① 2010年数据来自国家统计局网站；2016年数据来自国家统计局2016年统计公报，GDP和人均GDP的美元数据根据2016年的人民币数据和全年人民币与美元的平均汇率计算所得。

程远滞后于我国的工业化进程。虽然我国总体已进入工业化中后期，但二元经济转型还处于刘易斯转折区间；农业向非农产业的就业结构转换远滞后于产值结构的转换；反映二元经济结构强度的二元对比系数不仅低于发达国家水平，也低于和我们发展程度大致相同的发展中国家的水平①。

工业与农业、城市与乡村之间巨大的二元反差，使我国经济发展面临着资源环境与市场需求的双重约束；劳动力资源配置中"民工荒"与严重就业压力并存；经济运行中投资与消费比例失衡所造成的宏观经济波动等诸多症结性问题始终存在。可见，尽管我国已从总体上进入了工业化中后期发展阶段，但城乡二元经济结构仍然是制约我国经济持续健康发展的主要结构问题。

自20世纪50年代刘易斯二元经济结构模型问世以来，发展中国家的二元经济转型吸引了许多经济学家的关注，众多的研究成果形成了古典二元经济理论和新古典二元经济理论。20世纪80年代以来，二元经济理论日益融合了凯恩斯主义、新兴古典经济学、新制度经济学的研究方法及分析工具，在研究内容上吸收了需求约束、分工演进、市场分割、收入分配等内容，突破了单一研究范式的局限，形成了凯恩斯主义二元经济理论、新兴古典二元经济理论，以及建立在理论综合基础上的转型增长理论②。

中国作为发展中国家具有典型的二元经济特征，对于二元经济结构及其转型的研究也就不可避免地成为国内学术界的研究重点。改革开放以来，我国学者对二元经济转型的研究成果主要集中在四个方面③：一是关于经济结构形态的研究。由于我国的二元经济结构转换是在体制转轨背景下进行的，因此与发达国家曾经经历过的二元经济转型，以及其他发展中国家正在进行的二元经济转型相比，具有不同的特点。我国学

---

① 张桂文：《中国二元经济转换的政治经济学分析》，经济科学出版社2011年版，第144页。

② 张桂文：《从古典二元论到理论综合基础上的转型增长——二元经济理论演进与发展》，载于《当代经济研究》2011年第8期，第41页。

③ 张桂文：《中国二元经济转换的政治经济学分析》，经济科学出版社2011年版，第27～32页。

者对我国的经济结构形态进行了研究，主要有二元结构论、三元结构论①。二是以农业剩余劳动力转移为主线的研究。20 世纪 80 ～ 90 年代，学者们以经典二元经济理论为基础，把二元经济转型与农业剩余劳动力转移联系起来，探讨中国二元经济转型的有效途径，形成了一批以农业剩余劳动力转移为主线的研究成果。三是以制度分析为重点的多维度探讨。进入 21 世纪以来，国内学者把二元经济转型与我国的体制转轨联系起来，以制度分析为重点，从要素流动、政府作用、交易效率、分工演进、非均衡制度变迁等多维度、多视角对我国的二元经济转型进行深入研究，促进了二元经济理论的创新与发展。四是关于刘易斯转折点的讨论。2004 年左右"民工荒"的出现引发了我国学者对于中国是否进入刘易斯转折点的讨论。虽然在讨论的过程中学术争议很大，但随着"民工荒"的持续与强化，以及工资水平的不断上涨，近年来多数学者都认为中国已进入刘易斯转折区间。

根据刘易斯—费景汉—拉尼斯二元经济转型理论，农业剩余劳动力的非农化乡城迁移是二元经济转型的核心问题。经典的二元经济理论大都把农业剩余劳动力转移问题作为二元经济转型研究的重点。国内学者也非常关注农业剩余劳动力转移问题，受中国二元经济体制及其转型滞后的影响，中国农业剩余劳动力的乡城迁移表现为非永久性特点，因此，近年来我国学者重点研究了农业转移人口市民化问题。这些研究从不同的角度分析了农业转移人口市民化的内涵、进程、成本等，并提出了相应的对策建议，为我国推进农业转移人口市民化提供了重要的参考借鉴。但是由于这些研究大多没有把农业转移人口市民化问题与二元经济转型联系起来进行研究，现阶段学术界对农业转移人口市民化问题的研究还存在两大问题：一是多数研究成果没有抓住农业转移人口市民化

①　大多数学者以经典二元经济理论为基础研究中国的二元经济转型，认为中国的经济形态总体上看还是现代非农产业与传统农业并存的二元经济。三元结构论有两种观点，一种观点是根据中国 20 世纪 80 ～ 90 年代农村乡镇企业发展的实际，认为中国经济是传统农业、农村工业和现代工业并存的三元结构；另一种观点是根据 21 世纪初以来的知识经济的出现，认为在经济全球化与知识经济背景下的中国经济形态表现为传统农业、现代工业和知识经济并存的三元结构。

的要害，所提对策难以解决农业转移人口市民化的症结性问题。例如，学者们普遍把农业转移人口市民化的重点放在放开户籍准入和农业转移人口的身份转换上。但从实践上看，很多中小城市、小城镇早已放开了城市户口，由于其产业支撑不足，人们还是选择向就业机会更好的大城市集中；大城市受资源环境承载能力的约束，户籍门槛儿随外来人口的进入而日渐提高，选择性户籍准入不仅限制了农业转移人口及其家属落户，还进一步拉大了城镇间、区域间人力资本存量差距；发达地区或大城市近郊，其土地增值潜力大，非农就业机会多，农村户籍反而比城镇户籍更具吸引力。二是多数研究成果缺乏全局视野和战略思维，有些对策甚至相互掣肘。或是片面强调大城市聚集效应，坚持走以大城市为重点的城市化道路；或是片面强调小城镇连接城乡、迁移成本低的好处，坚持走以小城镇为重点的城镇化道路；在户籍制度改革上强调要放开户籍准入，而在土地制度改革方面又要进城人口以放弃土地为条件，增加了农业转移人口市民化的机会成本；一些对策不能兼顾农业转移人口、城镇居民、人口输出地与输入地的各方利益，从而难以落实；农业转移人口的社会保障制度的设计上区域分割、短视化现象严重。

本书尝试把农业转移人口市民化与二元经济转型联系起来进行研究，以马克思主义经济理论为指导，综合运用马克思主义政治经济学、发展经济学、新制度经济学以及劳动经济学等理论，考察中国二元经济转型中农业劳动力转移的特殊性；分析农业转移人口的非市民化对中国二元经济转型的影响；研究现阶段推进农业转移人口市民化所面临的症结性难题；从二元经济转型的视角论证推进农业转移人口市民化的战略思路；在上述研究的基础上，对农业转移人口的就业歧视、社会保障和土地产权问题进行了专题探讨。

1.2 农业转移人口市民化是二元经济转型的关键

二元经济转型的核心问题是农业人口的非农化转移与乡城迁移问题。这一问题之所以成为二元经济转型的核心，是因为农业人口的非农化转移和乡城迁移既可以为工业化提供人力资源，并通过人口的聚集效应促进城镇化发展；又可以优化农业资源配置，扩大农业经营规模，从而促进农业现代化进程。发达国家二元经济转型过程中农业人口的非农化转移与乡城迁移基本上是同一过程。这些国家和地区二元经济转型的成功经验表明，农业人口的非农化转移与乡城迁移不仅是实现工业化、城镇化与农业现代化协调发展与良性循环的关键，也是缩小工农差别、城乡差别，促进人力资本投资，带动产业结构升级的关键。

中国改革开放以来已有 2.82 亿农业人口转移到非农产业[①]，但这些转移人口"有就业，难安家"，只是基本完成了职业上的非农化转移，并未实现从乡村到城镇的永久迁移，而是形成了处于边缘或游离状态的特殊群体——农业转移人口。由此，我国的二元经济结构演变为农村农业部门、农村乡镇企业部门、城市现代部门、城市非正规部门并存的四元经济结构；二元社会结构也演变为农民、农业转移人口与市民并存的三元结构。过渡性的四元经济结构和三元社会结构与传统的二元经济、社会结构相比，无疑是巨大的历史进步，但这种过渡结构长期存在并呈现出固化趋势，已成为二元经济转型严重障碍。

第一，农业转移人口就业稳定性差，通过技能培训或"干中学"进行人力资本投资的收益较低，不利于形成高素质的产业工人队伍。2016 年农业转移人口总量达到 28171 万人，从事第二产业的约为 14902 万人，占第二产业从业人员的比重为 66.7%[②]，虽然从数量上看农业转移人口已成为我国产业工人的主体，但其文化素质和劳动技能偏低，初中及初中以下文化程度者占 73.6%，67.1% 的农业转移人口没有经过职业技术培训[③]，绝大多数农业转移人口距高素质的产业工人还相差甚远。

更为严重的是由于绝大多数农业转移人口只能在工作环境差、薪酬水平低的非正规部门就业，使得农村居民对教育的预期收益率估值下

---

①③　国家统计局：《2016 年农民工调查监测报告》，http：//www.stats.gov.cn/tjsj/zxfb/201704/t20170428_1489334.html。

②　根据国家统计局：《中国统计年鉴 2016》和《2016 年农民工调查监测报告》有关数据计算所得。

降，新的读书无用论在农村抬头，许多农村家庭的子女甚至连初中水平的九年义务教育都难以完成，由此形成的恶性循环正在不断制造着低文化素质的劳动者。这些农业转移人口进入城镇非农产业只能从事低技术含量的工作，他们对城市文明的接受程度低，容易形成对其经济与社会地位的自我认同。许多农民工在城镇务工多年，但仍然局限于在不同的城镇中流动就业，不仅难以通过"干中学"积累人力资本，甚至也不愿参加各种形式的职业技术培训。

经过改革开放以来近 40 年的转型发展，我国已从总体上进入工业化中后期发展阶段，中国二元经济转型进入了刘易斯转折区间。我国工业化进一步推进的主要任务是实现产业结构由资本密集型为主升级为技术密集型为主。由于农业转移人口的非市民化，使农民工及其子女的文化、技能素质难以有效提升，这不仅进一步弱化了农业转移人口的经济与社会地位，而且必然会影响我国的产业结构升级，进而影响中国的工业进程。

第二，2.82 亿农业转移人口长期从事非农产业却难以在城市定居，造成我国城市化滞后于工业化。自 2003 年开始中国已进入中等收入国家行列。根据世界银行统计，1995 年世界高收入国家城市化率为 75%，中等收入国家为 60%，低收入国家为 30%①。2016 年我国城镇化率达到 57.35%，但按户籍人口计算的城镇化率仅为 41.20% 左右②，远低于同等发展水平国家 1995 年平均水平，与高收入国家的差距更大。无论是乡镇企业职工还是往返于城乡之间的农业转移人口，都只是完成了职业的转变，而没有实现由农民向市民的身份转变。改革开放以来我国近 3 亿农民转入非农产业就业，但他们的消费方式、消费习惯仍然停留在自给性很强的乡村方式。这些农业转移人口在增加工业品供给能力的同时，既不能相应地扩大对农产品的商品性需求，也不能相应地增加对工业品的需求，因此工农业产品市场就不会随着农业剩余劳动力的转移而

---

① 牛文元：《中国新型城市化报告 2009》，科学出版社 2009 年版，第 1 页。

② 常住人口城镇化率的数据来源于国家统计局网站；户籍人口城镇化率来源于中国产业信息网，http://www.chyxx.com/industry/201611/466191.html。

相应扩大。近 3 亿农业转移人口在创造巨大商品供给的同时，却不能形成相应的市场需求，这也是我国现阶段投资与消费失衡、外向型依赖严重的重要原因。

第三，农业转移人口不能完成由农民向市民的转变，不仅会导致小规模农业经营格局的固化，还会由于青壮年劳动力的流出而严重影响农业生产和农村生产、生活环境的改善。非农化与市民化相脱离，使农业转移人口大多具有兼业性质，二元经济转型过程中，农业经营规模不仅没有随着农业转多人口的增加而扩大，反而由于这一过程中农地的非农化转移等因素持续减少。有资料显示，2015 年我国耕地面积为 13500 万公顷，人口为 13.75 亿人，平均人均耕地不足 0.098 公顷①；根据世界银行的统计数据，2015 年我国每个农业劳动力的耕地面积也只有 0.616 公顷。目前，美国一个农业劳动力平均耕地 120 余公顷，日本则不足 2 公顷②，我国每个劳动力平均耕地面积只有美国的 1/195，日本的 1/3。虽然我国经济发展已进入工业化中后期发展阶段，但我国农业生产仍停留在小农经济阶段。高度分散的小农经济与现代化大生产对农业需求的矛盾，不仅是制约我国农业生产发展的根本性矛盾，也是危及中国粮食安全的基本因素。

据全国第六次人口普查数据，全国农村留守儿童为 6000 万人，留守老人和留守妇女分别为 4000 万人和 5000 万人③。"空心村"的普遍存在恶化了农业生产和生活条件，对农村经济与社会发展带来了诸多不利的影响。由于耕地抛荒、宅基地废弃等问题的存在，很多空心村处于半荒弃状态，二元经济转型中"农村病"又多了新的表现形式。

第四，农业转移人口成为城市边缘群体，不仅导致"城市病"凸显，还影响着社会稳定与和谐。数以亿计的农业转移人口进入城市却不纳入城镇公共服务体系，不可避免地造成城市资源与环境承载能力的严

---

① 根据《2016 年中国农村统计年鉴》有关数据计算得出。
② 张桂文：《二元经济转型视角下的中国粮食安全》，载于《经济学动态》2011 年第 6 期，第 50 页。
③ http://bbs1.people.com.cn/post/1/1/1/153081639.html。

重不足；目前，我国农民工人均工资仅为城镇职工平均工资的 50% 左右①，2016 年农民工参加工伤保险、医疗保险、养老保险、失业保险的比率分别为 26.7% 、17.1% 、21.1% 、16.5%②，许多城市未将农民工子女纳入公办义务教育体系，农业转移人口基本不能享有城市的经济适用房、廉租房等政府补贴性住房制度保障，以农业转移人口为主体的社会底层与以中产阶层为主体的中上层社会的差距越来越大；农业转移人口在城市化进程中只被当作廉价劳动力，却难以融入市民社会，其利益诉求及民主权利没有适当的途径得以实现，他们在城市所受到的制度歧视及权益损失，更容易引发群体性利益冲突与对抗。

　　经过近 40 年的改革与发展，中国从低收入国家进入了中上等收入国家，二元经济转型已进入刘易斯转折阶段，以低劳动力成本、低资源环境成本和出口导向为支撑的粗放型经济发展方式，受到市场需求与资源环境的双重约束而难以为继。2008 年以来的全球经济危机又使中国面临的资源环境约束，特别是市场需求约束进一步强化。一方面，金融危机特别是主权债务危机，使欧美等发达国家减少财政支出，紧缩消费增加储蓄，从而减少了对国外产品的需求；另一方面，欧美日等发达国家推行再工业化战略，大力发展高新技术产业，并用高新技术改造传统产业；同时，越南、印度、孟加拉国等发展中国家以更低的资源与劳动力成本生产劳动密集型产品。这些因素叠加在一起，使中国的产品出口遇到了前所未有的困难。如果说农业转移人口非农化转移与乡城迁移相脱离，以低劳动力成本支撑了中国工业化发展，那么在新的历史条件下农业转移人口非市民化的负面效应日益显现，已成为转变经济发展方式，促进中国二元经济转型必须面对的重大挑战。通过制度创新推进农

---

　　① 根据《2016 年全国农民工监测调查报告》的相关数据，被调查农民工在城镇中全年平均工作 10 个月，月平均收入 3275 元，由此可以计算出城镇就业的农业转移人口平均年收入为 32750 元，而同期全国城镇就业人员的年平均工资性收入为 67569 元，二者相差 34819 元。

　　② 数据来自《2016 年度人力资源和社会保障事业发展统计公报》：2016 年全国农民工总量 28171 万人，年末参加城镇职工基本养老保险的农民工人数为 5940 万人，比 2015 年末增加 355 万人；参加工伤保险的农民工人数为 7510 万人，比 2015 年末增加 21 万人；参加失业保险的农民工人数为 4659 万人，比 2015 年末增加 440 万人；参加城镇基本医疗保险的农民工人数为 4825 万人，比 2015 年末减少 340 万人。

业转移人口市民化，保障其在城市工作与生活所应具有各项合法权益，不仅可以通过农业规模经营促进农业现代化，而且也有利于促进产业结构升级、提高城镇化质量，推进城乡统筹发展。

1.3　农业转移人口市民化的界定与内涵

从广义来看农业转移人口具有两方面的含义：一是指从农村转移到城镇的人口；二是指从农业转移到非农产业的人口。前者不仅包括转移到城镇非农产业的从业人员，包括其随迁家属、因土地征用而失去土地的农民以及因教育和婚姻等原因进入城镇的农村人口；后者是指在本地非农产业就业和进入城镇就业农村户籍人口，也就是"农民工"群体①。不论是从地理空间角度考察，还是从产业分类的角度分析，"农民工"群体都是农业转移人口的主体。从本书的研究目的出发，我们研究的农业转移人口是指"农民工"群体。相对于失地农民和本地"农民工"而言，"离土又离乡"进入城镇就业的"农民工"市民化难度更大且在数量上也更多，因此，我们研究的重点是进入城镇就业的农村户籍人口，即外来农民工。

现有的文献中对农业转移人口市民化有不同的界定。韩俊（2013）认为，农业转移人口市民化有广义与狭义之分，狭义的农业转移人口市民化是指外来农业转移人口与所在城市居民享有同等的身份、权利和地位，完全融入城市社会的一种过程。广义的农业转移人口市民化，是指从乡村文明向城市文明的嬗变过程②。金三林（2013）认为，农业转移人口市民化是指农业转移人口在实现职业转变的基础上，获得与城镇户籍居民均等一致的社会身份和权利，能公平公正地享受城镇公共资源和社会福利，全面参与政治、经济、社会和文化生活，实现经济立足、社

① 潘家华、魏后凯：《中国城市发展报告 No.6：农业转移人口的市民化》，社会科学文献出版社 2013 年版，第 3 页。
② 转引自：李超、万海远：《新型城镇化与人口迁移》，南方出版传媒广东经济出版社 2014 年版，第 10 页。

会接纳、身份认同和文化交融①。金中夏、熊鹭（2013）则认为农业转移人口市民化是指农业转移人口在城市就业并获得永久居住身份、平等享受城镇居民各项公共服务而成为城市市民的过程②。可见，不论是从狭义还是从广义的角度看，农业转移人口市民化过程都不仅仅是农业转移人口从非永久性乡城迁移到在城镇定居这样简单，都有着多方面的丰富内涵。从广义的角度讲，农业转移人口的市民化包括农业转移人口的职业融入、身份融入、心理融入和文化融入等多方面内容；即使是从狭义角度分析，农业转移人口的市民化也包括了农业转移人口的职业融入与身份融入两大方面。本书对农业转移人口市民化的研究重点是职业融入与身份融入两个方面，也就是从狭义的角度来研究农业转移人口市民化问题，重点关注农业转移人口在城镇能够安居乐业并与城镇居民平等享有社会保障与各项公共服务等问题。至于农业转移人口在心理、文化层面的身份认同与社会融合问题虽很重要，但出于本书的研究目的以及受作者的时间和知识水平的限制，这些内容不在本书的研究范围。

1.4 本书的主要内容

本书的题目是农业转移人口市民化与二元经济转型，这一研究主题界定了本书是把农业转移人口市民化与二元经济转型联系起来进行研究，其目的是把二元经济转型作为人类从农业社会向工业社会转型的时空运动，重点从人的城镇化视角来考察二元经济转型，研究中国二元经济转型中农业剩余劳动力转移的特点及其对二元经济转型的影响；分析现阶段促进农业转移人口市民化所面临的症结性难题，在上述研究的基础上提出促进农业转移人口市民化，推进中国二元经济转型的战略思考与对策建议。

---

① 金三林：《农业转移人口市民化制度创新与对策》，载于《东方早报》2013 年 4 月 2 日。
② 金中夏、熊鹭：《农业转移人口市民化道路怎么走?》，载于《经济日报》2013 年 1 月 13 日。

根据上述研究目的，本书的主要内容如下：

第一，对国内外农业劳动力转移和农业转移人口市民化的研究成果进行了系统梳理，为本书的后续研究奠定了理论基础。

第二，考察了改革开放以来我国农业劳动力转移的特殊路径。二元经济转换的核心问题是农业剩余劳动力转移问题，发展中国家的二元经济结构转型过程，就是农业剩余劳动力向城市非农产业转移的过程。迄今为止，已完成二元经济转型的国家和地区结构转换中农业劳动力向非农产业转移和人口向城市迁移是同一过程。我国的农业劳动力的转移与发展经济学所描述的发达国家和地区已经走过的道路有很大不同，其基本特点是就地转移与非永久性乡城迁移相结合，20 世纪 90 年代以前以就地转移为主；20 世纪 90 年代中期以来以非永久性乡城迁移为主，由此形成了极具中国特色的"农民工"群体。

第三，分析了农业转移人口非市民化对我国二元经济转型的影响。农业转移人口就业稳定性差，薪酬水平低，无论是农业转移人口个人还是用工单位均缺少对其进行人力资本投资动力，绝大多数农业转移人口离高素质的产业工人还相距甚远，这不仅制约了农业转移人口市民化能力的提升，更不利于产业结构升级；农业转移人口非市民化，使我国城市化发展滞后于工业化进程，这不仅制约第三产业发展，更影响了消费需求的扩大；农业转移人口的非市民化，通过制约农业规模经营影响我国农业现代化进程；大量青壮年劳动力进城务工，把老幼妇弱留存乡村，空心村成为我国"农村病"新的表现；数以亿计的农业劳动力流向城市却无法在城市定居，各地政府在城市基础设施建设上难以考虑这部分人口的需求，不仅加剧了交通拥堵和资源短缺，大量农业转移人口蜗居于"城中村"也带来了严重的城市环境和治安问题。

第四，探讨了农业转移人口市民化所面临的症结性难题，提出了促进农业转移人口市民化的战略思考。农业转移人口市民化受到城镇综合承载能力的制约，在这一过程中存在着三重深刻矛盾，即农业转移人口市民化意愿与市民化能力之间的矛盾；农业转移人口市民化需求与地方政府人口城市化动力之间的矛盾；农业转移人口市民化的社会收益与社会成本分担之间的矛盾。推进农业转移人口市民化要把城乡结构、产业结构、城镇结构、区域结构调整结合起来，提高城镇综合承载能力，为农业转移人口提供就业岗位和生活空间；把劳动力市场建设与对农业转移人口的人力资本投资结合起来，提高农业转移人口的市民化能力；深化土地制度改革，在保护农业转移人口土地权益的同时，促进农业规模化经营；把加强公共服务供给与财政体制改革相结合，逐步实现公共服务均等化。

第五，专题研究了我国二元经济转型中农业转移人口的就业歧视及其解决对策。稳定而有保障的就业是农业转移人口市民化基本前提，目前虽然城乡居民之间就业体制边界已被打破，二元经济体制下形成并延续下来的对农业转移人口的歧视性就业政策已被正式废除，但各种隐性的户籍歧视仍然存在。第6章从就业机会和就业待遇两个方面考察了农业转移人口就业歧视的表现，分析了就业歧视对农业转移人口市民化的影响，探讨了农业转移人口就业歧视形成的原因，提出了农业转移人口市民化中就业歧视问题的解决对策。

第六，专题研究了我国二元经济转型中农业转移人口社会保障问题及其破解路径。享有平等的公共服务是农业转移人口市民化的基本内容，而公共服务最核心的内容就是基本社会保障。第7章考察了农业转移人口所面临的经济与社会风险；探讨了农业转移人口社会保障的劳动力市场效应；分析了农业转移人口社会保障存在的主要问题及其制度关联性成因；研究了农业转移人口社会保障问题的破解路径。

第七，专题研究了我国二元经济转型中农业转移人口市民化的土地问题及其解决对策。农民土地承包经营权、宅基地使用权是农民最主要的财产权益。解决好这一问题不仅可以让农业转移人口获得迁入城镇的风险保障，甚至还可以获得进城定居的初始资本。第8章从农地制度改革滞后、承包经营权流转不畅、宅基地用益物权实现困难三个方面考察了农业转移人口市民化所面临的土地问题；分析了现行土地制度对农业转移人口市民化的影响；提出了促进土地流转推进农业转移人口市民化的对策建议。

第 2 章

农业转移人口市民化的文献综述

2.1 国外农业转移人口的经典理论

农业转移人口市民化是具有中国特色的特殊问题，国外虽然没有直接研究农业转移人口市民化的相关理论。但发展经济学对农业转移人口的研究已经形成了一些经典理论，对这些理论的梳理将为研究农业转移人口市民化提供一定的理论基础。

2.1.1 刘易斯模型

美国经济学家阿瑟·刘易斯在 1954 年发表了《无限劳动供给下的经济发展》一文，提出了发展经济学关于乡城劳动力迁移的第一个理论模型——刘易斯模型。刘易斯认为，发展中国家经济体由两个部门构成，即劳动生产率低下、仅能维持生计的农村传统部门和劳动生产率较高的城市现代工业部门。传统农业部门较为庞大，没有资本投入，土地十分有限，劳动力丰富，因此农业劳动生产率低下，甚至有一部分劳动力的劳动边际生产率低到零，刘易斯把这部分劳动力称为剩余劳动力。由于剩余劳动力的存在，农业部门的工资水平是不变的制度工资，即生计工资。城市现代工业部门较为弱小，资本家的利润全部用于投资。在农业部门存在剩余劳动力的前提下，现代工业部门的工资水平约高于生计工资 30%，也属于不变的制度工资①。由于农业部门中存在着大量的剩余劳动力，只要城乡收入差异的存在，就会使工业部门的劳动力供给近似于无限。由于廉价劳动力的不断供给，使工业部门的剩余产品和资本积累增加，而工业部门的资本积累、生产规模扩大、将吸收更多的农村剩余劳动力。一旦劳动生产率为零的剩余劳动力全部转移到现代工业部门，农业劳动边际生产率就会提高，随着两部门劳动边际生产率趋于相同，两部门的收入水平也大致相同，传统的二元经济结构就转换为现代一元经济结构。

刘易斯模型根据发达国家工业化的历史经验，把经济发展、二元经济结构转型与劳动力转移有机地结合在一起，为发展中国家提供了一条通过城市现代工业部门的扩张，吸收农业的剩余劳动力，从而加速二元经济结构的转型，实现国家工业化的道路，对发展中国家制定经济发展战略也具有重大的参考价值。但是刘易斯模型只强调现代工业部门的扩张对农业剩余劳动力的吸收，忽视了农业部门发展和科技进步的作用；理论只研究了封闭条件下二元经济转型问题，忽略了引进外资和对外贸易对二元经济转型的作用；理论假定农业存在剩余劳动力，城市不存在失业，也不符合发展中国家的实际情况。

2.1.2　费景汉—拉尼斯模型

美国耶鲁大学的两名经济学家费景汉和拉尼斯教授对刘易斯的二元结构模型进行了改进，并于 1961 年共同发表了一篇重要的学术论文——《经济发展理论》，提出了著名的费景汉—拉尼斯模式。这一模式研究了二元经济结构转型中劳动力转移的不同阶段及其特点，以及工业与农业部门的平衡发展问题，反映了发展中国家经济发展中城乡运动的客观规律。在该模型中，他们把农业劳动力向城镇的转移和工农业的发展联系

---

① 转引自：张桂文：《中国二元经济结构转换的政治经济学分析》，经济科学出版社 2011 年版，第 12 页。

起来，把二元经济转型划分为三个阶段：第一阶段，劳动边际生产率为零的剩余劳动力向城市工业部门转移阶段。由于农业劳动边际生产率为零，在这一阶段，从农业部门转移出一部分富余劳动力并不会减少农业生产总量，也不会影响现行工资水平。当农业劳动者流入到工业部门时，农业产品和农民消费之差所得到的农业剩余正好可以满足这些人在城镇生活对农产品的需求。第二阶段，劳动边际生产率小于不变制度工资的农业剩余劳动力转移到现代工业部门的阶段。由于这一阶段农业劳动者边际生产率为正数，因此农业劳动力的流失会引起农业总产量的减少，使农业部门所提供的剩余农产品不能满足城镇居民对农产品的需求。农产品短缺会引起农产品价格上涨，并带动工业部门的工资上涨，而工业部门的工资上涨又会引起利润水平的降低，从而会影响工业部门的进一步扩张，这就减缓了城市就业岗位的增加速度，进而导致城市劳动力吸纳能力的下降。因此，这一阶段是二元经济结构转换的关键阶段。第三阶段，是劳动边际生产率大于不变制度工资部分的农业劳动力向现代工业部门转移阶段。这时，农业部门的剩余劳动力已经吸收殆尽，农业劳动力的工资已不再由习惯和道德力量决定，而是由市场力量来形成。此时农业已经完全商业化，工业部门要吸收农业劳动力参加生产，就必须使工资水平提高到至少等于农业边际生产率的水平。

　　费景汉—拉尼斯模型对刘易斯模型进行了完善和发展。第一，该模型把二元经济结构转型划分为三个阶段，揭示了二元经济发展中劳动力配置的全过程。第二，强调了农业对工业的贡献在于它提供工业部门所需的劳动力，也为工业部门的发展提供农业剩余。如果农业剩余不能满足工业部门扩张后新增工业劳动力对农产品的需求，劳动力的转移就会受到阻碍。因此，必须高度重视现代工业部门与传统农业部门的平衡增长，强调农村劳动力从农业部门向工业部门转移要以农业部门本身劳动生产率的提高为前提。第三，把技术进步的因素引入分析，并强调技术进步的要素偏向。刘易斯模型中技术进步是包含在资本积累中的，由于他假设资本积累与劳动力吸收是按同一比例进行的，因此包含在资本积累中的技术进步也是中性的。费景汉和拉尼斯在强调技术进步对农民发展促进作用的同时，也强调技术选择的重要性①。这些观点与刘易斯模型相比有了很大的发展。但由于这一模型是刘易斯模型的扩展，因此也不可避免地存在着与刘易斯模型共同的缺欠。这主要有两个方面：第一，虽然这一模型强调了农业部门的重要性，但这种重要性是由工业部门扩张的必要性所引发的。如果农业劳动生产率不提高，随着农业劳动力的转移，农业产品会出现短缺，从而使工业部门的扩张受到限制。在这一模型中农业部门始终处于附属地位，没有工业部门扩张对农业劳动力和农业剩余的需求，似乎很难看到农业发展的重要性。第二，与刘易斯模型相同，这一模型也是建立在农业存在着剩余劳动力，而工业部门不存在失业；劳动力市场是一个完全竞争的市场，在农业剩余劳动力转移完毕之前，工人的工资保持不变的假设之上的。这与发展中国家的经济发展实际并不相符。

2.1.3 乔根森模型

乔根森模型是美国经济学家乔根森于 1961 年依据新古典主义的分析方法创立的一种模型。该模型认为，农业剩余劳动力转移的前提是农业剩余。当农业剩余等于零时，不存在农业剩余劳动力转移。只有当农业剩余大于零时，才有可能形成农业剩余劳动力转移。

在这种条件下，随着农业技术的不断发展，农业剩余的规模将不断扩大，更多的农业剩余劳动力将转移到工业部门。因此，农业剩余的规模决定着工业部门的发展和农业剩余劳动力转移的规模。他的论点可以概括为：（1）农业人口，包括农业劳动力，向非农业部门转移的根本原因在于消费结构的变化，是消费需求拉动的结果。因为人们对农产品（主要是粮食）的需求是有生理限度的，而对工业品的需求可以说是无止境的。当农产品生产已能满足人口需求时，农业的发展就会失去需求拉动，农业劳动力和人口就转向需求旺盛的工业部门。（2）农业劳动

---

① 张桂文：《中国二元经济转型的政治经济学分析》，经济科学出版社 2011 年版，第15 页。

力向工业部门转移的基础是农业剩余而非边际生产率为零，或者虽然大于零但小于实际收入水平的劳动力的存在，相反，乔根森否认农业部门存在边际生产率等于零和低于实际工资的剩余劳动。他认为，即使在一个经济陷于低水平的均衡状态中，劳动力的增加也会带来农业产出的增加。只有农业剩余的出现，才为农业劳动力流向工业部门提供了充要条件。（3）农业剩余是指农业部门产品的增长快于劳动力的增长，即人均粮食供给增长率大于劳动力增长率。劳动力的增长是由经济增长决定的，而且有一个生理最大量界限，而经济的增长，则由不断进步的技术作为保障，因此，经济增长超过劳动力增长是必然的，农业剩余的出现也是必然的。（4）在农业劳动力向城镇工业部门转移的过程中，工资水平并非固定，而是不断上升的。不但工业部门为了吸引农业劳动力要提供高于农业部门的工资水平，而且农业部门由于劳动生产率的提高，农业工人的工资也是不断上升的[①]。虽然乔根森模型与刘易斯模型、拉尼斯—费景汉模型相比更强调农业的发展和技术的进步，这更接近于现实，但乔根森模型也存在明显的缺陷，就是关于粮食需求收入弹性的假定，即存在农业剩余时，粮食需求收入弹性为零，这个假定显然与事实不符。

2.1.4 托达罗模型

对于刘易斯—费景汉—拉尼斯的劳动力转移模型来说，只要非农产业能够支付一个高于农业的实际工资，只要两者工资差额能够补偿城市的较高生活费用和离乡背井的心理成本，农业剩余劳动力就会源源不断地流入城市非农产业。但是，这种假设与现实中的发展中国家相距甚远。发展中国家的实际状况不仅是农村存在着失业或就业不足，城市也存在着失业或就业不足。1969 年，美国发展经济学家托达罗在《美国经济评论》上发表了《欠发达国家的劳动力迁移模式和城市失业问

---

① Jorgenson, Dale. W., "Surplus Agricultural Labor and the Development of a Dual Economy", Oxford Economic Papers, New Series, 1991, 19 (3): 23 - 25.

题》，首次阐述了如何解释城市中大量失业与农村劳动力继续向城市流动并存的现象。1970年，托达罗和哈里斯在同一杂志上发表了另一篇经典论文《人口流动、失业和发展：两部门分析》，进一步完善和深化了托达罗人口流动模型，回答了为什么劳动力从农村向城市的迁移过程会不顾城市失业或隐蔽失业的存在而继续进行，从而补充了刘易斯—费景汉—拉尼斯模型。托达罗从迁移决策和预期收入差距、城市失业动态均衡等方面，阐述了他的二元经济结构模型①。

托达罗模型认为劳动力从农村迁入城市不仅取决于城乡的实际收入差距，更取决于城乡的预期收入差距。城乡预期收入差距等于城乡实际收入差距与城市就业概率的乘积。托达罗模型假定劳动者是把在城市部门预期收入与在农村的平均收入进行比较，只要前者大于后者，劳动者就会作出迁移决策。虽然城市失业的存在会导致就业概率下降，从而使预期收入下降，但只要预期收入大于劳动力在农村就业的工资收入和迁移成本，劳动力由农村到城市的迁移行为就会发生。这样托达罗就解释了为什么在有些发展中国家城市失业水平很高，农业劳动力仍然会从农村转移到城市。

托达罗模型认为农村劳动力向城市工业部门转移不是一次完成的，而要经历一个较为复杂的过程，在市场机制的调节下，城市失业率会趋向一个稳定水平。这个稳定水平也就是均衡失业率，均衡失业率的形成过程实际上是城市失业、就业在市场机制作用下的一个调节过程②。

托达罗迁移模型引入预期收入的概念，解释了为什么在城市存在失业的情况下，农业劳动力仍然向城市迁移，并且提出仅仅拓展城市少量的就业机会可能引来大量的农业剩余劳动力供给，导致更多的人失业，因此开创城市就业机会无助于解决城市就业问题。因此要重视农村发展，增加农村的就业机会，不要引导农村劳动力过分转移。然而托达罗模型也存在缺陷：第一，这一模型对现代工业部门增加就业的结果持消

① 张桂文：《中国二元经济结构转换研究》，吉林大学出版社2001年版，第28~37页。
② 张桂文：《中国二元经济结构转换的政治经济学分析》，经济科学出版社2011年版，第16~17页。

极态度，只是关注了农业剩余劳动力转移对城市失业的影响，而没有揭示农业剩余劳动力转移对于推进工业化进程和改造传统农业的重要意义。第二，迁移数量或迁移率直接随就业概率的变化而变化，农业劳动力基本上是根据对城市就业概率的了解而作出迁移与否的决策，那么迁移在相当大的程度上是"盲目的"，因而得出"就业机会越多，失业率越高"的结论，这显然不符合经验事实。第三，托达罗只考虑迁移者的迁移成本，而忽略了他们在城市里的生活成本。迁移者作为经济人是理性的，他在城市里等待就业机会的同时会充分考虑自己的生活成本。如果认为在城市里等待就业机会得不偿失，他就会重新返回农村。这就解释了现实中为什么流入城市的劳动力在城市找不着工作，一般都会返回农村，而不像托达罗说的那样继续在城市里等待就业机会。第四，托达罗仅考虑了城市的实际工资率，作为理性人的农民在向城市迁移时主要考虑货币性收益，此外，技能性收益、文化性收益也在他们的考虑之中。

2.1.5　对经典理论的简要评价

西方经典理论从不同的角度分析了农业劳动力转移的动机和影响因素，虽然每个理论模型都有各自的局限性和不足，但是都为研究我国的农业劳动力转移、城市化、市民化提供了一定的理论基础和研究方向，较好地解释了改革开放以来我国农业劳动力向城市迁移的现象，揭示了农业转移人口迁移流动的动力机制，以及农业剩余劳动力乡城迁移的作用和影响。但是这些经典理论都是以市场经济为背景，在既定的制度条件下，从资源配置的角度研究了劳动力和人口迁移的问题。前提是人口迁移流动行为不受任何制度的限制，而我国的二元经济转型是在计划经济向市场经济转轨的条件下进行的，受二元经济体制及其变革的影响，我国农业劳动力转移呈现出与经典人口迁移模型不同的特点。因此，这些经典理论无法解释我国农业转移人口的非农化与市民化相脱离的现象。

2.2 有关国际移民及其社会融入的研究述评

我国的农业转移人口市民化，从某种意义上来说是一个具有中国特色的名词，在国际上基本找不到与之精确对应的词，在现有文献中，国际移民的"当地融入"与"市民化"具有极其相似的地方。国际移民的社会融入问题是国际经济、社会发展不平衡的产物，主要体现为经济欠发达地方的人口向经济发达地区的迁移和融入问题，而我国农业转移人口市民化是国内经济发展不平衡的产物，也主要体现为农业人口由经济欠发达的农村向经济发达的城市迁移和融入的问题；国际移民进入一个新的国家以及农业转移人口进入城市后，都必然面临教育、就业、社会保障、福利和社会关系交往等问题。因此，对国际移民社会融入的相关理论进行梳理，将为研究我国的农业转移人口市民化提供一定的借鉴作用。

2.2.1 有关国际移民理论综述

2.2.1.1 推—拉理论

系统的人口转移"推—拉"理论是唐纳德·博格于 20 世纪 50 年代末明确提出的。其主要观点为：从运动学的观点看，人口转移是两种不同方向的力相互作用的结果，一种是促使人口转移的力量，即有利于人口转移的正面积极因素；另一种是阻碍人口转移的力量，即不利于人口转移的负面消极因素。在人口迁出地，存在着一种起主导作用的"推力"，把原居民推出其常居住地。产生推力的因素有自然资源枯竭、农业生产成本增加、农业劳动力过剩导致的失业和就业不足、较低的经济收入水平等。在迁出地存在"推"人口转移的因素，同时也存在"拉"人口的若干因素，如家人团聚的快乐、熟悉的社区环境、在出生和成长地长期形成的社交网络等。只不过比较起来，迁出地的"推"的力量比"拉"的力量大，"推力"占有主导地位。同样，在转入地，存在着一种起主导作用的"拉"力把外地人口吸引过来。产生"拉"力的主要因素有较多的就业机会、较高的工资收入、较好的生活水平、较好的受教育的机会、较完善的文化设施和交通条件、较好的气候环境等。与此同时，转入地也存在一些不利于人口转入的"推"的因素，如转移可能带来的家庭分离、陌生的生产生活环境、激烈的竞争、生态环境质量下降等。综合起来，转入地的"拉"力比"推"力更大，"拉力"占有主导地位。

2.2.1.2　新迁移经济学派理论

20 世纪 80 年代以来，以斯塔克（1985）为代表的新劳动力迁移经济学派逐渐兴起，提出了一些用于解释国际移民的形成机制的观点。从迁移流动者的角度看，国际移民是家庭内部资源配置的一个环节，是发展中国家在资本和信贷市场不发达、劳动力市场不稳定，同时缺乏足够的社会保险机制等条件下，迁移者家庭为充分利用家庭资源，最大限度地增加家庭就业和收入并降低风险所采取的一种策略[1]。1991 年斯塔克等人用相对贫困来解释转移问题。他们利用国际转移进行比较分析。主要思路是：有些农户在村里感受到经济地位相对下降，便愿意转移出去，但他们遇到一个改变参照系的问题，即他们一旦转移到城市，他们用以对比的收入水平就不再是其村里的乡亲，而是城市的生活标准。然而，如果选择一个在文化、地理上都十分生疏的地区进行转移，他们可以把自己和当地社区隔绝开来，而不改变参照系。因此选择国际转移是一种避免改变参照系的农户策略[2]。例如多米尼加、菲律宾和墨西哥，这些发展中国家的家庭中同时存在着在国外工作的家庭成员、在国内工作的家庭成员以及家庭成员从事不同经济活动的现象。在这些国家中，显然农村社区并不是绝对封闭的，也不是完全自主的经济实体。相反，

---

[1]　stark, O. and Bloom, D. E., "The new economics of labor migration", American Economic Review, 1985 (75): 173 - 178.

[2]　Stark, O. and Taylor, J. E., "Migration Incentives, Migration types: The Role of Relative Deprivation", The Economic Journal, 1991, 101 (408): 1163 - 1178.

农村社区与国内及国际的许多市场保持着极为密切的联系，而且农村社区极为依赖于移民的收入来支持当地的投资和消费。例如在墨西哥的一个农村社区，当地居民所消费的物品和服务比他们本身所生产和提供的要高出37%，这种"贸易"赤字完全是由移民的汇款收入来予以弥补的。在墨西哥一些社区，每年来自美国的移民汇款收入，大大超过当地人的收入总和。

2.2.1.3 "双重劳动力市场"理论

皮埃尔（1979）从分析发达国家的市场结构中探讨国际移民的起源问题。他认为，现代发达国家已经形成了双重劳动力市场，本国人民主要在上层市场工作，从事高收益、高保障、环境舒适的工作，而国际移民主要在下层市场工作，从事低报酬、不稳定、没技术、高危险、不受人尊重的工作。根据皮埃尔的理论，这种需求产生于工业社会劳动力市场的双重性。由于经济在繁荣和萧条间的涨落，消费者时尚和喜好的变化，经营者在成功和失败间的转折，以及天气和季节的变化等原因，所有经济活动都有着波动和不确定性。为避免或减少这种波动和不确定性，投资者所采取的策略是将其生产分为两个部门，一个是资本密集，只需较少劳动力的部门以满足市场需求中较为固定的部分；另一个是劳动密集，但只需较少资本投资的部门以满足市场需求中浮动的部分，这样当市场的浮动需求下降时，投资者可以通过解雇多余劳动力来作出反应，让这部分劳动力来承担由于市场波动所造成的损失，避免或减少自己由于设备闲置而造成的损失。与这种策略相伴随的是劳动力市场的二元化，一方面，资本密集部门需要一批工作技能和工资都相对较高的员工从事较稳定的工作；另一方面，劳动密集部门需要非熟练、低工资的员工从事不稳定的工作。后者不仅工作报酬和稳定性差，而且社会地位低，因而难以吸引当地劳动力。如果通过提高工资来吸引当地居民接受上述低层次工作岗位，又会引起整个职业等级中其他层次工作岗位工资的相应上涨，从而引起所谓结构性工资膨胀的问题。同时由于工业化社会中女性劳动力参与率和离婚率的提高、出生率的下降和大众教育的普及等原因，能够满足上述低层次工作岗位需要的潜在劳动力来源——妇女和儿童的数量也逐渐萎缩。这一系列原因使工业化地区产生了对外来劳动力的上述内在需求。

2.2.1.4　移民网络

社会学家波特斯（Portes，1993）和道格拉斯·梅西（Massey，D. S.，1994）首先提出移民网络的概念，并利用移民网络解释当代移民现象。所谓移民网络是指移民或返国移民同亲友同胞的各种联系，它能够为潜在或实际的新移民提供各种形式的支援，例如提供信息、资助钱财和提供住宿等。这就降低了移民的成本和风险。另外，移民网络还有示范功能，吸引更多的人选择迁移。我们可以把移民网络看作一种社会资本，因为它使移民能够得到经济方面的好处，例如就业机会、较高工资。许多人之所以移民，是因为与他们有关系的移民在先。如果从社会学的角度来看待移民网络，其重要性可能怎么估计都不为过分。从某种意义上讲，网络在移民中具有乘数效应。当然，该理论也承认，尽管移民网络在移民中起到乘数的作用，但并不意味着有移民网络存在，移民"雪球"就可以永远滚下去。饱和点会在某个时候到来，然后移民就会减速。

移民网络理论对移民的解释能被大多数人接受。网络作为一种人际结构，介于个人决策的微观层面和社会结构的宏观层面之间，因此，这一理论弥补了传统移民研究的某些空白。

2.2.1.5　世界体系理论

伊曼纽尔·沃勒斯坦（Immanuel Wallerstein）1974 年提出"现代世界体系"学说，认为 16 世纪以来世界体系由核心国家、半边缘国家、边缘国家三个同心圆组成。在此基础上形成了世界体系移民理论。这一理论依据外资进入发展中国家以及发展中国家产品进入国际流通网络后当地移民潮明显高涨的实际情况，认为跨国移民的实质是资本主义生产方式由核心国家向边缘国家扩展、渗透，使边缘国家融入核心国家主导的全球经济中；商品、资本、信息的国际流动必然推动人口迁移，因此，移民潮是市场经济全球化的直接结果。

2.2.2 有关国际移民融入的研究

2.2.2.1 国际移民融入的内涵界定

在西方文献中，对国际移民融入的研究的文献很多，包括经济学、社会学、政治学、人口学在内的不同学科都对其进行了深入的研究。由于研究视角的不同，对国际移民融入内涵的概括和理解也呈现出复杂性与多重性。这些概念试图从不同的角度与层面来描述移民进入新的国度或新社会之后的融入状态与融入过程。概括起来，主要包括以下六个概念：

一是同化（Assimilation）。格雷泽（Glazer）与卢卡森（Lucassen）认为，所谓社会同化（Assimilation），就是指移民被流入国完全的接纳，现实地归属于特定的群体，他们的后代具有与其先辈完全不同的认同，实现了对流入国市民身份的完全认同[1][2]。艾林森（W. Ellingsen）与金斯奇（B. Jentsch）则把同化界定为少数的移民族群对于流入国社会价值系统的单向度适应，或者说少数群体被吸纳入主体社会的价值系统[3]。二是社会适应（Social Adaptation）。与同化概念中移民群体的被动适应不同，社会适应更强调移民群体作为主体的积极行动过程。马腾斯（Martens）认为，移民在新社会的融入除了主体社会对于移民的整合与吸纳作用外，还存在着移民群体自身对于新社会的认知、行动与选择。移民能够采取特定的行动策略来实现对新的社会生活与文化环境的

① Glazer, N., "We are all Multiculturalists Now". Cambridge, MA: Harvard University Press, 1977.

② Lucassen, L. A. C. J., Niets nieuws onder de zon? De vestiging van vreemdelingen in Nederland sinds de 16eeeuw. Justiti? le verkenningen, 27 (6), pp. 10–21, 1997.

③ Winfried Ellingsen, "social intergration of ethnic groups in Europe", Geografi I Bergen, University of Bergen. Department of Geography, 2003. http://bora. nhh. no/handle/2330/2036.

适应①。社会适应要求移民群体与流入国社会之间进行良性的社会互动，这样有助于他们成功地参与到当地的社会生活②。三是社会融合（Social Integration）。艾林森（W. Ellingsen）认为，移民的社会融合可以被定义为个体或群体（平等的）被包容进主流社会或各种社会领域（Social Area）的状态与过程，这一概念应该包含着移民与新社会之间的相互适应③。四是文化适应（Acculturation）。雷德菲尔德·林顿（Redfield Linton）与赫斯科维茨（Herskovits）（1936）认为文化适应是指具有不同文化背景的个人或群体在进入新的社会文化环境后，进行持续的联系与互动的过程中，其原有的文化模式发生变化的过程。它包括集体或群体层面的适应与心理层面的适应④。五是社会吸纳（Social Inclusion）。一些学者把这个概念用于对少数移民族群、老年人、青年以及残疾人等群体的社会融入研究，认为社会吸纳是一个复合型、竞争性的概念，它包含了价值认知、人的发展技能与能力的获得、社会生活卷入度、机会空间的涉取等基础要素⑤。六是社会并入（Social Incorporation）。这个概念主要针对的是移民群体在劳动就业、文化教育、社会福利、正式与非正式的社会关系网络等方面的融入⑥。

2.2.2.2　国际移民的融入程度测定

在考察国际移民融入时，移民社会融入的程度如何测定，移民融入

①　Martens, P. L. , Immigrants and crime prevention In: P. O. Wikstr? m. R. V. Clarke and J. McCord（Eds）, Intergranting Crime Prevention Strategies: Propensity and. Opportunity Stockholm: National Council of crime Prevention, 1995.

②　Josine Junger – Tas, "Ethnic minorities, social integration and crime", European Journal on Criminal policy and research, 2001（9）: 5 – 29.

③　John W. Berry, "Immigration, acculturation, and adaptation, Applied psychology: an international review", 1997, 46（1）: 5 – 68.

④　Ratna omidvar & Ted Richmond, "Immigrant settlement and social inclusion in Canada, Perspectives on social inclusion working paper series", Laidlav Foundation, 2003.

⑤　Winfried Ellingsen, "social intergration of ethnic groups in Europe", Geografi I Bergen, University of Bergen. Department of Geography, 2003. http: //bora. nhh. no/handle/2330/2036.

⑥　P. Hatziprokopiou, "Albanian immigrants in Thessaloniki, Greece: processes of economic and social incorporation", Journal of Ethnic and Migration Studies, Nov. 2003, http: //pdfserve, informaword, com/902999_73900952_715702652. pdf.

包含哪些维度，是研究者必须回答的问题。现有文献中，对移民社会融入程度的测定和融入维度的研究主要集中在经济融入、社会融入和政治融入等方面。

戈登（Gordon）认为移民融入有结构性和文化性的两个维度。其中，结构性维度的融入意味着移民个体与群体在流入国社会中，在制度与组织层面的社会参与度的增加；而文化性的融入则是移民群体在价值导向与社会认同上的转变过程[①]。结构性融入主要指确定性的、客观性的指标，如个体的教育程度、就业状况、工资水平等；文化性融入主要指在文化习俗、规范、生活交往方式以及语言习惯等特征。

杨格—塔斯把国际移民的社会融入划分为结构性融入、社会—文化性融入以及政治—合法性融入。结构性融入包括教育、劳动力市场、收入与住房等方面。社会—文化性融入主要体现为人们对于各种社会组织的参与、与外群体进行人际沟通能力的发展以及按照东道国的行为模式进行行动的过程。主要的测量指标包括人群间的隔离程度和语言使用、移民和群外社会成员的社会交往活动、社会基本价值观的接受程度。政治—合法性融入主要是指少数移民族群总是被流入地政府和本地的市民当作二等公民，成为社会歧视与种族主义的目标。要改变这种状况，就必须有正式的法律测定标准，如种族法律，来保障移民作为公民的平等权利，要重新思考基本的民权观念、简化移民程序、赋予相关的政治权利，以及建立专门的指导机构来促进少数族群的融入[②]。

恩泽格尔认为移民在流入地社会要面临四个维度上的融入，即社会经济融入、政治融入、文化融入、主体社会对移民的接纳或拒斥。经济融入包括就业市场、收入、职业地位和劳动福利等；社会融入包括社区交往、朋友关系、组织参与、支持网络等；政治融入包括公民身份、选

---

① Gordon, Milton M. Assimilation in American life, New York: Oxford University press, 1964.

② Josine Junger – Tas, "Ethnic minorities, social integration and crime". European Journal on criminal policy and research, 2001 (5): 29.

举权利、政党参与等；文化融入包括规范习得、语言学习、观念认同等①。

2.2.2.3 对外来移民及社会融入研究的简要评价

国际移民理论从不同的角度出发分析了国际移民迁移的原因，虽然关注的角度不同，但是这些理论都认为国际移民是世界经济发展不平衡的产物，劳动力主要由经济欠发达的发展中国家流向经济发达国家，同时认为国际移民无论是永久迁移，还是非永久迁移，都是在现实条件约束下理性选择的结果，从而为各国针对国际移民的政策措施提供了理论依据。国际移民融入在国际移民理论的基础上提出了促进国际移民在流入国的社会融入，并且从不同的角度提出了融入的内涵，进而提出测量融入程度的维度。这些理论都是从流入国的角度考虑促进移民融入，虽然在促进国际移民融入上起到了一定的指导作用，但是没有考虑到国际移民本身在种族、国家、文化等方面的差异，因而存在一定的局限性。这些理论为研究我国农业转移人口市民化提供了一定的借鉴作用，但是考虑到我国二元经济体制的特殊性，国内移民和国际移民的不同，在研究我国农业转移人口市民化问题时，简单地照搬照抄这些理论是行不通的。

2.3 国内有关农业转移人口市民化的研究述评

2.3.1 有关农业转移人口市民化内涵的理解

刘传江（2006）认为我国的农业转移人口市民化过程被分为两个阶段，第一阶段是农业剩余劳动力向城市非农业转移的过程，这一阶段

---

① Han Entzinger & Renske Biezeveld, "Benchmarking in immigrant integration", Erasmus University Rotterdam, 2003.

已经不存在障碍。第二阶段是从城市农民工向产业工人和市民身份转变的过程，这一阶段仍然存在诸多需要关注和解决的问题，也是亟待解决的首要问题，其中包括四个层面的含义：职业转向正规劳动力市场、身份转变为市民、自身素质的提高、思想意识和生活方式的城市化[1]。胡杰成（2010）认为农业人口市民化包括三个基本层面：制度的市民化、经济的市民化、社会文化生活的市民化[2]。国务院发展研究中心课题组（2011）认为农业转移人口市民化的过程，实质上就是公共服务均等化的过程，并将其具体的内涵界定为以农业转移人口整体融入城市公共服务体系为核心、推动农民工个人融入企业，子女融入学校，家庭融入社区，也就是农业转移人口在城市"有活干，有学上，有房住，有保障"[3]。金中夏、熊鹭（2013）认为农业转移人口市民化是指农业转移人口在城市获得工作并最终获得城镇永久居住身份、平等享受城镇居民各项公共服务而成为城市市民的过程[4]。

虽然有关农业转移人口市民化内涵的理解各不相同，但是各方在主要方面基本达成一致，普遍认为农业转移人口市民化就是农业转移人口转变为市民的过程，在经历了乡城迁移和职业转变的同时，获得在城镇永久居住的身份、平等地享有城镇居民应该享受的各项社会福利和政治权利，成为真正的城市居民的过程。

2.3.2 有关农业转移人口市民化意愿的分析

2.3.2.1 农业转移人口市民化意愿的影响因素

农业转移人口市民化意愿的研究最早始于 2006 年，王哲（2006）

① 刘传江：《中国农民工市民化研究》，载于《理论月刊》2006 年第 10 期。
② 胡杰成：《农民工市民化问题研究》，载于《兰州学刊》2010 年第 8 期，第 91 页。
③ 国务院发展研究中心课题组：《农民工市民化进程的总体态势与战略取向》，载于《改革》2011 年第 5 期，第 6 页。
④ 金中夏、熊鹭：《农业转移人口市民化道路怎么走——河北白沟的启示》，载于《经济日报》2013 年 1 月 31 日。

等认为城乡收入差距、受教育程度和年龄对其市民化倾向都有影响①。梅建明（2006）通过调查分析，发现进城农民更关注在城市能否获得相对稳定的工作和比较合理的收入；年纪较轻、文化程度和收入水平较高者更愿意获得市民权、更愿意在城市定居②。王春兰等（2007）认为经济收入对城市居留意愿影响最显著，而城市吸引力、婚姻家庭状况以及个人特征（包括年龄、性别、受教育程度）、职业、在城市就业和生活的时间也都有明显影响③。

大部分的研究主要集中在 2010～2014 年，王桂新（2010）通过统计模型分析，得出农业转移人口自身是否愿意市民化的主观愿望受到其自身因素和区域环境因素等多种因素的综合影响，分析表明婚姻状况、在城市的居留时间及找工作的困难程度等对农业转移人口的市民化意愿影响最为显著④。张华等（2011）对西北地区 112 户新生代农业转移人口市民化意愿进行实证分析发现，性别、月收入和家庭抚养的小孩数对新生代农业转移人口市民化有负面影响；是否接受过培训、家庭生活水平、受教育程度、工龄和当地经济水平对新生代农业转移人口市民化也有一定影响；婚姻状况、家庭非农收入占家庭总收入比重和配偶所在地是影响新生代农业转移人口市民化意愿的关键因素⑤。杨萍萍（2012）认为举家迁移对农业转移人口市民化的影响最大，文化程度、婚姻状况、子女人数、留城时间对其市民化的影响作用次之，年龄对市民化的影响最弱⑥。成艾华（2014）研究结果表明转移人口的市民化意愿与人

---

① 王哲、宋光钧：《皖西农民工迁移与市民化意愿倾向分析》，载于《乡镇经济》2006 年第 7 期。

② 梅建明：《进城农民的"农民市民化"意愿考察——对武汉市 782 名进城务工农民的调查分析》，载于《华中师范大学学报（人文社会科学版）》2006 年第 11 期。

③ 王春兰等：《流动人口城市居留意愿的影响因素分析》，载于《南方人口》2007 年第 1 期。

④ 王桂新、陈冠春、魏星：《城市农民工市民化意愿影响因素考察——以上海市为例》，载于《人口与发展》2010 年第 16 卷第 2 期。

⑤ 张华、夏显力：《西北地区新生代农民工市民化意愿影响因素分析》，载于《内蒙古农业大学学报（社会科学版）》2011 年第 13 期，第 57～58 页。

⑥ 杨萍萍：《农民工市民化意愿的影响因素实证研究》，载于《经济与管理》2012 年第 7 期，第 71～74 页。

口学特征中的年龄、住房可获得性和子女教育可获得性呈负相关，与收入增长程度预期因素呈明显的正相关，认为市民化意愿指的是农民对进城入户"利"与"弊"进行价值判断和取舍的结果①。

虽然诸多实证分析的结果有很多不同的结论，有时甚至正好相反，但是，总的来看，都认为农业转移人口市民化意愿受到人口学特征、婚姻状况、工资收入、留城时间、社会保障等因素的影响。

2.3.2.2 农业转移人口市民化意愿强烈程度

国家统计局2011年的数据显示新生代农业转移人口占农业转移人口总数的61.6%，他们的市民化意愿相对老一代农业转移人口更为强烈②，张艳丽（2012）认为新生代农业转移人口中有市民化意愿只有34.6%③，据此说明农业转移人口大部分不愿意成为市民，市民化意愿较低。刘松林、黄世为（2014）认为农业转移人口的市民化意愿为38.43%，市民化能力为59.46%，市民化意愿指标明显小于市民化能力指标④，而韩俊（2013）⑤、徐世江（2014）⑥ 等大多数学者认为农业转移人口市民化意愿强烈，成艾华（2014）通过调查发现市民化意愿较高，达60.8%⑦。

目前，大部分学者认为农业转移人口市民化意愿强烈，而市民们能力较弱，也有少数学者认为农业转移人口的市民化能力大于市民化意

---

①⑦ 成艾华、田嘉莉：《农民市民化意愿影响因素的实证分析》，载于《中南民族大学学报（人文社会科学版）》2014年第1期，第136～137页。

② 黄建新：《新生代农民工市民化：现状、制约因素与政策取向》，载于《华中农业大学学报（社会科学版）》2012年第2期，第45～47页。

③ 张丽艳、陈余婷：《新生代农民工市民化意愿的影响因素分析——基于广东省三市的调查》，载于《西北人口》2012年第4期，第63～66页。

④ 刘松林、黄世为：《我国农民工市民化进程指标体系的构建与测度》，载于《统计与决策》2014年第13期，第31～32页。

⑤ 韩俊：《农民工市民化》，载于《中国经济报告》2013年第1期。

⑥ 徐世江：《农业转移人口市民化的多重矛盾及其破解思路》，载于《辽宁大学学报（哲学社会科学版）》2014年第3期，第25～32页。

愿①。市民化意愿和市民化能力到底哪方面更应该成为政策制定者更为关心的问题，是决定了农业转移人口市民化进程快慢的主要因素。

2.3.3　有关农业转移人口市民化进程的研究

2.3.3.1　农业转移人口市民化进程的度量

刘传江、徐建玲等把农业转移人口市民化分为三个环节：退出农村、进入城市与城市融合，并根据对武汉市的调查结果，构建了外部制度因素、农业转移人口群体特征、农业转移人口个体特征三大指标体系，测算出武汉市老一代和新生代农业转移人口市民化程度分别为31.30%和50.23%②。王桂新、沈建法等（2008）创建了一个包括居住条件、经济生活、社会关系、政治参与和心理认同等5个维度的指标评价体系，以居住条件维度的市民化水平最高，达到61.5%③。周密等（2012）通过对沈阳市和余姚市两地调查数据进行计量分析，认为这两地的新生代农业转移人口市民化程度达到了73%④。《中国经济周刊》和中国社会科学院城市发展与环境研究所联合发布的《中国农民工市民化进程报告》利用政治权利、公共服务、经济生活条件、综合文化素质四大指标构建了农业转移人口市民化程度的综合指数，认为2012年中国农业转移人口市民化程度的综合指数为39.63%⑤。《中国城市发展报告No.6：农业转移人口的市民化》总报告编写组（2013）采用《中国

---

① 张建丽、李雪铭、张力：《新生代农民工市民化进程与空间分异研究》，载于《中国人口》2011年第3期。

② 刘传江、程建林：《第二代农民工市民化：现状分析与进程测度》，载于《人口研究》2008年第9期，第305页。

③ 王桂新、沈建法、刘建波：《中国城市农民工市民化研究——以上海为例》，载于《人口与发展》2008年第1期，第3~23页。

④ 周密、张广胜等：《新生代农民工市民化程度的测度》，载于《农业技术经济》2012年第1期，第95~96页。

⑤ 魏后凯、苏红键、李凤桃：《农民工市民化现状报告》，载于《中国经济周刊》2014年第9期。

经济周刊》指标分类，认为中国的农业转移人口市民化程度综合指数是
40.68%①。刘松林、黄世为（2014）通过构建农业转移人口市民化的
一级指标体系和二级指标体系对市民化进程进行测算，其中一级指标包
括社会指标和自身指标，二级指标包括政策制度指标、市民化意愿和市
民化能力，认为全国各地市民化进度的差距较大，市民化程度最高的为
新疆维吾尔自治区达到了56.38%，最低的是山西省仅有20.98%，全
国的农业转移人口市民化程度的平均水平为39.99%②。

2.3.3.2　阻碍农业转移人口市民化进程的影响因素研究

有关农业转移人口市民化进程的影响因素分析大体上可以概括为三
个方面：农业转移人口的自身素质、城乡分割的二元体制、地方政府动
力不足。不同的学者从不同的角度对这些影响因素进行了深入的理论分
析和实证检验。刘传江等（2004）把农业转移人口市民化进程的影响
因素概括为认识障碍、政策障碍、制度障碍、素质障碍，其中制度障碍
是农业转移人口市民化面临的最主要障碍③。王竹林（2009）从城市化
的视角分析了农业转移人口市民化的困境，认为农村的土地制度、城市
进入的户籍制度、城市融合的社会保障制度、城市的住房供给制度、城
市的用工制度、教育制度供给缺失和农业转移人口自身的人力资本、社
会资本的不足都是农业转移人口市民化的阻碍因素④。黄锟（2011）把
农业转移人口市民化的主要障碍归因于城乡二元制度，从理论上和实证
上表明城乡二元制度不仅弱化了农业转移人口市民化的意愿，而且提高
了农业转移人口市民化的门槛，降低了农业转移人口市民化的能力，从

①　总报告编写组：《中国城市发展报告 No.6：农业转移人口的市民化》，社会科学文献
出版社 2013 年版，第 14~16 页。
②　刘松林、黄世为：《我国农民工市民化进程指标体系的构建与测度》，载于《统计与
决策》2014 年第 13 期，第 30~32 页。
③　刘传江：《农民工生存状态的边缘化与市民化》，载于《人口与计划生育》2004 年第
11 期，第 44~47 页。
④　王竹林：《城市化进程中农民工市民化研究》，中国社会科学出版社 2009 年版，第
123~166 页。

而阻碍并延缓了农业转移人口市民化的进程①。胡杰成（2012）认为农业转移人口市民化的主要障碍包括以户籍为核心的各项福利制度、农业转移人口自身素质低，就业层次低、收入水平低导致定居能力差、农业转移人口不合理用工制度等②。《中国城市发展报告 No. 6：农业转移人口的市民化》总报告编写组（2013）认为农业转移人口市民化的主要面临着成本障碍、制度障碍、能力障碍、文化障碍、社会排斥和承载力约束等六个方面的障碍③。张桂文（2013）认为城镇综合承载能力不足、就业稳定差，收入水平低、土地制度及其功利性改革措施，地方政府需求动力和财力不足是农业转移人口市民化的主要障碍④。董楠（2014）认为农业转移人口市民化面临主体自身素养有限、地方政府动力不足、城镇居民排斥强烈和制度藩篱束缚明显等困境，而能力贫困和资本短缺是其中更为重要的障碍⑤。吕文静（2014）从城镇化的角度提出了农业转移人口市民化的障碍包括户籍制度限制、社会保障的差异、农地制度限制、社会就业难题、自身水平不高⑥。孙蚌珠、王乾宇认为农业转移人口市民化面临着制度约束、资源约束、产业约束、自身素质约束⑦等困难。

---

① 黄锟：《中国农民工市民化制度分析》，中国人民大学出版社 2011 版，第 67 ~ 99 页。

② 胡杰成：《农民工市民化面临的障碍与对策》，载于《宏观经济管理》2012 年第 3 期，第 33 ~ 35 页。

③ 总报告编写组：《中国城市发展报告 No. 6：农业转移人口的市民化》，社会科学文献出版社 2013 年版，第 16 ~ 24 页。

④ 张桂文：《农业转移人口市民化的困境与出路》，载于《光明日报》2013 年 02 月 22 日。

⑤ 董楠：《我国农业转移人口市民化的困境与出路》，载于《学术界》2014 年第 3 期，第 216 ~ 223 页。

⑥ 吕文静：《论我国新型城镇化、农村劳动力转移与农民工市民化的困境与政策保障》，载于《农业现代化研究》2014 年第 1 期，第 57 ~ 61 页。

⑦ 孙蚌珠、王乾宇：《在全面改革中推进农业转移人口市民化》，载于《山东社会科学》2014 年第 1 期，第 15 ~ 19 页。

2.3.4 有关农业转移人口市民化成本的研究

张国胜（2008）认为农业转移人口市民化的社会成本是使现有农业转移人口在身份、地位、价值观、社会权利以及生产、生活方式等各方面全面向城市市民转化并顺利融入城市社会所必须实际投入的最低资金量，主要涉及农业转移人口的公共服务（产品）享受、基本权利保护、社会经济适应、城市生活融入等。并通过模型测算，重点计算了四种类型农业转移人口市民化的成本：沿海地区第一代农业转移人口市民化的社会成本，大约人均 10 万元；沿海地区第二代农业转移人口市民化的社会成本，大约人均 8.5 万元；内陆城市第一代农业转移人口市民化的社会成本，大约人均 6 万元；内陆城市第二代农业转移人口市民化的社会成本，大约人均 5 万元[①]。国务院发展研究中心课题组（2011）认为农业转移人口市民化的公共成本包括义务教育、居民合作医疗保险、基本养老保险、民政部门的其他社会保障、城市管理费用、住房成本，按照 2010 年不变价格计算，每个农业转移人口市民化的政府支出公共成本约在 8 万元，但去除养老保险的远期支出后，平均成本为 4.6 万元左右。如果再将年度支付的日常费用分解，一次支付平均最多为 2.4 万元，年度支付约 560 元[②]。冯俏彬（2013）认为农业转移人口市民化成本是将现在已经在城市居住的农业转移人口纳入城市公共服务体系，使他们"有活干、有学上、有房住、有保障"，以及按照现行政策由政府支付的那部分新增财政资金。若以 2011 年价格为不变价格、2011 年财政实际支出水平为基线，假定一次性将已在城市居住的 15863 万农业转移人口全部市民化，农业转移人口市民化的总成本为

---

① 张国胜：《中国农民工市民化：社会成本视角的研究》，人民出版社 2008 年版，第 126～163 页。

② 国务院发展研究中心课题组：《农民工市民化进程的总体态势与战略取向》，载于《改革》2011 年第 5 期，第 20～21 页。

18091. 58 亿元①。陆成林认为农业转移人口市民化成本就是为农业转移人口提供基本公共服务所需要付出的公共成本，并以辽宁省为例测算省内农业转移人口市民化的成本介于人均 24926. 3 元 ~74702. 8 元之间②。

2.3.5　有关推进农业转移人口市民化的对策建议

黄江泉（2011）建议根据农业转移人口的职业特点把农业转移人口分为不同的类型，针对不同类型的农业转移人口引导其进入不同城市，走不同的城市化道路③。黄锟（2011）建议改革城乡二元制度，通过制度创新促进农业转移人口市民化，其中包括二元户籍制度、二元土地制度、二元就业制度、二元社会保障制度的创新④。胡杰成（2012）建议尊重农业转移人口的首创精神；清除制度歧视，增加农业转移人口的市民待遇；保障城镇就业空间，劳动权益；加强技能培训、鼓励和支持创业；重视农业转移人口子女教育；加快发展中小城市和小城镇；改革农村土地制度⑤。韩俊（2013）提出分类对待不同的农业转移人口，促进其市民化，建议增加就业岗位、保障劳动权益、实现城镇基本公共服务全覆盖、加快户籍制度改革、保障农业转移人口土地权益、加快建立保障公共服务均等化的财政体制⑥。张桂文（2013）提出提高城镇综合承载能力，为农业转移人口提供就业岗位和生活空间；加强建设劳动力市场，提高农业转移人口市民化能力；深化土地制度改革；实现公共

---

① 冯俏彬：《构建农民工市民化成本的合理分担机制》，载于《中国财政》2013 年第 13 期，第 63 ~64 页。

② 陆成林：《新型城镇化过程中农民工市民化成本测算》，载于《财经问题研究》2014 年第 7 期，第 86 ~90 页。

③ 黄江泉：《农民工分层：市民化实现的必然选择及其机理浅析》，载于《农业经济问题》2011 年第 11 期，第 28 ~33 页。

④ 黄锟：《中国农民工市民化制度分析》，中国人民大学出版社 2011 年版，第 104 ~266 页。

⑤ 胡杰成：《农民工市民化面临的障碍与对策》，载于《宏观经济管理》2012 年第 3 期，第 33 ~35 页。

⑥ 韩俊：《城镇化关键：农民工市民化》，载于《中国经济报告》2013 年第 1 期，第 34 ~40 页。

服务均等化①等建议。《中国城市发展报告 No. 6：农业转移人口的市民化》总报告编写组（2013）提出进一步深化户籍制度综合配套改革、着力提高农业转移人口的就业保障水平、建立健全城乡一体的社会保障制度、稳步推进基本公共服务常住人口全覆盖、加快农村产权制度改革步伐、尽快恢复设市工作，重新启动县改市②。徐世江提出提高农业转移人口的市民化能力，改革财税制度和政绩考核制度，建立市民化社会成本的分担机制③。郭小燕、刘晨（2014）认为农业转移人口市民化应以中小城市为主，应着力推进农业转移人口市民化与中小城市功能提升的良性互动④。

2.3.6　有关农业转移人口市民化研究的简要评价

国内学者对农业转移人口市民化的研究大部分集中在 2008 年以后，现已成为经济学、社会学领域的一大热点。这些研究从不同的角度分析了农业转移人口市民化的内涵、进程、成本等，并提出了相应的对策建议，积累了相当丰富的理论成果，这些理论成果为我国推进农业转移人口市民化提供了一定的理论指导。但是这些理论成果也存在一些不足和有待深入研究的方面：

第一，缺乏理论和宏观的战略视角。现有的研究更关注论证农业转移人口市民化的现状和过程，分析重点集中在实证研究上，缺乏规范分析。没有把农业转移人口市民化和工业化、城市化的内在逻辑联系起来，没有把农业转移人口市民化和产业结构调整相结合进行系统的研究，没有从理论上系统分析我国农业转移人口市民化的特殊性，以致忽

---

① 张桂文：《农业转移人口市民化的困境与出路》，载于《光明日报》2013 年 02 月 22 日。

② 总报告编写组：《中国城市发展报告 No. 6：农业转移人口的市民化》，社会科学文献出版社 2013 年版，第 14~16 页。

③ 徐世江：《农业转移人口市民化的多重矛盾及其破解思路》，载于《辽宁大学学报（哲学社会科学版）》2014 年第 3 期，第 25~32 页。

④ 郭小燕、刘晨光：《农业转移人口市民化与中小城市功能提升关系研究》，载于《当代经济管理》2014 年第 8 期，第 54~58 页。

视了农业转移人口非市民化对二元经济转型影响的理论探讨，缺乏理论指导性。虽然现有理论都认为农业转移人口市民化将是一个漫长的过程，但是如果缺乏宏观和理论的指导，这个过程将变得更曲折，更漫长。

第二，对农业转移人口市民化困境的系统分析较少，从而很难发现农业转移人口市民化困境的内在矛盾，进而容易在同一问题上出现截然相反的观点。例如，现有对农业转移人口市民化意愿和市民化能力孰强孰弱的研究存在分歧，大多数研究认为农业转移人口市民化的意愿强烈而市民化能力较弱，因而提高农业转移人口市民化能力是推进市民化进程的关键；同时，也有一小部分学者认为农业转移人口市民化的能力较强而他们市民化的意愿较弱，因而提高农业转移人口市民化意愿是推进市民化的关键。出现这种现象的根本原因是缺乏对市民化意愿和市民化能力的准确界定，也缺少对农业转移人口市民化内在矛盾的系统分析。

第三，分析农业转移人口市民化制约因素的文献很多，但这些研究还需系统化与深入化。迄今为止，对农业转移人口市民化制约因素的研究主要集中在以下三个方面：（1）农业转移人口自身素质低，包括受教育程度低、缺乏一技之长，就业稳定性差；（2）制度障碍，主要是指城乡二元的户籍以及附着在上面的各项福利制度，具体包括土地制度、就业制度、教育制度、社会保障制度、城市住房公积制度等；（3）农业转移人口市民化成本较高，地方政府需求不足和财力有限。这些研究大多独立关注其中的一个或几个制约因素，进而得出相应的对策建议，具有一定的片面性。没有系统分析这些制约因素产生的内在原因，进而较少探讨农业转移人口市民化过程受阻的根本原因，不能确定根本原因，就不能从根本上解决问题，任何偏离解决根本问题的政策措施都很难起到作用。

第 3 章

中国农业劳动力转移的特殊路径

3.1 我国农业劳动力转移的特征分析

根据发展经济学的二元经济模型，二元经济转型的核心问题是农业剩余劳动力转移问题，发展中国家的二元经济结构转型过程，就是农业剩余劳动力向城市非农产业转移的过程。这一模式客观地反映了世界各国工业化过程的一般规律。大多数国家的二元结构转型都是通过农业剩余劳动力向城市非农产业转移来实现的，在结构转换中农业劳动力向非农产业转移和人口向城市迁移是同一过程。因此，二元结构转型过程实际上也是一个国家的工业化与城市化的发展过程。

从历史上看，城市化与工业化是一个相互影响、相互推动的发展过程。以机器广泛使用为标志的近代工业化发展，由于分散的小规模个体生产转化为集中的、大规模的社会生产，促进了人口向城市集中，带动了城市化的迅速发展。在近、现代工业化发展过程中，通常在工业化初期，城市化就已经超过工业化，随着工业化的不断发展，城市化水平越加明显地高于工业化水平。一般认为，城市化率与工业化率之比的合理范围在140% ~250%之间①。根据钱纳里发展模式，发展中国家二元结

---

① 李善同：《对城市化若干问题的再认识》，载于《中国软科学》2001 年第 5 期，第 4 页。

构转型中工业化和城市化进程也大致反映出相同的规律。

我国的二元结构转型与发展经济学所描述的通过城市现代工业部门的扩张来促进农业剩余劳动力转移的道路有很大的不同。我国农业剩余劳动力转移的基本特点是就地转移与非永久性乡城迁移相结合，20 世纪 90 代以前以就地转移为主；20 世纪 90 年代中期以来以非永久性乡城迁移为主。1979 ~ 1997 年我国农业剩余劳动力向非农产业转移的累计总规模达 13106 万人，其中转移到城市就业的只有 2729 万人，占农业劳动力转移总数的 20.8%，而同期转入农村非农产业就业的达 10377 万人，占农业剩余劳动力转移总数的 79.2%[①]。1996 年以来，农村工业的主体——乡镇企业增长速度下降，吸收剩余劳动力的能力有所减弱，但总体上仍维持 1 亿人以上的规模。

20 世纪 90 年代以来，随着城乡隔离体制的松动，农民外出打工数量逐渐增多，特别是 1998 年以后，农村劳动力外出打工的数量急剧增加，1998 ~ 2014 年外出农业转移人口的总量增加了约 12021 万人，平均每年新增约 707 万人，2016 年外出农业转移人口数量达到 1.69 亿[②]。以上两种形式共转移了 2.82 亿的农业剩余劳动力，对我国二元结构转型做出了历史性贡献。但"离土不离乡，进厂不进城"，只有劳动力在产业间的转移，而没有人口在城市的集中；以"民工潮"形式所进行的劳动力转移，虽然使农民走出了乡村，但并没有真正成为城市居民。而且这两种形式所转移的农业剩余劳动力，都没有割断与农业的关系，大多具有兼业性质。

3.2　农村工业发展与农业劳动力就地转移

从历史的角度来考察，农村工业的产生似乎可以追溯到人民公社时

---

① 根据张桂文：《中国二元结构转换研究》，吉林人民出版社 2001 年版，第 70 ~ 71 页数据计算得出。

② 国家统计局：《2016 年农民工调查监测报告》，http://www.stats.gov.cn/tjsj/zxfb/201704/t20170428_1489334.html。

期的社队工业，并于20世纪70年代初期有了较大程度的发展。但1978年改革前的社队工业，与改革开放以来的农村工业相比，具有根本不同的特点：一是经营范围上，没有超出为农业服务的领域。这一阶段的社队工业采取"就地取材，就地加工，就地销售"的方针，经营的目的是为了以工补农，因此，这一阶段的农村工业从经营范围上考察，仅属于农村经济中的副业范围。二是经营管理上，也没有从社队行政管理中独立出来。改革前的社队企业还不是独立的经济实体，其人员配备、经营范围、剩余分配，均由公社或生产大队统一决定。社队企业的从业人员一般也不从社队企业领取工资，而是通过"队转工资"，从生产队得到大体上相当于平均农业收入的工资。由于1978年以前的社队工业还没有从农业中分离出来，所以从严格意义上讲，这一时期的社队工业并不是真正意义上的农村工业。鉴于上述原因，我们只分析改革开放以后农村工业产生和发展的原因。

农村工业化在改革开放以后的迅速发展，直接原因在于由中国特有的制度变革方式所决定的双重经济体制并存的特殊体制环境。众所周知，中国的经济体制改革，与苏联和东欧国家不同，改革过程中的制度变革不是以激进的方式一步到位，而是采取了渐进的方式，通过双轨过渡的形式逐步推进。这种渐进式的制度变革，从所有制结构变革来看，是采取通过促进非国有经济发展来带动国有经济改革；从地域角度考察，是采取先农村后城市的推进顺序。我国的经济体制改革是1978年最先从农村开始起步的，农村由于率先冲破了以人民公社为代表的传统体制的束缚，较早地发展了市场经济，而城市国有经济则在这一时期仍然保持传统的计划经济体制。改革初期，我国的农村工业正是在这种计划经济与市场经济并存的双重体制环境下，利用渐进式改革所形成的城乡体制错位，获得了超常发展。

农村经济体制改革和与之相联系的国家经济政策的调整为农村工业的产生创造了条件。

首先，以家庭联产承包责任制为核心的农业经营体制的改革，由于保证了农户的经营自主权和农民的经济利益，极大地调动了农民的生产积极性，大幅度提高了农业劳动生产率。1978～1984年，我国农业劳动生产率提高了 96%，剔除价格因素的影响，实际提高了 68%[①]。农业劳动生产率的提高，一方面，增加了农民收入，为农村工业的产生与发展奠定了最初的资金积累条件；另一方面，又使农业中的劳动力剩余更加严重，并使在传统的"三级所有，队为基础"的统一经营体制下的农村隐性失业公开化，从而为农村工业的发展提供了稳定的、低廉的劳动力来源。

其次，农业经营体制和农产品流通体制的改革，调动了农民的生产积极性，大幅度地提高了农民收入水平，不仅为农村工业的发展提供了资金来源，同时也为农村工业发展创造了市场条件。1978 ~ 1985 年，农村居民每年人均纯收入由 133.57 元增加到 397.60 元，增加近 2 倍，年均增长率达到 16.8%，比 1952 ~ 1977 年高 4.42 倍。农民收入水平的提高，带动了消费总量的增长，使农村消费市场急剧扩大，1978 ~ 1985 年，全国农村社会商品零售总额增长了 2.38 倍，农村居民消费水平的年均增长速度达到 8.7%。农民购买的消费品在全社会商品零售额的比重，从 1978 年的 52% 上升到 1984 年的 59%[②]。这一时期，由于农民收入水平提高所带来的城乡消费市场扩张，为农村工业化提供了良好的市场条件。

但上述条件只是农村工业超常发展的必要条件而并非是充分必要条件。它并不能说明为什么农业剩余劳动力不是流向城市现代工业，而是就地转移到农村工业，也不能说明为什么在同样的市场扩张条件下，相比农村工业技术设备条件要好得多的城市国有工业却没有农村工业发展迅速。分析这一问题必须结合城市经济体制改革的情况才能得到一个较为满意的解释。正如前面已经谈到过的，由于我国的体制变革采取了渐进式方式，从制度创新的程度及变化来看城市落后于农村，这样当农村工业在市场机制的作用下不断迅速发展时，城市国有企业的改革还没有取得实质性进展，在计划经济体制的束缚下缺乏市场竞争力。因此，改革开放以来农村工业的超常发展，不仅得益于农村改革通过提高农业劳动生产率和增加农民收入所创造的资金、劳动力和市场条件，更得益于

[①②]　周振华：《体制变革与经济增长》，上海三联书店 1999 年版，第 378 页。

城乡制度差异所形成的有利竞争条件。

由于我国制度变革的渐进性，一方面农村改革促进了农村经济发展；另一方面以户籍制度为核心的各种城乡隔离政策仍然存在并发挥作用。在城乡生产要素不能自由流动的条件下推进二元经济结构转型，决定了农业剩余劳动力只能就地转移到农村工业，而不可能大规模地向城市转移。表3-1大致反映了改革开放以来我国乡镇企业发展对农业剩余劳动力的吸纳情况。

表3-1　　　　　　　　改革开放以来我国农业劳动力
转移到农村非农产业情况　　　　　　　　　　单位：万人

年份	乡村劳动力		非农就业劳动力		农业就业劳动力		累计转移劳动力
	总人数	逐期增量	年末人数	逐期增量	年末人数	逐期增量	
1978	30638	—	2320	—	28318.0	—	
1979	31025	387	2391	71	28634.0	316	—
1980	31836	811	2714	323	29122.0	488	394
1981	32672	836	2895	181	29777.0	655	575
1982	33867	1195	3008	113	30859.0	1082	688
1983	34690	823	3539	531	31151.0	292	1219
1984	35968	1278	5100	1561	30868.0	-283	2780
1985	37065	1097	5935	835	31130.0	262	3615
1986	37990	925	6736	801	31254.0	124	4416
1987	39000	1010	7337	601	31663.0	409	5017
1988	40067	1067	7818	481	32249.0	586	5498
1989	40939	872	7714	-104	33225.0	976	5394
1990	47708	6769	8794	1080	38914.0	5689	6474
1991	48026	318	8928	134	39098.1	184	6608
1992	48291	265	9593	665	38698.9	-400	7273
1993	48546	255	10867	1274	37679.7	-1019	8547
1994	48802	256	12174	1307	36628.1	-1051	9854

续表

年份	乡村劳动力		非农就业劳动力		农业就业劳动力		累计转移劳动力
	总人数	逐期增量	年末人数	逐期增量	年末人数	逐期增量	
1995	49025	223	13496	1322	35529.9	−1099	11176
1996	49028	3	14209	713	34819.8	−710	11889
1997	49039	11	14199	−10	34840.2	21	11879
1998	49021	−18	13844	−355	35177.2	337	11524
1999	48982	−39	13214	−630	35768.4	591	10894
2000	48934	−48	12892	−322	36042.5	274	10572
2001	48674	−260	12276	−616	36398.5	356	9956
2002	48121	−553	11481	−795	36640.0	242	9161
2003	47506	−615	11302	−179	36204.4	−436	8982
2004	46971	−535	12142	840	34829.8	−1375	9822
2005	46258	−713	12817	675	33441.9	−1388	10497
2006	45348	−910	13408	591	31940.6	−1501	11088
2007	44368	−980	13637	229	30731.0	−1209	11317
2008	43461	−907	13538	−99	29923.3	−808	11218
2009	42506	−955	13616	78	28890.5	−1033	11296
2010	41418	−1088	13488	−128	27930.5	−960	11168
2011	40506	−912	13912	424	26594.2	−1336	11592
2012	39602	−904	13829	−83	25773.0	−821	11509
2013	38737	−865	14566	737	24171.0	−1602	12246
2014	37943	−794	15153	587	22790.0	−1381	12833
2015	37041	−902	15122	−31	21919.0	−871	12802

资料来源：根据 2016《中国统计年鉴》整理计算得出。

3.3 非均衡制度变迁与非永久性乡城迁移

世界经济发展史表明,在一国经济发展过程中总是伴随着农村劳动力向城市迁移,劳动力流动与一个国家的工业化与城市化过程相互促进、互为因果。但是由于各国经济发展的历史条件与制度环境不同,农村劳动力乡城迁移的特点也不尽相同。改革开放以来我国农业剩余劳动力乡城迁移的一个突出特点是表现为非永久的流动性迁移。中国改革开放以来的农业剩余劳动力非永久性乡城迁移是中国非均衡制度变迁的产物。

(1)农业生产经营体制的改革为农业劳动力的乡城流动提供了基本前提。一是家庭联产承包责任制使农民摆脱了人民公社制度下准军事化的集中统一管理,给予农民生产经营自主权,这种自主权使农民有可能在比较利益的驱使下向城市非农产业迁移;二是农业家庭联产承包责任制提高了农业劳动生产率,使农业隐性失业显性化,人地关系的高度紧张使农村就业问题日益突出。

(2)20世纪90年代以来乡镇企业吸纳劳动就业能力相对减弱,一部分剩余劳动力不得不进入城市寻求新的就业机会。我们前面分析了我国乡镇企业发展的原因在于我国渐进式体制转轨中计划与市场体制并存,以及其体制转轨不同步所形成的体制优势。但是,20世纪90年代以来我国经济体制转轨进入了一个新的发展阶段。随着所有制结构的变革和国有经济战略布局的调整,以公有制为主体的多种所有制经济共同发展的格局已经形成,一批国有企业通过股份制改造已基本具备了现代企业制度特征,这一切都使城市工业竞争力明显增强;同时,20世纪90年代中期以来我国国民经济运行的市场环境发生了显著变化,由供不应求的短缺经济转为供过于求的买方市场,有效需求不足成为制约经济发展的关键因素。市场约束的增强使乡镇企业的发展速度开始放慢,并由主要依靠国内市场转向开拓国际市场。1991~1995年乡镇企业出口交货值年均增长63.5%,占同期全国出口商品的比重由20.6%上升到 43.4%。20 世纪 90 年代中后期以来受全球性通货紧缩特别是东亚金融危机的影响,乡镇企业的发展受到市场有效需求不足的约束。一方面国内市场已由卖方市场转为买方市场;另一方面国际市场上出口需求严重不足,导致乡镇企业在 20 世纪 90 年代中后期的发展速度进一步下降。"七五"和"八五"期间,乡镇企业发展速度保持在 35% ~42% 之间,"九五"以来增长势头显著放慢,1996 年乡镇企业经济增长率为 21.0%,1997 年为 17.4%,1998 年为 17.3%,1999 年的增长速度进一步下降到 14%[①]。

受经济体制转轨过程中城市工业竞争力增强与市场有效需求不足的双重影响,乡镇企业超速发展的条件已经不复存在。面临城市工业的强有力竞争和市场有效需求不足的约束,乡镇企业增长速度下降,亏损增加,一部分乡镇企业甚至因亏损倒闭而退出市场,另一部分企业则在市场竞争的压力下不得不走上提高资本有机构成的道路。这样一来就不可避免地使乡镇企业吸收剩余劳动力的能力减弱。

乡镇企业发展到一定阶段,吸纳劳动就业能力减弱除了受市场竞争加强所导致的发展速度下降和资本有机构成提高的影响,还与其自身"离土不离乡"的发展模式有关。这种发展模式直接导致了乡镇企业布局的高度分散化和城市化进程的严重滞后。这种布局的高度分散化不仅使乡镇企业的发展不能形成规模经济,制约其竞争力的提高,更为重要的是它难以发挥工业化发展的聚集效应,实现工业化与城市化同步发展。由于第三产业的发展是工业集中和城市化发展的产物,乡镇企业的高度分散化必然会影响第三产业的发展。1996 年农村经济中第三产业增加值仅占乡镇企业增加值总额的 13.2%,比全国水平低 13 个百分点[②]。据测算,农村第二、第三产业就业人员的比例为 1:0.67,这一指

---

① 贾大明:《我国三农问题的现状与 21 世纪展望》,载于《经济研究参考》2001 年第 40 期,第 20 页;中国社会科学院农村发展研究所:《1999 ~2000 年:中国农村经济形势分析与预测》,社会科学文献出版社 2000 年版,第 104 页。

② 国家统计局科学研究所《中国农村非农产业结构转换的研究》课题组:《非农产业结构转换的规律性与发展前景》,载于《经济工作者学习资料》2000 年第 23 期,第 37 页。

标在城市为 1:1,而在发达国家则为 1:2~1:3①。与第二产业相比,第三产业容纳的劳动力较多,按等量投资计算,第三产业容纳的劳动力要比第二产业多 2~3 倍②。我国乡镇企业布局分散,造成了城市化进程滞后,影响了农村第三产业发展,限制了乡镇企业对农业剩余劳动力的吸收。

农业剩余劳动力的增加与乡镇企业吸纳就业能力相对减弱在客观上形成了劳动力乡城迁移的强大推力。

(3)农产品统购统销制度和城市经济体制改革为农业剩余劳动力乡城迁移创造了基本条件。1985 年以后以城市为主的经济体制改革,坚持多种所有制经济共同发展的方针,民营经济的迅速壮大与国有企业改革,促进了城市经济的快速发展,为农业劳动力迁移到城市提供了就业空间;民营经济拥有较为独立的用工自主权,可以自由招聘企业职工而不易受政府约束,为农业劳动力进城务工提供了方便,"三资"企业,特别是私营企业和个体经济的迅速发展开拓了农业劳动力进入城市就业的主渠道。而国有企业劳动就业制度改革,用工自主权不断扩大,也为农村劳动力提供了就业岗位;改革开放以来由于农业生产经营体制改革所带来的农产品供给大幅度增加,带动了农产品统购统销制度改革。1985 年 1 月,国家取消了农产品的统购,实行合同定购,1993 年又取消了合同定购任务,完成了从计划定价(合同定购部分)和市场定价(合同外部分)的双轨制到市场定价单轨制的转变。在破除农产品统派购制度的同时,国家还大力恢复和发展城乡集市贸易。农产品统购统销制度的改革使农民可以通过市场获取必要的基本生活资料,使农民进城务工成为可能。

(4)户籍制度与农村土地制度改革滞后为我国农村劳动力乡城迁移设置了诸多障碍。以上分析表明,随着我国经济体制改革的不断深入,到 20 世纪 90 年代农村劳动力大规模乡城迁移的条件已基本具备。

---

① 陈孝兵等:《论中国农村劳动力的流转与就业》,载于《学术论丛》1999 年第 2 期,第 26 页。

② 国家统计局科学研究所《中国农村非农产业结构转换的研究》课题组:《非农业产业结构转换规律性与发展前景》,载于《经济工作者学习资料》2000 年第 23 期,第 37 页。

但是我国劳动力转移并没有像其他国家那样采取永久性迁移形式，而是采取非永久性的流动转移方式。我国劳动力转移过程之所以具有这样的特征与我国户籍制度和农村土地制度改革明显滞后有关。把城乡人口进行制度性分割的户籍制度形成于我国计划经济时期，虽经过改革开放以来30多年的制度变迁，特别是2002年以来的二元经济体制的深化改革，城乡分割的户籍制度有所松动，但户籍制度改革在我国二元经济体制变革中仍属于薄弱环节，至今仍处于政策的局部调整与修改阶段，依附于户籍制度上的劳动就业、社会保障、居住权利、子女教育等城乡差别还严重存在。由于户籍制度改革滞后所带来的城乡差别大幅度提高了农村劳动力的迁移成本，降低了迁移收益，使农村劳动力在城市定居得不偿失。

我国以均田制度为特征的家庭联产承包责任制，虽然使广大农民拥有了承包土地的使用权和一定程度的剩余索取权，但现行土地产权制度还远未完善，这突出地表现在土地长期使用权保障不够与土地使用权转让机制不完善的问题上。小规模的土地经营既不可能实现充分就业，更不可能实现较高的经济收入，而通过承包占有土地的权利是与取得一定的收益权利连在一起的，对于这种权利农民是不会轻易放弃的。特别是在社会保障体系不健全的条件下，保留土地已成为家庭保险的一种手段，加之随着市场经济发展土地价格不断攀升，如果缺乏相应的土地流转机制，就不可能割断农民对土地的依赖。小规模土地经营的就业不足、收益不佳决定了农民必然会脱离农业向城市非农产业转移，而土地的收益与承担保障和抵御风险的功能又使农民不可能完全脱离农村去实现人口的永久性乡城迁移。

以上四个方面因素的综合作用，导致了我国农业劳动力既要向城市非农产业转移，又不可能在城市定居下来，从而形成了具有中国特色的农村劳动力的非永久性乡城迁移。每年数以亿计的农业转移人口像候鸟一样往返于城乡之间，波澜壮阔的农业转移人口潮，引起了社会各界的高度关注。

据国家统计局对全国31个省（区、市）6.8万个农村住户和7100多个行政村的农民工监测调查，在农民工总量中外出农民工数量远超过本地农民工。2008 年以来中国农民工规模如表 3 - 2、图 3 - 1 所示。

表 3 - 2   **2008 ~ 2016 年中国农民工规模**   单位：万人

项目	2008 年	2009 年	2010 年	2011 年	2012 年	2013 年	2014 年	2015 年	2016 年
外出农民工数量	14041	14533	12264	15863	16336	16610	16821	16884	16934
本地农民工数量	8501	8445	8888	9415	9925	10284	10574	10863	11237
农民工总量	22542	22978	24223	25278	26261	26894	27395	27747	28171

数据来源：国家统计局网站。

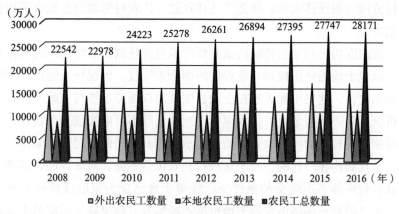

图 3 - 1   **2008 ~ 2016 年中国农民工规模**

第 4 章

转移人口非市民化对
二元经济转型的影响

我国改革开放以来已有 2.82 亿农业人口转移到非农产业[1]，但这些转移人口就业稳定性差、收入水平低，难以实现从乡村到城镇的永久性迁移，成为处于边缘或游离状态的特殊群体——农业转移人口。由此，我国的二元经济结构演变为农村农业部门、农村非农部门、城镇现代部门、城镇非正规部门并存的四元经济结构[2]；二元社会结构也演变为农民、农业转移人口与市民并存的三元结构。过渡性的四元经济结构和三元社会结构与传统的二元经济、社会结构相比无疑是巨大的历史进步，但这种过渡结构长期存在并呈现出固化趋势，已成为二元经济转型的严重障碍。

---

[1] 国家统计局：《2016 年农民工调查监测报告》，http://www.stats.gov.cn/tjsj/zxfb/201704/t20170428_1489334.html。

[2] 1996 年徐庆在"论中国经济的四元结构"（《国民经济管理与计划》1996 年第 11 期）一文中认为中国经济表现为明显的四元结构：农村传统部门、乡镇企业部门、城市现代部门和城市传统部门；胡鞍钢、马伟在"现代中国经济社会转型：从二元结构到四元结构（1949—2009 年）"（《清华大学学报》2012 年第 1 期）一文中把四元结构概括为农村农业部门、农村工业部门、城镇正规部门、城镇非正规部门。

4.1 难以形成高素质的产业工人队伍

根据经济理论的一般原理，决定人们投资需求的基本因素是投资收益与投资成本的比较，人力资本投资也是如此。是否进行人力资本投资、进行多少人力资本投资取决于人们对其成本与收益的权衡，具体来说，人们对人力资本投资的需求取决于其预期收益率的大小。从个人的角度来说，一项人力资本投资的预期收益率主要取决于两方面的因素，一是个人就业时间的长短；二是薪酬水平的高低。由于我国农业劳动力采取非永久性的迁移方式，农业转移人口就业稳定性差，薪酬水平低，导致其没有动力进行人力资本投资。从用工单位的角度看，由于农业转移人口流动性强，很难与用工单位形成长期稳定的雇佣关系，无论是对农业转移人口进行一般培训还是特殊培训，都有可能无法获得投资收益，甚至难以收回投资成本。因此，虽然数以亿计的农业转移人口在城镇非农产业工作，但绝大多数只是非农产业招之即来、挥之即去的廉价劳动力，难以进入企业的核心员工队伍。2016 年农业转移人口总量达到 28171 万人，从事第二产业的约为 14902 万人，占第二产业从业人员的比重为 66.7%[①]，虽然从数量上看农业转移人口群体已成为我国产业工人的主体，但其文化素质和劳动技能偏低，初中及初中以下文化程度者占 74.8%，66.9% 的农业转移人口没有经过职业技术培训[②]，绝大多数农业转移人口离高素质的产业工人还相距甚远。

经过改革开放以来近 40 年的转型发展，我国已从总体上进入工业化中后期发展阶段，中国二元经济转型进入了刘易斯转折区间。我国工业化进一步推进的主要任务是实现产业结构由资本密集型为主升级为技

[①] 根据国家统计局：《中国统计年鉴 2016》和《2016 年农民工调查监测报告》有关数据计算所得。

[②] 国家统计局：《2016 年农民工调查监测报告》，http：//www.stats.gov.cn/tjsj/zxfb/201704/t20170428_1489334.html。

术密集型为主①。

产业结构的演进过程实质上是人力资本和物质资本在不同产业间的动态匹配过程。人力资本作为重要的生产要素是各产业发展的输入变量，其水平与结构直接影响着产业结构的调整与演变。人力资本投资不仅通过向各产业发展提供其所需要的人力资本，直接影响着产业结构的演进，还通过改变要素禀赋、影响需求结构、促进技术进步作用于产业结构。我国 2003 年资本密集型产业的比重超过了劳动密集型产业，产业结构总体上已呈现出资本密集型产业为主的特点②。但迄今为止，我国仍未完成由资本密集型为主向技术密集型为主的产业结构升级，这其中的一个十分重要的原因是我国产业工人队伍的主体，农业转移人口的人力资本存量较低，产业结构升级所需的创新型人才和高技能型人才严重不足。

4.2　导致城镇化滞后于工业化

对于一个国家或地区而言，农业劳动力转移的内涵有两点：一是产业转移，即劳动力由农业向非农产业转移，其结果是农业就业份额的下降和产业结构的非农化；二是空间转移，其结果是农村人口份额的下降和城市化水平的提升。乡镇企业的发展只是实现了农业劳动力的产业转移，而没有实现人口在城市的集中；非永久性乡城迁移，虽然使农民走

---

　　① 　一个国家或地区的二元经济转型过程，同时也是其产业结构优化升级的演进过程。这一演进过程在三次产业层次上大致表现为第一、第二、第三产业的依次更替；在工业内部结构上则表现出从轻工业—重化工业—高加工度工业—高新技术产业为主导的发展趋势；在服务业内部则呈现出从传统（生活型）服务业向现代（生产型）服务业转移的趋势；从资源配置结构角度考察，产业结构演变又表现为由劳动密集型产业占优势逐步向资本密集型、技术（知识）密集型产业占优势演进。本项目组的研究表明，与二元经济转型的不同发展阶段相适应，产业结构表现出从劳动密集型产业为主向资本、技术密集型产业为主的依次更替；中国二元经济转型中的产业结构的变化符合上述演进趋势，与我国进入刘易斯转折阶段相适应，我国产业结构也呈现出资本密集型的特点（张桂文、孙亚南：《中国人口科学，2014 年第 6 期》）

　　② 　张桂文、孙亚南：《人力资本与产业结构演讲耦合关系的实证研究》，载于《中国人口科学》2014 年第 6 期。

出了乡村,但并没有在城市定居下来,真正成为城市居民。两种形式的农业劳动力转移,都使农民的职业转移与空间转移相分离,从而造成工业化进程与城市化进程相脱离,使我国城市化发展滞后于工业化进程。一般认为,城市化率与工业化率之比的合理范围在 140% ~ 250% 之间①。2016 年我国城镇常住人口占总人口的比重(城镇化率)为 57.35%,工业增加值占 GDP 的比值为 33.31%,城市化率与工业化率之比为 172.17%,处于城市化率与工业化率之比的合理区间。但必须看到的是,我国现有城市化率的统计口径,是按常住人口进行计算,包括了在城市生活 6 个月以上,但没享受到和城市居民同等的公共福利和政治权利的农业转移人口,也包括在镇区生活但从事农业生产的农业户籍人口,如果减去这部分人口,中国户籍人口城市化率只有 41.20%②。我国户籍人口城市化率与工业化率之比为 123.67%,远低于城市化率与工业化率合理区间的下限。

关于工业化与城市化协调水平,学术界存在着不同的认识,为了论证各自的学术观点,学者们进行了城市化发展程度的国际比较,但由于选择指标和标准的不同,所得出的结论也各不相同。也许我们不必为了这一问题的讨论而进行并无多大意义的数据之争,只要考察一下改革开放以来中国农业劳动力转移的历史过程,切身感受一下每年春节前后的"民工潮",我们就很难得出城市化与工业化大致协调甚至存在着所谓的"隐性超城市化"的结论。实际上大量的非农就业人口及家属不能在城市定居和生活,本身就意味着城市化滞后于工业化。

城市化滞后于工业化的一个直接后果是制约了第三产业的发展,导致农村剩余劳动力转移的出路狭窄。由于第三产业所提供的产品—服务具有生产与消费过程的同一性,所以第三产业只有在人口较为密集的城市才会有较大的发展。与第二产业相比,第三产业的就业弹性系数高,吸收就业范围宽。赛尔奎因在《工业化和经济增长的比较研究》中发

---

① 李善同:《对城市化若干问题的再认识》,载于《中国软科学》2001 年第 5 期,第 4 页。

② 数据来源:中国产业信息网,http://www.chyxx.com/industry/201611/466191.html。

现，在工业化过程中，随着人均国民生产总值的不断提高，服务业相对制造业来说，其就业弹性系数不仅大于 1，而且呈现连续递增的发展趋势。受城市化滞后的影响，我国第三产业发展不仅远落后于发达的市场经济国家，低于世界平均水平，也落后于与我国发展程度相同的发展中国家。2015 年我国第三产业增加值占 GDP 的比重为 50.2%[①]，同年高收入国家第三产业增加值占 GDP 的比重为 73.9%，中等收入国家的三产比重为 57.6%，世界平均水平为 68.5%[②]。我国第三产业发展相对滞后，严重地影响了我国工业化进程对城乡失业人口的吸纳能力，造成我国城乡就业压力长期得不到有效缓解。

城市化滞后于工业化还影响了城市化对工业化的促进作用，从而影响了第二产业对农业剩余劳动力的吸收。如果说工业化的推进是城市化发展的基本动因，那么城市化的发展也极大地促进了工业化进程，这一作用主要是通过城市化聚集效应来实现的。我国由于城市化滞后于工业化进程，从而妨碍了城市化聚集功能的发挥，影响了第二产业对农业剩余劳动力的吸收。这在农村工业的发展方面表现得尤其突出。改革开放以来，我国以特有的农村工业化形式带动了 1 亿多农业剩余劳动力转移。但这种与城市化相脱节的农村工业化进程也有其自身固有的缺陷：一是乡镇企业高度分散化，不仅使乡镇企业发展难以利用城市化的聚集功能降低生产成本，而且还造成乡镇企业对土地等自然资源浪费严重，环境污染突出等诸多问题；二是乡镇企业特有的社区性及封闭性特点，造成乡镇企业生产规模小，人员素质低。20 世纪 90 年代中期以来，受经济体制转轨过程中城市工业竞争力的增强与市场有效需求不足的双重影响，乡镇企业增长速度下降，吸收剩余劳动力的规模逐渐减少。1997 ~ 1999 年，乡镇企业吸纳劳动力的速度连续三年出现负增长，三年共减少从业人员 698 万人。2000 年以来，转移到农村非农产业中的劳动力数量虽有所增加，但转移的速度与 20 世纪 90 代中期前大多数年份相比明

① 国家统计局：《中国统计年鉴 2016》，http：//www. stats. gov. cn/tjsj/ndsj/2016/index-ch. htm。

② 《国际统计年鉴 2016》，http：//data. stats. gov. cn/files/lastestpub/gjnj/2016/indexch. htm。

显下降。

非城市化的劳动力转移还通过人口城乡结构的变动滞后于就业结构的变动，影响消费需求的扩大。无论是乡镇企业职工还是往返于城乡之间的农业转移人口，都只是完成了职业的转变，而没有实现由农民向市民身份的转变。改革开放以来我国近 3 亿农民转入非农产业就业，但他们的消费方式、消费习惯仍然停留在自给性很强的乡村方式。这些农业转移人口在增加工业品供给能力的同时，既不能相应地扩大对农产品的商品性需求，又没有相应地增加对工业品的需求，因此工农业产品市场就不会随着农业剩余劳动力的转移而相应扩大。近 3 亿农业转移人口在创造巨大商品供给的同时却不能形成相应的市场需求，这也是我国现阶段投资与消费失衡，外向型依赖严重的重要原因。

4.3 影响农业规模经营

从理论上讲，农业剩余劳动力的非农化转移，可以增加劳均耕地面积，提高农业部门的资源配置效率，提高农业劳动生产率，从而为提高农民收入，增加农业积累，促进农业技术进步创造条件。但是由于我国农业劳动力转移采取了非永久性迁移的方式，农业转移人口的非农化与市民化相脱离，使农业转移人口大多具有兼业性质，城镇化进程中农业经营规模不仅没有随着农业转移人口的增加而扩大，反而由于农地非农化转移等因素持续减少。有资料显示，2015 年我国耕地面积为 13500 万公顷，人口为 13.75 亿人，平均人均耕地不足 0.098 公顷[①]；根据世界银行的统计数据，2015 年我国每个农业劳动力的耕地面积也只有 0.616 公顷。目前，美国一个农业劳动力平均耕地 120 余公顷，日本则不足 2 公顷[②]，我国每个劳动力平均耕地面积只有美国的 1/195，日本

---

① 根据《2016 年中国农村统计年鉴》有关数据计算得出。
② 张桂文：《二元经济转型视角下的中国粮食安全》，载于《经济学动态》2011 年第 6 期，第 50 页。

的 1/3。虽然我国已进入工业化中后期发展阶段，但农业生产仍停留在小农经济阶段。高度分散的小农经济与现代化大生产对农业需求的矛盾，始终是制约我国农业生产发展的根本性矛盾。

在小规模的农业生产条件下，农户首先考虑的不是收益最大化，而是生存压力最小化。也就是说，利用有限资源来优先保证基本生活需求是农户进行农业生产的基本目的，农户只有在满足了家庭基本生活需求之后，才会根据利益最大化原则配置家庭资源。因此，小规模农户与大规模家庭农场在生产经营方式方面存在着很大区别。

首先，小规模农户很少进行农业投资。这是因为小规模经营条件下，农户的资源禀赋表现为土地与资本十分稀缺而劳动力资源充裕，加之小规模经营抗风险能力差，对于农民来说除了劳动投入外，任何对土地的长期投资都是得不偿失的。由于农业投资的预期收益小于成本支出，所以农户的理性选择是在尽可能减少对农业的物质资本投入的同时增加劳动投入。表 4-1 所示的是农业投资的国际比较，在表中所列的30 个主要国家中，我国每千公顷的主要农机械使用量较低，特别是每千公顷拖拉机的使用量只高于孟加拉国、伊朗、斯里兰卡等国家而位列倒数第 11 位，但每千公顷的化肥使用量居于相对较高水平。这说明我国农户对土地的长期投资不仅远低于发达国家水平，也低于同等发展程度的发展中国家水平。

表 4-1　　　　　　　　**农业投资的国际比较**　单位：台/千公顷、吨/千公顷

国家或地区	每千公顷耕地上拖拉机使用量	每千公顷耕地上收割机使用量	每千公顷耕地上化肥使用量
中国	27.9	6.9	364.4
孟加拉国	0.4	0.0	208.7
印度	19.9	30.0	157.5
伊朗	18.3	0.6	26.3
以色列	71.0	0.8	268.7
日本	433.9	221.2	256.7

農業轉移人口市民化与二元經济轉型

国家或地区	每千公顷耕地上拖拉机使用量	每千公顷耕地上收割机使用量	每千公顷耕地上化肥使用量
韩国	162.0	54.5	361.3
马来西亚	—	—	1726.6
巴基斯坦	15.6	0.1	135.3
斯里兰卡	21.5	0.01	160.0
泰国	54.6	3.2	167.7
越南	25.8	35.3	373.8
埃及	39.1	1.2	636.4
加拿大	16.4	1.8	88.3
墨西哥	10.2	1.0	78.8
美国	27.1	2.1	131.9
阿根廷	7.0	1.4	36.2
巴西	11.4	0.8	175.7
委内瑞拉	18.4	2.2	179.9
白俄罗斯	8.7	2.2	255.7
捷克	26.2	3.3	127.0
法国	62.1	4.2	140.6
德国	64.6	7.2	203.5
意大利	266.8	7.6	129.1
荷兰	135.9	5.3	310.1
波兰	130.7	13.5	202.0
西班牙	83.1	4.2	139.2
土耳其	48.9	0.6	113.5
乌克兰	10.3	1.7	45.8
英国	72.8	6.6	236.6

资料来源:《国际统计年鉴2016》。

其次,农户的兼业化现象普遍存在。土地经济规模过小,农民既不可能依靠农业生产实现充分就业，也不可能依靠农业的专业化生产大幅度降低生产成本，反而会由于专业化生产承担较高的经营风险和交易费用。因此，在小规模农业生产条件下，兼业化经营就成为农户的理性选择。2015 年年初，本项目组对全国 20 个省份的土地制度改革情况进行抽样问卷调查，从被调查农民的职业类型看，只有 19.96% 的被访者完全脱离农业在非农岗位就业，在剩余 80.4% 的被访者中有 42.7% 的农民只从事农业生产，农村兼业户比重高达 57.3%。

农业小规模经营对我国农业生产的直接影响主要有两个方面：

其一是农业劳动生产率低下。由于小规模经营导致物质资本投资过少，劳动力资源投入过多，技术创新也就只能停留在精耕细作层面上，难以产生现代农业。小农经济的结果必然是土地生产率较高而劳动力生产率较低。表 4 - 2 反映了世界主要国家的农业劳动生产率情况。从表 4 - 2 中可以看出，中国的农业劳动生产率低下，每个农业经济活动人口农作物产量只有 1.69 吨，在 41 个国家中居倒数第 4 位，只高于孟加拉国、斯里兰卡、蒙古国 3 个国家。同期美国农业劳动生产率为每个农业经济活动人口 207 吨，是我国农业劳动生产率的 124.29 倍。

根据边际收益递减原理，在技术条件不变的情况下，在同等规模的耕地上，通过不断增加劳动力投入所带来的土地生产率的提高是非常有限的。从微观角度看，由于每一农户的耕地面积过少，即使农户能够高效率地配置劳动力资源，使农业生产达到土地生产率的极限，依靠小规模的耕地也不可能致富；从宏观角度看，我国是土地资源高度稀缺的国家，随着人口的增长和城市化进程的加快，人均耕地面积只能减少，却不可能增加。以精耕细作的途径来提高土地生产率，虽然符合中国农村劳动力资源充裕的要素禀赋，但在现有的技术条件下，土地资源的人口承载能力有限，如不能通过农业的规模经营，促进技术进步，提高农业劳动生产率，不要说提高农业的国际竞争力，就连我国的粮食安全也难以保障。

表4-2　　　　　　　　农业劳动生产率的国际比较

国家和地区	农作物产量总计（万吨）	农业经济活动人口（万人）	农业劳动生产率（吨/人）
美国	56715.4	273.9	207.07
澳大利亚	8582.8	43.1	199.14
加拿大	6810.5	34.7	196.27
法国	11509.7	70.5	163.26
德国	9222.0	80.5	114.56
英国	3758.5	48.5	77.49
阿根廷	10988.8	142.7	77.01
荷兰	1520.6	21.4	71.06
巴西	60034.8	1193.3	50.31
意大利	5046.5	104.8	48.15
以色列	251.9	6.4	39.36
西班牙	3843.1	111.5	34.47
捷克	1343.4	40.0	33.59
白俄罗斯	1786.4	58.1	30.75
南非	4430.4	159.8	27.72
乌克兰	7482.0	294.7	25.39
委内瑞拉	1581.0	76.3	20.72
俄罗斯联邦	14034.4	716.3	19.59
新西兰	254.6	17.0	14.98
哈萨克斯坦	1736.9	118.7	14.63
波兰	5256.8	390.9	13.45
日本	2602.7	204.2	12.75
墨西哥	9411.5	850.9	11.06
伊朗	5099.1	668.9	7.62
尼日利亚	10868.6	1519.1	7.15
埃及	5454.6	859.9	6.34

国家和地区	农作物产量总计（万吨）	农业经济活动人口（万人）	农业劳动生产率（吨/人）
韩国	1043.4	183.3	5.69
泰国	10690.7	2019.7	5.29
菲律宾	6587.3	1308.6	5.03
土耳其	6714.8	1499.4	4.48
巴基斯坦	9859.0	2770.1	3.56
马来西亚	531.5	171.2	3.10
朝鲜	873.2	309.7	2.82
印度尼西亚	13422.2	5053.9	2.66
越南	6889.0	2946.6	2.34
印度	58245.0	28071.6	2.07
缅甸	3607.8	1947.9	1.85
中国	85978.3	50921.5	1.69
孟加拉国	5693.0	3787.4	1.50
斯里兰卡	569.3	423.0	1.35
蒙古国	15.8	29.9	0.53

注：1. 资料来源：根据《国际统计年鉴 2008 年》有关数据计算得出。

2. 表中的农业经济活动人口，是指 15 岁以上的就业与非就业的农业人口总和。尽管这一数据与我国的统计口径有所不同，但由于各国的统计口径具有一致性，还是可以说明各国的农业劳动生产率的基本情况。

其二是农产品商品化率较低。小规模生产和兼业经营，导致我国农户人均每种农产品的产量较低，在满足家庭基本生活需求后剩余不多，这也决定了每户的农产品商品化率不可能很高。表 4 - 3 显示了我国农户的粮食生产和销售情况。结果表明，虽然 1981 ~ 2012 年农户的粮食商品化程度整体上不断提高，从 1981 年的 5.06% 上升到 2012 年的57.71%，显示了农户的粮食生产与市场联系更加紧密。但应注意的有两点：一是我国粮食的商品化程度依然较低，即使是在商品化程度较高的 2006 ~ 2012 年，我国农户粮食平均商品化率也只在 58% 左右，这个水平从国际比较的角度看是偏低的；二是由于我国农村经济发展不平衡程度较高，不同地区人均耕地面积极不均衡，不同农户的兼业化程度也大不相同，粮食商品化率也会有很大的不同，导致农户粮食平均商品化率指标并不能反映我国粮食商品化率的全貌。一些耕地面积过小，兼业化程度较高的农户，粮食生产只能用于满足家庭的基本生活需求，可用于市场交易的数量极为有限，粮食的商品化率自然也就无从谈起。

表4－3　　　　　1981～2012年中国粮食商品化率　　　单位：公斤、%

年份	农村人均粮食产量	农村居民家庭平均每人出售粮食量	商品化率
1981	406.78	20.6	5.06
1982	442.16	31.2	7.06
1983	479.70	122.9	25.62
1984	506.98	141.3	27.87
1985	469.44	123.5	26.31
1986	482.51	146.8	30.42
1987	493.69	148.7	30.12
1988	478.46	150.4	31.43
1989	490.05	154.3	31.48
1990	530.37	180.2	33.98
1991	514.41	179.4	34.88
1992	520.80	165.9	31.85
1993	534.88	159.4	29.79
1994	519.49	188.5	36.29
1995	542.91	179.2	33.01
1996	592.98	203.5	34.31
1997	587.06	228.0	38.84
1998	616.09	227.5	36.93
1999	619.70	243.3	39.27

年份	农村人均粮食产量	农村居民家庭平均每人出售粮食量	商品化率
2000	571.74	264.7	46.30
2001	568.90	268.0	47.12
2002	584.17	281.2	48.13
2003	560.43	294.4	52.52
2004	620.13	287.2	46.32
2005	649.31	375.8	57.88
2006	675.38	394.6	58.43
2007	689.49	394.1	57.16
2008	732.94	444.5	60.65
2009	770.00	482.93	62.72
2010	814.26	460.46	56.55
2011	870.00	481.45	55.34
2012	918.03	529.75	57.71

数据来源：1981~2006 年农村居民家庭平均每人出售来自"国家统计数据库"，2007 年和 2008 年数据来自《2009 年中国统计年鉴》；农村人均粮食产量根据《2009 年中国统计年鉴》相关数据计算得出。2009~2012 年数据根据国家统计局数据库数据计算得出。

4.4 诱发新的"农村病"

"农村病"是与"城市病"相对应的一个概念，它是对农村发展过程中所出现的社会病态的集中概括。中国二元经济转型过程的"农村病"主要表现在农业小规模经营，劳动生产率低下；农民相对贫困与绝对贫困，以及"空心村"的普遍存在。前两个问题二元经济转型过程中普遍存在，后一个问题则是与农业劳动力非永久性乡城迁移直接相关，准确地说，是由农业劳动力非永久性乡城迁移所诱发的。"空心村"是指目前我国一些农村由于大量青壮年劳动力迁移到城市，却又不在城镇定居，把老幼妇孺留在农村而导致的农村空心化状态。据全国第六次人口普查数据，全国农村留守儿童为 6000 万人，留守老人和留守妇女分别为 4000 万人和 5000 万人①。"空心村"的普遍存在恶化了农业生产和生活条件，对农村经济与社会发展带来了诸多不利的影响。

第一，造成土地资源的严重浪费。由于农业的弱质性，相较于其他行业而言，农业的比较利益低下。在小规模经营的条件下，这个问题更加突出。受城镇非农产业预期收入较高的影响，农村青壮年劳动力纷纷进城打工。农业劳动力的非农化乡城迁移，从理论上讲可以增加农村的人均耕地面积，由于农业资源配置效率的提高，务农收益也会随之增加，因此，土地会得到更好的利用。但是由于农业转移人口非永久性迁移，其就业不稳定，收入水平较低，农户很难完全放弃农业生产，这样一来，在家务农的基本为老人、妇女、儿童，使得大面积土地因无力或无人耕种而荒芜。根据 2015 年初本项目组对全国 20 个省份的问卷调查，有近 70% 的农户没有进行土地流转，中部和西部地区被调查的农户没有进行土地流转的比重更大，分别为 78.10% 和 72.84%。根据官天明和石始宏对河北省"空心村"的调查，在受访者中有 40.0% 的人认为其承包的土地已经存在不同程度的荒置。在农地抛荒的原因中，家里人手不足占了 30% 和外出务工无暇顾及家里农地的占了 45%②。

"空心村"所带来的土地资源浪费，不仅表现在耕地荒芜上，更突出地表现在宅基地闲置上。根据统计资料显示，我国农村常住人口每年以 1.6% 的速度减少，但宅基地却以每年 1% 的速度增加，农村每年建房占地 200 万亩左右。目前，中国农村居民点用地占建设用地总量的 50% 以上，多达 2.48 亿亩。在全国 655 个城市、64 万个行政村、300 多万个自然村中，一半以上的村庄出现了严重空心化。据中科院测算，全国空心村综合整治土地潜力达 1.14 亿亩③。

---

① 人民网强国社区，http://bbs1.people.com.cn/post/1/1/1/153081639.html。

② 官天明、石始宏：《河北省"空心村"现状调查及分析》，载于《中小企业管理与科技》2016 年第 4 期。

③ 熊远潮：《"三农"视野下中部地区农村空心化的成因与治理》，载于《广东土地科学》2015 年第 4 期，第 26、24 页。

第二，导致农村公共服务设施闲置化。进入 21 世纪以来，国家加大农村基础设施建设和公共服务的投入力度，学校、卫生院、道路、水利设施、自来水管道等公共资源的投入大量向农村倾斜，极大地改善了农村的生产生活条件。但是由于农村青壮年劳动力纷纷外出打工，一些农村已经出现上述公共服务设施闲置的现象，中小学由于学生减少被撤并，造成教学资源的浪费；道路、水电管网等基础设施也因使用的人越来越少而渐趋废弃。更为严重的是由此形成了恶性循环。由于使用者减少，不仅初始投入无法收回，后续的维护费用更无法保障，致使这些基础设施不仅闲置问题突出，其完好率也非常低。以"生产发展，生活宽裕，村容整洁，乡风文明，管理民主"为目标的社会主义新农村建设，因"空心村"缺少"人气"，其投资所形成的公共服务设施只能用于装点"门面"。

第三，引发相关农村社会问题。农业劳动力的非永久性乡城迁移，把老人、儿童和妇女留在乡下，被形象地称为"386199 部队"。

这些人员在生活、安全、教育、心理等方面由于缺乏照料、陪伴和精神慰藉，容易出现各种社会问题。它涉及农忙时的农业生产、留守儿童的教育、农村老人的养老、夫妻的情感交流等，特别是遇到天灾人祸时的应对。

4.5 恶化了"城市病"

"城市病"是指城市系统缺陷所导致的人口聚集对社会经济的负面影响。根据世界城市化发展的历史与现实，通常在城市化发展中期阶段，"城市病"开始显现并日益深化，到城市化发展后期阶段，城市功能不断完善，城市系统开始进入良性循环，城市病进入康复阶段。中国正处于城市化发展中期阶段，城市病的生成与恶化的原因既有世界各国的共性之处，更受农业劳动力非永久性乡城迁移的影响。数以亿计的农业劳动力流向城市，却无法在城市定居，各地政府在城市规划、资源配置、城市基础设施等重大城市发展建设上难以考虑这部分人口的需求①，这不仅恶化了我国城市化进程中的"城市病"，还产生了具有中国特色的"城市病"。现阶段我国"城市病"主要表现在以下四个方面：

（1）交通拥堵。交通拥堵几乎是所有特大城市、大中城市的通病。目前，全国655个城市中，约有2/3的城市交通在高峰时段出现拥堵，一线城市交通拥堵十分严重。据了解，目前北京的交通拥堵时间已经从2008年的每天平均3.5小时增加到现在的5小时，汽车平均时速仅为15公里②。而且拥堵现象正从一线城市向二、三线城市逐渐蔓延。另有调查表明，我国百万人口以上城市有80%的路段和90%路口的通行能力已经接近极限③。交通拥堵增加了出行时间和成本，制约了工作效率，减弱了城市活力；交通拥堵还使出行者心理焦虑、烦躁，并加重了城市空气污染，极大地降低了城市生活质量。

（2）环境恶化。城镇化快速推进的严重后果之一是环境质量下降。据国家环保部的数据显示，2013年1月~3月，我国74个城市空气总体达标天数比例为44.4%，超标天数比例为55.6%。其中轻度污染天数占25.3%，中度污染天数占11.5%，重度污染天数占13.0%，严重污染天数占5.8%④。2013年以来我国华北平原、黄淮、江淮、江汉、江南、华南北部等地区多个城市出现严重的雾霾天气。

我国水污染问题突出，据估计，流经城市的河流90%以上都受到

① 农民工的身份市民化与职业非农化的不同步给城市规划、城市资源配置、城市统筹建设带来很大麻烦：不考虑这部分人口，城市拥堵、环境恶化、住房紧张等城市问题在所难免；考虑这部分人口，又会造成大量资源的周期性空耗。加之以GDP为核心的政绩考核制度下，把农民工的需求纳入城市规划体系，不仅不会增加政府政绩，还会大幅度增加城市建设成本。因此，对待农业转移人口，地方政府通常采取"化地"不"化人"的办法。

② 鲍丹：《交通拥堵房价高企生活成本增加大城市能否宜居？》，载于《人民日报》2010年11月25日。

③ 焦晓云：《城镇化进程中"城市病"问题研究：涵义、类型及治理机制》，载于《经济问题》2015年第7期。

④ 《环境保护部发布第一季度74个城市空气质量状况》，http://www.mep.gov.cn/gkml/hbb/qt/201304/t20130419_250977.htm。

了不同程度的污染①；地下水污染问题更加严重，国土资源部《2012 年中国国土资源公报》披露，我国 198 个地市级行政区 4929 个监测点显示，近六成地下水质为"差"级，16.8% 的监测点水质为极差级，其中华北平原局部地区地下水存在重金属超标现象②。2016 年 12 月地下水环境网站公布，根据对全国 195 个城市监测结果表明，97% 的城市地下水受到不同程度的污染，40% 的城市地下水污染趋势加重；北方 17 个省会城市中有 16 个污染趋加重，南方 14 个省会城市中有 3 个污染趋势加重。在一些地区，地下水污染已造成严重危害，危及到供水安全③。

　　随着城镇化进程的加快，以城市垃圾为主体的固体废物污染、噪音、震动、光污染等问题也日益突出。目前，全国约 2/3 的城市处于垃圾包围之中，其中 1/4 已无填埋堆放场地。全国城市垃圾堆存累计侵占土地超过 5 亿平方米，每年经济损失高达 300 亿元人民币。中国城市生活垃圾产量还不断增长，预计到 2020 年城市垃圾产量将达 3.23 亿吨，全国垃圾年产量以每年 8%～10% 的速度增长，与 GDP 增速匹敌④。此外，人口高度集中而公共设施不到位，还导致了火灾、水灾、传染病等各种公共危机的隐患。世界银行曾对污染成本做出过估算，认为由于污染造成的健康成本和生产力的损失大约相当于国内生产总值的 1%～5%⑤。

　　（3）资源承载能力薄弱。中国城镇化快速发展造成水、土地、能源等资源全面短缺，各种资源的承载力严重超载。我国是一个干旱缺水严重的国家。由于可利用的淡水资源有限，加上水资源浪费、污染以及气候变暖、降水减少等原因，加剧了水资源短缺的危机。按照国际标

---

　　① 焦晓云：《城镇化进程中"城市病"问题研究：涵义、类型及治理机制》，载于《经济问题》2015 年第 7 期。

　　② 曾静：《深刻认识城镇化进程中的"立体污染"》，载于《中国国情国力》2013 年第 8 期，第 22 页。

　　③ 《我国地下水污染现状及控制与修复研究进展》，http：//huanbao.bjx.com.cn/news/20161220/797964 - 5.shtml。

　　④ 中国环保在线，http：//www.hbzhan.com/news/detail/88959.html，2014 年 5 月 19 日。

　　⑤ 吴晁：《中国大城市病越演越烈——问诊中国"大城市病"（上篇）》，载于《生态经济》2011 年第 5 期。

准，人均水资源低于 3000 立方米为轻度缺水，低于 2000 立方米为中度缺水，低于 1000 立方米为重度缺水，低于 500 立方米为极度缺水。据此，目前我国有 16 个省区重度缺水，6 个省区极度缺水。京津冀人均水资源仅 286 立方米，为全国人均的 1/8，世界人均的 1/32，远低于国际公认的人均 500 立方米的"极度缺水"标准。按照国际经验，一个国家用水量超过其水资源的 20%，就很可能会发生水资源危机。近几年的水资源状况表明，我国已接近水资源危机的边缘。水利部的资料也显示，我国用水总量正逐步接近国务院确定的 2020 年用水总量控制目标，开发空间十分有限，目前年均缺水量高达 500 多亿立方米①。其中北京人均水资源不足 100 立方米，仅为全国平均水平的 1/20②。

中国虽然国土资源辽阔，但平原只占总面积的 12%。工厂、城市和道路都要建设在平原，而平原又是中国最宝贵的农业资源。我国粗放型城镇化导致"城市快速扩张—土地资源紧张—高地价—高房价—土地资源紧张"的恶性循环，不仅提高了企业的生产成本，影响了城市的竞争力，更加重了城镇居民生存压力，给大中城市健康发展带来很大风险和不确定性。

（4）"城中村"带来严重的城市环境和治安问题。在过去近 40 年城市急速扩张过程中，原本是近郊的农村村落被城市包围，成为没有耕地的"城中村"。受房屋租金和拆迁补偿利益驱动，不少村民"见缝插针"，私搭乱建现象层出不穷、屡禁不止。由于城市房租较高，"城中村"就成为流动人口、失地农民和城市底层居民的蜗居之所，而"城中村"又没有纳入城市管理范围，基础设施薄弱、环境卫生恶劣、安全隐患较多。"城中村"由于社会管理的缺失，成为城市治安的重灾区。

"城中村"虽是中国城镇化进程中的一个特殊性问题，但就其高密度、低标准的贫困人口聚集区而言，我国的"城中村"不过是缩小版的"贫民窟"。

---

① 韦玉良：《我国水资源现状》，http://www.360doc.com/content/15/0519/07/22598378_471610297.shtml。

② 邱晨辉：《北京人均水资源仅为全国平均水平的 1/20》，http://www.china.com.cn/news/2017-06/13/content_41015142.htm。

第5章

农业转移人口市民化的困境分析与战略思考

本书第4章已经就我国农业转移人口市民化进程受阻对于我国二元经济转型的影响进行了充分阐述。本章将更进一步列示我国农业转移人口市民化的困境表现，剖析我国农业转移人口市民化进程背后所隐藏的深刻矛盾，并具体探讨我国农业转移人口市民化过程受阻的内在原因。

5.1 农业转移人口市民化的困境分析[①]

农业转移人口市民化进程明显滞后于城市化进程，由此形成的非永久性乡城迁移现象的持续存在，将对我国经济社会的长期发展产生不容低估的负面冲击。鉴于此，以迟福林（2010）、张桂文（2013）为代表的大批学者都倾向于认为推进农业转移人口市民化已成为我国转变经济发展方式、促进二元经济转型的关键。但是，如果从农业转移人口、农业转移人口流入地政府各自独立的视角与相互交叉的视角分别观察，至少可以发现农业转移人口市民化受到城镇综合承载能力的制约，在这一过程中存在着三重深刻矛盾。

---

① 参见徐世江：《农业转移人口市民化的多重矛盾及其破解思路》，载于《辽宁大学学报》2014年第3期，第25～32页；张桂文：《农业转移人口市民化的困境与出路》，载于《光明日报》2013年02月22日。

5.1.1 农业转移人口市民化受到城镇综合承载能力的制约

城镇是以人口聚集与产业聚集为特征的经济、社会、资源、环境相互作用的复合系统。在既定的社会经济发展水平和资源环境条件下，城镇对人口的承载能力有一个适度区间，农业转移人口短期内大规模定居城镇会加剧城镇就业压力和资源环境紧张，一旦人口超过城镇承载极限，就会引发较为严重的"城市病"，从而激化社会矛盾。

受到中西部中小城镇就业承载能力不足的影响，农业转移人口多流向东部地区和大城市。2016年在东部、中部、西部务工的农业转移人口分别为16864万人、5746万人和5484万人，分别占农业转移人口总量的59.9%、20.4%和19.5%[①]。据统计，2016年北京市常住人口为2172.9万人[②]，人口规模已远远超过城市总体规划中设定的到2020年达到1800万人口的标准，年均新增常住人口约31万人。按此速度，到2020年北京常住人口将接近2300万人。更能说明问题的不是人口的绝对数而是每平方千米所承载的人口数量，即人口密度。早在2004年上海浦西区的人口密度就已达到为3.7万人/平方千米，北京和广州城区的人口密度也分别高达1.4万人/平方千米和1.3万人/平方千米。而世界上其他的一些主要大城市中只有东京为1.3万人/平方千米，其余纽约、伦敦、巴黎和香港等大城市的人口密度最多也只有0.85万人/平方千米[③]。大城市，尤其是超大城市出现了土地和水资源紧张、能源短缺、交通拥堵、废弃物污染、大气环境质量恶化等现代"城市病"，城市扩张所消耗的资源环境成本甚至超过了它所带来的聚集效应。目前，全国655个城市中约有2/3的城镇交通在高峰时段出现拥堵，一线城市交通拥堵十分严重。公安部交管局2017年1月10日发布，截至2016

---

① 根据《2016年农民工监测报告》有关数据计算得出。

② 《北京市常住人口五年增154.3万人》，http：//news. xinhuanet. com/city/2017 – 06/14/c_129632362. htm。

③ 胡晓娟：《基于"城市病"现象的中国城市化研究》，载于《长沙民政职业技术学院学报》2010年第2期，第20页。

年底，全国机动车保有量达 2.9 亿辆，其中汽车 1.94 亿辆。人口和机动车辆的增多再加上城市原有的道路容量不足，使得城市道路拥堵成为常态。"另有调查表明，我国百万人口以上城市有 80% 的路段和 90% 路口的通行能力已经接近极限。"① 根据国家环保部的数据显示，2013 年 1 月~3 月，我国 74 个城市空气总体达标天数比例为 44.4%，超标天数比例为 55.6%。其中轻度污染天数占 25.3%，中度污染天数占 11.5%，重度污染天数占 13.0%，严重污染天数占 5.8%。2013 年以来我国华北平原、黄淮、江淮、江汉、江南、华南北部等地区多个城市出现严重的雾霾天气。我国水污染问题也很突出，据估计，流经城市的河流 90% 以上都受到了不同程度的污染②。地下水污染问题更加严重。对全国 195 个城市监测结果表明，97% 的城市地下水受到不同程度的污染，40% 的城市地下水污染趋势加重；北方 17 个省会城市中 16 个污染趋势加重，南方 14 个省会城市中有 3 个污染趋势加重。在一些地区，地下水污染已造成严重危害，危及到供水安全③。随着城镇化进程的加快，以城市垃圾为主体的固体废物污染、噪声、震动、光污染等问题也日益突出。目前，全国约 2/3 的城市处于垃圾包围之中，其中 1/4 已无填埋堆放场地。全国城市垃圾堆存累计侵占土地超过 5 亿平方米，每年经济损失高达 300 亿元人民币。中国城市生活垃圾产量还不断增长，预计到 2020 年城市垃圾产量将达 3.23 亿吨，全国垃圾年产量以每年 8%~10% 的速度增长，远快于 GDP 的增速④。此外，人口高度集中而公共设施不到位，还导致了火灾、水灾、传染病等各种公共危机的隐患。世界银行曾对污染成本做出过估算，认为由于污染造成的健康成本和生产力的损失大约相当于国内生产总值的 1%~5%。

人口过度集中于大城市，造成了水、土地、能源等资源全面短缺，各种资源的承载力严重超载。我国属于人均水资源最贫乏的国家之一，

---

①②　焦晓云：《城镇化进程中"城市病"问题研究：涵义、类型及治理机制》，载于《经济问题》2015 年第 7 期。

③　北极星环保网：《我国地下水污染现状及控制与修复研究进展》http://huanbao.bjx.com.cn/news/20161220/797964-5.shtml。

④　中国环保在线，http://www.hbzhan.com/news/detail/88959.html，2014 年 5 月 19 日。

按国际标准，目前我国有 16 个省区重度缺水，6 个省区极度缺水；全国 600 多个城市中有 400 多个属于"严重缺水"和"缺水"城市。按照国际经验，一个国家用水量超过其水资源的 20%，就很可能会发生水资源危机。近几年的水资源状况分析，我国已接近水资源危机的边缘。水利部的资料也显示，我国用水总量正逐步接近国务院确定的 2020 年用水总量控制目标，开发空间十分有限，目前年均缺水量高达 500 多亿立方米[①]。

中国资源总量虽然丰富，但人均占有量少。就土地资源来说，我国人均国土面积和人均耕地面积仅为世界平均水平的 1/3[②]，随着经济发展和人口增长，我国耕地总量和人均耕地面积在相当长的时间内将会进一步下降。在现有的制度安排下，城市快速扩张必将加剧本已紧张的人地关系。

由于资源环境已接近甚至超过其人口承载能力的界限，大城市，特别是超大城市的户籍门槛儿随着外来人口的增加而日渐提高。

我国农业转移人口市民化的困境在于大城市，特别是超大城市虽然就业机会多，但是生活成本高，农业转移人口难以永久迁入；中西部中小城市、小城镇虽然生活成本低，却缺乏产业支撑，就业机会不足，难以吸引农业转移人口。农业转移人口分布的高度不均衡，一方面导致大城市、超大城市人满为患，不堪重负；另一方面又造成中西部地区的中小城镇规模小，产业与人口聚集能力弱，资源与环境潜力难以实现。中国的南水北调、西气东输工程，每年一度的春运人口大规模跨区域流动正是人口与资源分布不均衡的集中体现。

---

① 韦玉良：《我国水资源现状》，http://www.360doc.com/content/15/0519/07/22598378_471610297.shtml，2015 年 5 月 19 日。资料显示，世界水资源总量最多的国家为巴西，约为 6.95 万亿立方米，其次为俄罗斯、加拿大、美国、印度尼西亚，我国水资源总量位居全球第 6 位，但仍被联合国列为 13 个贫水国家之一，原因是我国人均水资源占有量只有 2300～2500 立方米左右，这一数字仅为世界平均的 1/4、美国的 1/5、俄罗斯的 1/7、加拿大的 1/50，排世界第 110 位。

② 秦大河等：《中国人口资源环境与可持续发展》，新华出版社 2002 年版，第 48 页。

5.1.2　农业转移人口市民化意愿与市民化能力之间的矛盾

农业转移人口的市民化意愿，是农业转移人口对于市民化的一种主观心理期望，它通常由农业转移人口的市民化收益所引致。具体地说，农业转移人口的市民化收益可以简略概括为两种收益，即经济收益和发展性收益：（1）经济收益，即因在城市就业稳定性提高、就业保障与服务权益提升、收入能力和收入水平上升而带来的收益。（2）发展性收益，包括享受城市社会保险、最低生活保障、最低工资保障带来的潜在收益，以及在医疗、子女教育、市民化权益、生活质量改善等方面获得的潜在收益。中央党校"农业转移人口市民化问题调研"项目组近期对山西省的太原市、吕梁市、大同市、忻州市等市区和山西省的临县、方山县、柳林县、宁武县等县城就现阶段农业转移人口市民化的意愿、障碍进行了问卷调查，结果表明有 69.8% 的农业转移人口希望在城镇定居下来成为市民。可见，我国农业转移人口市民化意愿已经达到较高水平①。

不过，农业转移人口的市民化意愿毕竟只是一种主观欲望，和现实远远不能等同，其市民化收益仅仅是一种预期收益，而市民化成本则是当期就要发生的成本。显然，在现有制度条件下，是否能够承担市民化的当期成本，才是影响其是否选择在城市定居的决定性因素。换言之，市民化能力的支撑或约束，对农业转移人口最终市民化的发生概率具有决定性作用。基于上述考虑，我们定义市民化能力为农业转移人口通过收入积累而支付市民化即期成本的能力，也即主要对于住房成本、子女受教育成本、社会保障成本和制度性机会成本的支付能力。其中，我们定义制度性机会成本为农业转移人口因市民化而必须放弃的农业土地承包经营权和宅基地使用权而失去的收益。

参照黄锟（2011）的思路②，设农业转移人口的市民化能力为 A，

---

① 刘兆征：《农业转移人口市民化的意愿、障碍及对策——基于山西的调查分析》，载于《国家行政学院学报》2016 年第 3 期。

② 黄锟：《城乡二元制度对农民工市民化影响的理论分析》，载于《统计与决策》2011 年第 22 期，第 82~85 页。

它是农业转移人口市民化前所积累的总收入的贴现值，即 A 由下式决定：

$$A = \int_{-n}^{0} \left[p(-t) \times W(-t) + NW(-t) \right] \times e^{-\rho \cdot (-t)} \mathrm{d}(-t) \quad (5.1)$$

其中，$p(-t)$ 为农业转移人口在市民化前 t 期的实际就业概率，$W(-t)$ 为市民化前 t 期的实际工资收入；$NW(-t)$ 为市民化前 t 期获得的非工资性收入，如由良种补贴和农机具购置补贴组成的农业补贴、转移性收入等；ρ 为贴现率。

另外，设农业转移人口市民化的即期成本 C 由式（5.2）决定：

$$C = C(H) + C(E) + C(I) \quad (5.2)$$

其中，$C(H)$ 为农业转移人口及其家庭成员在城市定居的住房成本；$C(E)$ 为农业转移劳动力的子女受教育成本，$C(I)$ 为制度性机会成本。

这样，农业转移人口市民化的条件就可以简单地概括为：

$$A - C > 0 \quad (5.3)$$

现在，我们来分析农业转移人口关于满足市民化条件公式（5.3）的可能性：

就公式（5.1）而言，一直以来，农业转移人口所能获得的农业补贴和转移性收入在其总收入中所占比例一直较低，其收入积累主要依靠工资性收入的积累来实现。但是，农业转移人口人力资本存量总体偏低（第一代农业转移人口尤其如此），其在非永久性乡城迁移的就业期间，只能集中分布在个体之间的替代弹性非常大的劳动密集型领域，加之政府就业服务和就业权益保障不充分，其工资收入增长速度远低于城市居民，因而总体来说其收入积累能力和市民化的成本支付能力也就非常低下[1]。根据《2016 年全国农民工监测调查报告》的相关数据，被调查农业转移人口在城镇中全年平均工作 10 个月，月平均收入 3275 元，由此

---

[1] 国务院发展研究中心《促进城乡统筹发展，加快农民工市民化进程研究》课题组 2010 年一项涵盖 7 个省市的大样本（收回有效问卷 6232 份）调查结果显示，被调查的农民工意愿的房价与现实水平差距巨大。对于那些想在务工地购房的农民工，能够承受的商品房单价平均为 2214.04 元，大大低于当地的实际房价水平。与此同时，调查地农民工上半年的月平均工资为 1719.83 元，基本工资与当地政府规定的最低工资标准大体相当，同城镇职工的收入差距有继续扩大之势。（参见国务院发展研究中心《促进城乡统筹发展，加快农民工市民化进程研究》）课题组：《农民工的八大利益诉求》，载于《发展研究》2011 年第 12 期，第 98 页。

可以计算出城镇就业的农业转移人口平均年收入为 32750 元，而同期全国城镇就业人员的年平均工资性收入为 67569 元[①]，二者相差 34819 元。

就公式（5.2）而言，受房价近年来连续攀升的影响，住房成本呈现不断上升趋势，其对农业转移人口支付能力的考验也是极大的。城市居民尚且难以接受近年来的高房价，农业转移人口的承担能力就更是要大打折扣。张鑫（2012）以上海为例的统计数据显示，即使是上海本地居民，60% 的家庭也存在购房支付困难。国家统计局《2016 年全国农民工监测调查报告》显示，2016 年我国进城农业转移人口购买住房的比重仅为 17.8%[②]。

另外，对于新生代农业转移人口而言，虽然其人力资本平均水平要高于第一代，但由于就业时间较短，收入积累同样处于较低水平，高额的市民化成本超出其能力所及范围在所难免。最后，在现有的法律制度下，农业转移人口市民化的同时往往不得不放弃农村土地承包经营权和宅基地使用权，土地流转收益也就等同于自动消失，导致在其收入能力无法显著提高的情况下，城市化的支付能力反而可能会有所下降。

总之，借助上述分析可以发现，在永久性乡城迁移环节上，农业转移人口的市民化能力与市民化欲望之间的矛盾至今仍是相当尖锐的，通过提高农业转移人口的人力资本水平、切实保障农业转移人口土地权益，应该成为提升其市民化能力的题中应有之义。

5.1.3　农业转移人口市民化需求与地方政府城市化动力之间的矛盾

我国长期实行的具有"城市偏向性"的经济和社会政策，已经造成城市与农村在产业发展、公共产品与公共服务供给等方面的巨大差别，并由此衍生出城乡居民在生活方式、养老、就业、医疗、教育、信

---

① 国家统计局：《中国统计年鉴 2016 年》，国家统计局网站。
② 国家统计局：《2016 年农民工监测调查报告》，http：//www.stats.gov.cn/tjsj/zxfb/201704/t20170428_1489334.html。

息和资源汇集等方面的强烈反差,进而导致了市民和农民在获得发展机会与提高发展能力方面的迥然差异。城乡劳动力市场分割的藩篱被破除后,我国农业转移人口进入城市就业的规模愈加庞大,其对城乡差别的认识日趋清晰,定居城市并进而获得等同于城市居民的一系列优越权利的要求也越来越迫切,其中新生代农业转移人口尤其如此。

毋庸讳言,数量近亿人的新生代农业转移人口与其长辈不同,其中绝大多数人出生之日就被排除在土地承包经营权覆盖范围之外,没有土地,基本没有从事过农业生产,对土地的依恋情节弱化,生活习惯、思想观念和行为方式更是日益向城市靠拢,渴望市民身份和市民待遇的实现。因而总体来说,新生代农业转移人口已经成为回不去的一代,其最后归途不是农村,而是城市①。因此,仅就这一点来说,如果不能有效实现"土地城市化"向"人口市民化"的重心转变,我国未来的城市化发展恐怕也就失去了其应有意义。

然而,从地方政府的视角出发加以思考,就会发现农业转移人口市民化诉求与地方政府的城市化动力之间还存在着深刻的矛盾。

那么,地方政府的城市化动力究竟何在呢?我们似乎可以将其归结为两个方面,即地方官员的"晋升锦标赛"治理模式和分税制改革背景下地方财政的"土地依赖症"。周黎安(2007)揭示,我国改革开放以来的政府治理模式可以概括为以相对绩效排名作为晋升依据的"晋升锦标赛"模式,其竞争指标的核心就是地方经济绩效情况,而地方官员升迁概率与地区 GDP 增长率确实存在显著关联②。据此我们可以理解,在以 GDP 增长为目标的地方政府,有非常充足的理由和强烈的动力推行"土地城市化",而不是着力推进"人口城市化"。因为"土地城市化"既可以拉动区域产业投资进而维持 GDP 的稳定增长,同时还可以

---

① 国务院发展研究中心《促进城乡统筹发展,加快农民工市民化进程研究》课题组 2010 年的调查结果显示,新生代农民工中,愿意在各类城市定居的农民工比例高达 91.2%。(参见韩俊:《农民工市民化与公共服务制度创新》,http://finance.sina.com.cn/,2013 年 2 月 1 日)

② 周黎安:《中国地方官员的晋升锦标赛模式研究》,载于《经济研究》2007 年第 7 期,第 36~50 页。

为城市产业发展不断拓展空间范围。1994 年的分税制改革后，由于一些税源稳定、税基广的税种大部分划归中央政府，地方政府通过预算内财政收入弥补财政缺口的压力陡然上升。鉴于此，既然土地出让金被全部划归地方所有，那么以"土地城市化"为传导载体，以土地出让金这一非预算资金增长来提高财政收入水平也就成为地方政府的合理选择①（见表 5 - 1）。至于"人口城市化"问题，地方政府显然不愿做提前考量，毕竟它需要地方政府投入大量财政资金来扩大公共产品和公共服务供给，也必然会给本已捉襟见肘的地方财政带来新的压力。

表 5 - 1　　　　　　土地出让金及其占地方财政
一般预算收入的比重（2001 ~ 2016 年）　单位：亿元、%

年份	土地出让金	地方财政一般预算收入	土地出让金占比
2001	1296	7803.30	16.61
2002	2417	8515.00	28.39
2003	5421	9849.98	55.04
2004	6412	11893.37	53.91
2005	5884	15100.76	38.96
2006	7677	18303.58	41.94
2007	13000	23572.62	55.15
2008	9600	28649.79	33.51
2009	16000	32602.59	49.08
2010	27000	40613.04	66.48
2011	31500	52547.11	59.95
2012	26900	61078.29	44.04
2013	42000	69011.16	60.86

① 有数据显示，2011 年我国国有建设用地出让面积达到 33.39 万公顷，出让合同价款高达 3.15 万亿元。（参见"2011 中国国土资源公报"，国土资源部，http://www.mlr.gov.cn/zwgk/，2012 年 5 月 10 日）

年份	土地出让金	地方财政一般预算收入	土地出让金占比
2014	33400	75876.58	44.02
2015	33657.73	83002.04	40.55
2016	37457	87195.00	42.96

资料来源：国土资源部网站和财政部网站。

5.1.4 农业转移人口市民化的社会收益与社会成本分担之间的矛盾

诚然，农业转移人口市民化会显著提升农业转移人口的生存与发展能力，形成其私人收益。但是从长期角度看，农业转移人口市民化则关系到国民经济全局，对于二元经济结构转换、经济结构调整和增长方式转变意义重大，存在着多样化的社会收益，而且至少可以分解为以下五个方面：（1）为人口流出地区土地规模化经营创造便利条件，促进其土地资源的集约利用和农业劳动生产率提高。（2）可以减少人口流出地的社会保障与公共产品供给支出，从而减轻其财政负担。（3）为人口流入地区提供低成本劳动力，为其吸引产业投资创造新的比较优势，并创造更多社会财富。（4）农业转移人口市民化后边际消费倾向的提高和消费结构的升级，可以扩大全社会生活消费品的需求，有利于扩大消费品的生产规模。（5）人口流入地区城市人口规模扩大需要直接加大住宅、基础设施和公共物品建设或采购规模，因而可以间接扩大本地或其他地区相关产业需求规模，即带来全局性的综合反馈影响[1]。

简言之，农业转移人口的市民化过程，对于人口流入地、人口流出地乃至其他地区均会产生明显的正向外部效应。当然，这种正外部性的存在，也引发了一个新的问题，即农业转移人口市民化成本如何才能做到合理分担的问题。可能的情况是，每一个地方政府都希望在农业转移

---

[1] 国务院发展研究中心课题组：《农民工市民化对扩大内需和经济增长的影响》，载于《经济研究》2010年第6期，第4~16页。

人口市民化过程中获得尽可能多的正外部效应，但都不愿承担由此带来的社会成本。于是，包括城市基础设施成本、社会保障与福利成本、公共产品与公共服务成本在内的各类社会成本，可能就不得不由人口流入地政府及其辖区内的企业来承担。然而，这种分担机制下地方政府和用工企业也面临着财政支出和成本"硬"约束下能力不足的困境，现实结果就演变为各级地方政府在户籍放开方面"只要有可能，就尽力推迟"的不利局面，农业转移人口市民化进程也就因此面临着来自地方政府的制度性阻碍。

按照中国社会科学院城市发展与环境研究所发布的蓝皮书《中国城市发展报告（2012）》的初步测算结果，未来 20 年内仅仅为了解决农业转移人口市民化所面临的社会保障和公共服务问题，各级政府至少需要 40 万亿~50 万亿元的财政支出。但是，即使按照 2012 年 61078.29 亿元的地方政府财政收入规模来考察，也需要 7~9 年的全部地方财政收入作为推进保障，地方政府对于农业转移人口市民化进程自然也就会采取拖延或变相抵制策略来加以应对。

张国胜（2008）在学术界较早地清晰界定了农业转移人口市民化的社会成本，但其对这一过程中可能存在的非经济成本（主要是指制度转换成本）却没有给予充分说明，本书在此处将进行适当补充。

在不考虑农业转移人口市民化的私人成本的情况下，本书将农业转移人口市民化的主要社会成本项目概括如下：

1. 就业服务成本（C_{es}）

所谓就业服务成本，是指流入地政府为了提高外来农业转移人口的就业能力或提高其就业信息拥有量而支付的财政费用。

创造更多适合农业转移人口的就业岗位和创业机会，面向农业转移人口提供更多、更实用的就业信息，维护农业转移人口的就业权益，是切实保证农业转移人口收入水平稳定增长的基本措施，也是农业转移人口提高城市生存能力的重中之重，需要地方政府投入更多的人力、物力和财力，由此自然会形成农业转移人口流入地的就业服务成本。当然，目前农业转移人口流入规模较大且较集中的很多地区，已经着手加大了这方面的投入，但在更多的中小城市，该方面的投入则显得明显不足，严重影响了农业转移人口的收入稳定性和收入增长速度。

《中国人力资源发展报告（2011—2012）》显示，"十一五"期间，全国各地公共就业服务机构全部向农村劳动者开放，免费提供政策咨询、就业信息、就业指导和职业介绍服务。各级公共就业服务机构共为2600多万农业转移人口提供了免费就业服务。同时加强对劳动力市场秩序的清理整顿，取缔"黑职介"1.24万户。与此同时，《中国人力资源发展报告（2011—2012）》也指出，一些城市公共就业服务机构虽然对农业转移人口免费服务，但多以自发零散求职和在城市中打算转岗的农业转移人口为对象，服务方式主要是通过组织招聘洽谈会或登记介绍。这种方式一般等待周期长、花费大、成本高，而农业转移人口的流动性较大，对这种方式等不起、耗不起。此外，这种方式对于临时工或低层次的劳动力也不适用。可见，如何加大投入、合理使用针对农业转移人口的就业服务费用，亟待决策部门进一步研究。

2. 城市基础设施建设与维护成本（C_{cm}）

该部分成本主要是指农业转移人口流入地政府为了容纳新增永久迁移者而在电力、交通、给排水、燃气、环卫、绿化等公共基础设施建设和维护方面的费用。

一般来说，这部分费用的使用，与地方政府前期城市化建设要保持风格、基本分布和建设水平等方面的融合，因此其总体支出水平也会因城市发展水平的差异而呈现出一定的差别，越是东部城市，该项成本的总体水平也会越高。当然，如果城市原有建设规模和承载能力较强，则该项成本的未来发生额度则可能较少。潘家华、魏后凯等（2013）以2005～2011年的数据为基础，对我国东部、中部、西部地区以及全国农业转移人口市民化的年人均城市建设与维护成本进行了测算，分别为716元、603元、547元和677元[1]。

3. 公共服务成本（C_{ps}）

此项成本是指为了容纳市民化的乡城迁移人口而提供各项公共服务

---

[1] 潘家华、魏后凯：《中国城市发展报告 No.6：农业转移人口的市民化》，社会科学文献出版社2013年版。

并进行日常城市管理方面的增量支出。参照《公共服务蓝皮书——中国城市基本公共服务力评价》① 对于城市基本公共服务的界定方法,我们将农业转移人口的市民化公共服务成本分解为表 5 - 2 所示的 8 个主要层面。公共服务成本的支出,对于农业转移人口的流出地和流入地而言,具有截然相反的效果:对于流出地而言,该项支出会相应减少,而对于流入地而言,该项支出则会相应增加。因此,从全社会角度讲,农业转移人口市民化的公共服务成本,就应该等于流入地公共服务支出增长量与流出地公共服务支出减少量之间的净额。

表 5 - 2 　　　农业转移人口市民化的公共服务成本及其细分

公共服务成本	公共服务成本细分
公共交通成本	交通工具和设施成本
	提升公共交通舒适度成本
公共安全成本	社会安稳维护成本
教育成本	学前教育成本
	小学教育成本
	初中教育成本
	高中教育成本
	劳动力培训成本
社会保障成本	社会福利成本
	社会救助成本
基本医疗和公共卫生成本	医院、卫生院建设成本
	防疫活动成本
环境治理成本	大气环境治理成本
	水环境治理成本
	市容环境治理成本

---

① 侯惠勤、辛向阳、易定宏:《公共服务蓝皮书——中国城市基本公共服务力评价(2012～2013)》,社会科学文献出版社 2013 年版。

公共服务成本	公共服务成本细分
文化体育成本	场馆设施建设与维护成本
	社区文体活动成本
公职服务提升成本	人员激励成本
	业务培训成本
	服务环境改善成本
	电子政务成本
	电子政务

这里，有必要对目前全社会都比较敏感的教育成本作深入分析。多年来，我国农村居民的平均受教育年限显著低于城市居民，人力资本拥有水平和收入挣得能力因而也显著低于城市居民。这种情况下，在适当提高农业转移人口受教育水平的同时，确保农业转移人口随迁子女顺利接受当地学历教育（旨在避免因教育不足而导致贫困代际传承现象的发生），应该是政府不容推卸的责任。正因如此，农业转移人口市民化的教育成本就可以分解为两项支出，其一是为了提高农业转移劳动力自身素质和职业技能而开展各类培训活动而支付的成本；其二为确保农业转移劳动力随迁子女接受义务教育而支付的成本。显然，农业转移人口市民化的教育成本，从全社会角度讲，同样可通过农业转移人口流入地增量支出与流出地节约费用之间的差额来加以计算。

就农业转移劳动力的教育成本而言，应重点考虑以下几个方面的资金投入：一是为了加速城市融入进程而对农业转移劳动者和其家属开展诸如法制、社会管理等方面的素质教育费用。二是全面保证城市用人单位面向农业转移劳动力开展岗位职业技术与技能培训的费用。根据我国相关法律规定，这部分费用一部分由用人单位直接承担，而另一部分则由政府的税收收入间接承担。三是由政府出面为提高农业转移劳动力的职业转换能力、创业能力而开展各项培训所需人、财、物、场地等方面所需要的资金。就农业转移劳动力随迁子女的教育支出而言，重点则是要考虑由于原有教育资源接纳能力有限而需要新建中小学校、扩大教师规模、增加教育仪器和设备等方面的经费投入。

4. 社会保障成本（C_{CS}）

根据国际经验和我国社会保险法的规定，城市社会保障费用通常包含三部分，即个人支付部分、用人单位支付部分和政府支付部分。因此，农业转移人口市民化的社会保障成本，应该指城市为使流入的农业转移人口与原有城市居民平等享受基本养老、基本医疗、失业、低保和社会救济等方面的社会保障而投入的资金。同公共服务成本类似，对于农业转移人口的流出地而言，此项成本会由于人口流出而下降，而对于农业转移人口的流入地而言则会由于人口流入而有所增长，因此从全社会角度而言，农业转移人口市民化的社会保障成本，就应该等于农业转移人口流入地为了解决新增人口的社会保障问题而新增的社会保障支出和农业转移人口流出地因人口流出而节省的社会保障支出之间的差额。

5. 保障性住房成本（C_H）

此类成本主要是指政府为将市民化的农业转移人口纳入住房保障体系，保证其在城市实现有屋可居而必须增加的投入。从目前情况看，保障性住房成本主要应包括两个部分，即房源建设的投入和廉租房补贴成本。其中，保障性住房的房源可以通过新建、改建、收购或长期租赁等方式筹集，廉租房补贴则应考虑实物配租和租金减免等辅助工具的运用。

6. 制度转换成本（C_{IT}）

全面推进农业转移人口的市民化进程，同时也是我国社会结构、人口区域分布结构加速转化以及城市化进程不断加速的过程，其间必然要发生与之相关的新旧制度之间的接续与转换问题，由此而带来的成本我们就可以称之为农业转移人口市民化的制度转换成本。

其实，我国二元社会结构转型艰难、农业转移人口市民化过程缓慢的一个核心难题就在于制度性因素的阻碍。鉴于此，对原有阻碍农业转移人口市民化的相关制度进行修正或补充，对能够有效刺激各类主体主动参与农业转移人口市民化行动的制度进行创新，都需要各级政府让渡一部分利益，这些方面的潜在支出均可以界定为制度转换成本。比如城乡居民养老保险扩面成本、接续成本等；再比如出台减税政策鼓励社会力量参与农业转移人口及其随迁子女的教育及培训项目所需让渡的财政收入等，均应该划入制度转换成本范畴。

这里，关于农业转移人口市民化的公共成本问题，有两点需要在此加以补充说明。其一，近年来，由于农业转移人口市民化命题日益受到理论界和各级政府的重视，作为此命题中包含的市民化成本问题也受到经济学者和社会学者的高度关注，对于农业转移人口市民化过程中公共成本的测算也形成了一系列测算结果（从人均2.5万元到人均119.7万元不等①）。但是，本书尽管对农业转移人口市民化的公共成本进行了列示，却没有对相关数值进行测算或转引，其原因在于：已有测算结果或是基于数量有限的样本城市测算得到，或是基于抽样调查年度而测算得到，没有充分考虑货币购买力变化因素和区域差异，因而可信度要大打折扣。未来，在我国农业转移人口市民化耗时较久的推进过程中，有些成本项目可能会发生较大变化，货币的实际购买力水平也可能出现较大波动。因而，前瞻性地预测成本项目和其变化趋势，权变性地测算成本规模似乎更具现实意义。

其二，农业转移人口市民化的公共成本结构比较复杂，但是其产生的时间和顺序却是可以控制的。换言之，农业转移人口市民化的公共成本并不必然同时发生，也并不必然构成每一个时期的当期支出，因此用其量化农业转移人口市民化的阻力时，对各项成本进行简单的分期平均化处理显然是不切实际甚至是错误的，只有遵循一定的原则（比如"先易后难"原则），统筹安排好农业转移人口市民化的各项推进措施的时间序列，才是能够切实降低公共成本总量的有效途径。

5.2 我国农业转移人口市民化困境的成因分析

本章第一节已经分析了我国农业转移人口市民化过程中所面临的症

---

① 资料来源：国家统计局网站，http://data.stats.gov.cn。

结性难题。那么，这些难题之所以能够发生，其源头何在呢？很多学者
将其归结为农业转移人口的个体因素、社会资本因素和制度因素，而我
们更倾向于认为，制度因素才是问题的症结所在。

5.2.1　个体因素

农业转移人口市民化过程，在我国可细化为城市就业、城市定居和
城市融入三个环节。这三个环节中的每一个环节，农业转移人口的个体
因素都会成为重要的影响因素，因为一般而言，个体因素是影响劳动者
收入挣得能力和社会融入能力的基础。图 5-1 以市民化为视角，对农
业转移人口的个体素质进行了细化分解。

农业转移人口受教育程度和拥有的劳动技能是决定其人力资本状
况的关键因素。众所周知，在城市偏向性财政和金融政策背景下，我
国农村居民平均受教育程度长期且显著落后于城市居民[1]，因而当其
进入城市后，在与城市现代工业和服务业所要求的劳动技能比较匮乏
的情况下，职业选择的空间就显得格外局促，只能在资本和技术密集
程度较低的企业或岗位从事"脏、苦、险"的"3D"工作（Dirty,
Difficult, Dangerous），职业升迁的难度非常高，工资水平明显低于城市
居民平均水平，导致其在城市的消费支付能力明显不足，市民化只能是
一种美好的愿望。

另外，长期的城乡社会分割，已经对农业转移人口的生活方式和思
想观念产生了明显影响，甚至在同城市居民相比较时，生活模式固化、
思维习惯陈旧、行为规范脱节、创新与创业意识不足等问题就暴露出
来，以致于总是被贴上相对保守和落后的标签。这样，通过短暂的城市
生活，农业转移人口与城市社会深层的疏远和隔离状态无法在短期内消
除，自然也就难以实现真正的城市融入，而是只能被动地游走在城市生

---

① 《2016 年全国农民工监测调查报告》显示：农民工中文盲、小学的比例分别高达 1%
和 13.2%，而高中文化程度只占 17%，大专及以上文化程度的比例则只有 9.4%。参见
《2016 年全国农民工监测调查报告》国家统计局网站：http://www.stats.gov.cn/tjsj/zxfb/
201704/t20170428_1489334.html。

活的边缘。

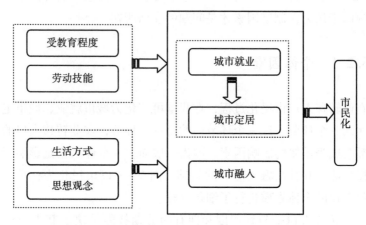

图 5 – 1　农业转移人口个体因素对市民化的影响

5.2.2　社会资本因素

按照"社会资本"概念提出者布尔迪厄（Piere Bourdieu）的观点，社会资本与经济资本和文化资本一样，是资本的三种基本形态之一，是一种通过对"体制化关系网络"的占有而获取的实际或潜在资源的集合体。这种"体制化的关系网络"为网络内的成员获得物质的或象征的利益提供了保证。对于具体的个人来说，他所占有的社会资本的多少取决于两个因素：一是行动者可以有效地加以运用的关系网络的规模，二是网络中每个成员所占有的各种形式的资本数量。社会资本如果运用得当，将是高度生产性的，因为它具有高度的自我增值能力。[1]

自从"社会资本"概念被引入农业转移人口市民化问题的分析框架后，学者们已经利用其形成机制和现实影响对我国农业转移人口市民化进行了系统分析，王爱华（2013）、刘时玲（2006）等指出，我国农业转移人口市民化受阻的一个重要原因就在于农业转移人口的社会资本

---

[1]　赵延东：《社会资本理论述评》，载于《国外社会科学》1998 第 3 期，第 18～21 页。

积累不足、拓展空间有限①。

当前，我国农业转移人口社会关系网络大体具有三个特点：一是规模较小，社会资本积累有限。农业转移人口社交圈子比较小，圈子内大多都是农业转移人口，同质性比较高，网络资源含量较低，难以在城市中积累起丰厚的社会资源。二是自我封闭，开放性不够。由于居住空间和生活状态的边缘化等各种原因，农业转移人口更愿意与自己的亲友或者从农村来的老乡交往，较少和城市社区居民进行交往，因而呈现出封闭性、内倾性等特征，开放程度不够。三是形式单一，缺乏正式社会支持网络。农业转移人口的社会关系网络主要以非正式的社交网络为主，比较松散的亲友团、老乡会等非正式组织是其交往的常见形式，工会、社区、城市社会团体等正式组织远没有成为其利益诉求的载体②。

由此可见，在市民化过程中，农业转移人口同城市居民相比，不仅在个体因素方面处于不利地位，而且在拥有和可供利用的社会资本方面同样处于劣势地位。在城市中面临迫切需要解决的问题时，其自身所处的非正式组织往往不能提供全面而有效的帮助，城市正式组织所能提供的服务又由于诸多原因而无法充分而及时地惠及。因而，作为一个庞大的社会群体，农业转移人口的非农化职业转换虽然在城市中已经持续多年，但其在城市生活中所遇到的社会排斥现象并未切实减少，其对城市定居的心理恐惧或心理排斥当然也就无法减弱，于是徘徊于城市和农村之间的"自边缘化（Self-marginalization）"③也就成为其常态化选择。

---

① 王爱华：《农民工市民化进程中的非制度障碍与制度性矫治》，载于《江西社会科学》2013 年第 1 期，第 182～185 页。

② 王爱华：《农民工市民化进程中的非制度障碍与制度性矫治》，载于《江西社会科学》2013 年第 1 期，第 182～185 页；张时玲：《农民工融入城市社会的制约因素与路径分析》，载于《特区经济》2006 第 6 期，第 136～137 页。

③ 刘传江和董延芳（2011）认为，"自边缘化"广泛存在于农民工尤其是新生代农民工群体，表现为他们依然热衷于外出务工，却同时倾向于保留农业户口，以农民工的身份在城镇工作与生活。参见刘传江、董延芳：《农民工市民化障碍解析》，载于《人民论坛》2011 第 9 期，第 42～43 页。

5.2.3 制度因素

如果将个体因素和社会资本因素合并理解为阻碍农业转移人口市民化的非制度因素的话，那么制度因素对我国农业转移人口市民化的阻碍作用似乎更为根本，阻碍作用更为突出。

具体而言，我国对农业转移人口市民化形成现实阻碍的制度主要包括：（1）城乡分割的二元户籍制度，即"显性户籍墙"。（2）由二元户籍制度衍生出的教育、医疗、社会保障等方面的二元化制度，即"隐性户籍墙"[①]。（3）城乡二元土地制度及其功利性的改革措施。

1. "显性户籍墙"变化及其影响

新中国户籍制度的建立，肇始自1958年1月全国人大常委会通过的《中华人民共和国户口登记条例》，它第一次以法律形式将社会公民划分为农村居民和城市居民，并对农村居民向城市流动进行了严格的限制。此后50多年的时间，我国户籍制度虽然有所调整，但城乡分割的基本特征却并没有从根本上得以改变（见表5-3）。

表5-3 新中国户籍制度的历史变迁

时间	发布机关	户籍制度名称	核心内容
1958	全国人民代表大会常务委员会	中华人民共和国户口登记条例	首次将全国公民明确为户口管理的适用人群，初步明确了城市和乡村不同户口登记管理模式，城乡二元结构初步形成，以法律形式严格限制农民进入城市

---

① 刘传江、程建林（2009）将"隐性户籍墙"概括为"显性户籍墙制度抑止功能的进一步延伸与拓展"，主要表现在"就业机会不平等且稳定性差、劳动报酬不公平、缺少社会福利、权益缺乏保障、社会保障无着落、子女教育及自身培训缺失、城市住房无保障等方面，其核心是基于户籍制度的种种制度安排把农民工排斥在城市资源配置体系之外。"参见刘传江、程建林：《双重户籍墙对农民工市民化的影响》，载于《经济学家》2009第10期，第66~72页。

时间	发布机关	户籍制度名称	核心内容
1964	公安部	公安部关于处理户口迁移的规定（草案）	明确了户口迁移不受限制的迁移类别，限制户籍从农村迁往城市、集镇，从集镇前往城市，从小城市迁往大城市，城乡二元制结构确定
1977	国务院	国务院批转公安部关于处理户口迁移的规定的通知	限制户口由农村向城市、小城市向大城市、大城市向特大城市迁移，提倡反方向迁移
1984	国务院	国务院关于农民进入集镇落户问题的通知	有经营能力和有技术专长的农民进入集镇经营工商业，公安部门应准予其落常住户口，统计为非农业人口，城乡二元结构初次放开。允许长期在城市务工、经商、办企业的农民，在有住所的前提下，自理口粮进入户
1985	公安部	关于城镇暂住人口管理暂行规定	中国公民可以合法在非户籍地长期居住
1988	国务院	国务院批转公安部关于解决当前户口管理工作中几个突出问题的意见	解决了新生婴儿随父落户、夫妻分居、老人投靠子女等群众反映强烈的问题
1992	公安部	关于实行当地有效城镇居民户口制度的通知	实行"蓝印户口"，允许外商亲属、投资办厂人员、被征地的农民以"蓝印户口"形式在城镇入户，享受与城镇常住户口同等待遇；农民要转变户口，需要缴纳一定数额的城镇建设费、开发费和维护费等费用
1997	国务院	国务院批转公安部小城镇户籍管理制度改革试点方案和关于完善农村户籍管理制度意见的通知	符合一定条件的农村人口，可以在小城镇办理城镇常住户口

续表

时间	发布机关	户籍制度名称	核心内容
1998	国务院	国务院批转公安部关于解决当前户口管理工作中几个突出问题意见的通知	凡在城市有合法固定的住房、合法稳定的职业或者生活来源，可准予落户。落户首次与产业结合起来
2000	中共中央、国务院	关于促进小城镇健康发展的若干意见	凡在县级市区、县级人民政府驻地镇及县以下小城镇有合法固定住所、固定职业或生活来源的农民，均可根据本人意愿转为城镇户口，并在子女入学、参军、就业等方面享受与城镇居民同等待遇，不得实行歧视性策
2001	国务院	关于推进小城镇户籍管理制度改革的意见	对办理小城镇常住户口的人员，不再实行计划指标管理。全国所有的镇和县级市市区，将取消"农转非"指标；把蓝印户口、地方城镇居民户口、自理口粮户口等，统一登记为城镇常住户口，与"原住户"一致；凡在当地有合法固定的住所、稳定的职业或生活来源的人，本人及共同居住的直系亲属，均可自愿办理城镇常住户口，并自愿保留其承包的土地经营权
2010	国务院	国务院批转发展改革委关于2010年深化经济体制改革重点工作意见的通知	深化户籍制度改革，加快落实放宽中小城市、小城镇特别是县城和中心镇落户条件的政策。进一步完善暂住人口登记制度，逐步在全国范围内实行居住证制度
2011	国务院办公厅	国务院办公厅关于积极稳妥推进户籍管理制度改革的通知	引导非农产业和农村人口有序向中小城市和建制镇转移，推进城乡公共资源均衡配置，逐步实现城乡基本公共服务均等化
2012	十八大报告	十八大报告《坚定不移沿着中国特色社会主义道路前进为全面建成小康社会而奋斗》	加快改革户籍制度，有序推进农业转移人口市民化，努力实现城镇基本公共服务常住人口全覆盖
2013	中共中央	中共中央关于全面深化改革若干重大问题的决定	全面放开建制镇和小城市落户限制，有序放开中等城市落户限制，合理确定大城市落户条件，严格控制特大城市人口规模

时间	发布机关	户籍制度名称	核心内容
2014	国务院	国务院关于进一步推进户籍制度改革的意见	取消农业户口与非农业户口性质区分，建立完善积分落户制度

资料来源：根据人民论坛有关资料整理。参见：《"涨知识：新中国户籍制度变迁详解"》，http：//politics. rmlt. com. cn/2014/0731/300583_4. shtml。

根据表 5-3 提供的内容，我们大体可以按照限制力度和现实作用的差异，将户籍制度对农业转移人口的影响划分为三个明显的阶段：

第一个阶段为 1958~1991 年，属于严格控制期。这一阶段，我国户籍管理制度基本将农村人口隔离在城市大门之外，对农村人口进入城市甚至城镇实施全面管制。究其原因在于：一方面，这一阶段我国基本仍处于计划经济体制居主导地位的历史时期，商品短缺格局仍然未能在全国范围内得到全面扭转，放开农村人口的进城限制，无疑会加重乃至无限放大城市商品供给的压力，甚至可能会引发城市的无序与混乱。另一方面，这一阶段城市工商业规模仍然偏小，对劳动力的需求总量仍然受到产业发展的抑制，就业难题自然而然地会摆在农村人口和决策者面前，降低或者拆除进城门槛，无异于制造出一个城市就业的新难题。

从事后角度看，这一阶段对于农村居民进入城市定居的严格管控，直接造成了两个后果，第一，将农民长期固定在农村，加之财政政策和金融政策的"城市偏向性"投入，使得占人口绝对多数的农民被锁定在传统农业社会的生产方式、生活方式、思想观念以及行为模式之下，现代化文明契入农村进程缓慢，城乡差别特别是城乡收入差别不断加剧，即使城市户籍向农村居民放开，其在城市定居过程中的社会融入难题也始终难以解决；第二，将农民长期固定在农村和传统生产方式之下，就等于将农民隔离现代城市文明与工业文明之外，从而造成了农民所拥有的、与城市现代化工业和服务业相匹配的劳动技能的短缺。这种情况下，进城的农业转移人口即使能够实现就业，但与其人力资本相适应的工资水平也会处于较低水平,实现城市定居的收入支撑力度当然也就较弱。

第二阶段为1992～2009年,为小城镇放开期。这一阶段,农业转移人口进城定居的限制开始有所松动和消解,特别是小城镇的定居限制逐渐得到消除。2001年,国务院发布《关于推进小城镇户籍管理制度改革的意见》,基本概括和整合了1992年以来我国户籍制度的渐进变化内容:对办理小城镇常住户口的人员,不再实行计划指标管理。全国所有的镇和县级市市区,将取消"农转非"指标;把蓝印户口、地方城镇居民户口、自理口粮户口等统一登记为城镇常住户口,与"原住户"一致;凡在当地有合法固定的住所、稳定的职业或生活来源的人,本人及共同居住的直系亲属均可自愿办理城镇常住户口,并自愿保留其承包的土地经营权。

这一阶段的制度变化,尽管对小城镇入户条件并未做出大的改动,但是却明显释放出两个积极信号,第一,小城镇户籍管理彻底放弃了计划指标管理体制,是否落户小城镇变成了农业迁移劳动力的单方面决策;第二,将在此之前已经进入小城镇迁移者的户籍性质进行了彻底调整,意味着这部分迁移者可以在此之后与当地原有居民在平等的条件下享受各类由户籍制度所衍生的教育、医疗、社会保障等方面的待遇。

第三阶段为2010～2017年,为中小城市逐渐放开期。这一阶段的制度变化,有两个亮点值得关注:其一,中央层面对小城市的户籍开放态度日趋明朗,由2010年的"加快落实放宽"中小城市落户政策,到2011年的"引导有序"流向中小城市,再到2013年的"有序放开"中等城市落户限制,无不表明决策者对农业转移人口大规模流向城市并定居城市已经形成了长期意愿,且已经鲜明地将"人的城市化"问题逐渐提升到决策日程上来。其二,"隐性户籍墙"对于农业转移人口市民化的现实阻碍已经引起决策者的高度关注,并且已经给出了具体的解决对策,即"努力实现城镇基本公共服务常住人口全覆盖"。这样,如果农业转移人口在城市定居后能够与原有居民一样,切实获得教育、医疗、就业、住房、社会保障等一系列同质化服务,那么其城市迁移的长期预期收益将会大大提高。

综上可以发现，进入 20 世纪 90 年代以后，对于农业转移人口的市民化制度调整，是一个由不断突破"显性户籍墙"向重点突破"隐性户籍墙"的渐进过程。但是截至目前，"隐性户籍墙"对于农业转移人口市民化过程的抑制作用在绝大多数城市并未得到有效消解。

2. "隐性户籍墙"变化及其影响

如前所述，"隐性户籍墙"其实就是附着在显性户籍制度之上的，以户籍差异为标准，基于对农村户籍人口和城市户籍人口提供有差别的教育、就业、医疗、住房、养老等方面社会公共产品（服务）而形成的农业转移人口的市民化障碍。下面我们择其要者进行简化分析。

从教育差异角度看：一方面，在流入城市未落户的农业转移劳动者中，随迁子女就近接受义务教育始终是其难以释怀的心结。即使在广州、北京、上海等财政实力比较雄厚的城市，农业转移人口子女入学仍然以民办学校为主，其教师队伍很不稳定，无证上岗较为普遍，教学质量令人担忧，有的只是停留于识字、扫盲和托管的低层次上。另一方面，尽管我国自 2003 年以来就陆续发布了《国务院办公厅转发农业部等部门 2003 - 2010 年全国农民工培训规划的通知》、《国务院关于解决农民工问题的若干意见》和《国务院办公厅关于进一步做好农民工培训工作的指导意见》等三个重要文件，但这三个制度文件的落实效果却难以令人乐观，很多农业人口流入城市的企业，并未真正开展针对农业转移人口的技能培训，或者即使开展了相关培训，但也是敷衍了事，相关监管部门对培训项目、培训过程、培训效果也缺乏有效的监管和追责，农业转移人口在城市务工期间人力资本存量并没有显著提升，绝大多数仍然只能在以体力劳动为主的就业岗位与同类人群进行激烈的入职竞争，薪酬水平受其人力资本存量的限制，难以有较大幅度的提升。

从医疗保险差异角度看：国务院 2006 年出台了《国务院关于解决农民工问题的若干意见》，劳动和社会保障部也于 2006 年发布了《关于开展农民工参加医疗保险专项扩面行动的通知》，提出要以省会城市和大中城市为重点，以与城镇用人单位建立劳动关系的农业转移人口为重点，全面推进农业转移人口参加医疗保险工作的具体安排。另外，自

2006 年起，劳动和社会保障部开始推进农业转移人口参加大病医疗保险的专项行动，各地随后制定了较为具体地农业转移人口医疗保险办法。不过，从近年来各地农业转移人口医疗保险的推进效果来看，无论是其覆盖面还是保险项目，均同城镇职工医疗保险制度存在很大差异，严重影响了农业转移人口的城市化进程。龚文海（2009）以北京、上海、深圳、大连、天津、珠海、南京、武汉、杭州、青岛、成都等 11 个农业转移人口比较集中的城市为研究对象，对我国目前在城市就业的农业转移人口参加医疗保险情况进行了比较分析，系统地指出了农业转移人口享受的医疗保险同城市职工存在的明显差距，并集中概括为以下四个方面，（1）只保大病，不包含门诊服务。（2）只保当期，只有在劳动关系存续和缴费期间，才能享受医疗保险待遇，一旦解除劳动关系和停止缴费，便不再享受待遇。（3）独立运行，统筹范围窄。农业转移劳动力的医疗保险和综合保险在运行上大多与城镇职工医疗保险相分离，仅在农业转移人口内部进行风险分散和费用共担。在缴费机制、筹资水平、待遇水平等方面也与城镇职工基本医疗保险存在较大差异。（4）除上海、成都、深圳少数城市外，其他城市基本不为农业转移劳动者建立个人账户，农业转移劳动力的医疗保险关系与城镇职工医疗保险关系无法转换和衔接，不同地区间的保险关系也无法转换和接续①。

从养老保险差异角度看：早在 2006 年，《国务院关于解决农民工问题的若干意见》就明确提出要"抓紧研究低费率、广覆盖、可转移，并能够与现行的养老保险制度衔接的农业转移人口养老保险办法。"人力资源和社会保障部于 2011 年颁布的《实施〈中华人民共和国社会保险法〉若干规定》，进一步对在城市参加职工养老保险的农业转移人口的养老保险接续问题进行了解释和安排。2014 年发布的《国务院关于建立统一的城乡居民基本养老保险制度的意见》提出，将新型农村社会养老保险和城镇居民社会养老保险两项制度合并实施，在全国范围内建

---

① 龚文海：《农民工医疗保险：模式比较与制度创新——基于 11 个城市的政策考察》，载于《人口研究》2009 年第 4 期，第 92～98 页。

立统一的城乡居民基本养老保险制度，并指出未来城乡养老保险基金由
个人缴费、集体补助、政府补贴构成。至此，存在于城市居民和农业转
移人口的养老保险差异才被明确认定并提出了相应的解决方案，但这些
解决方案究竟能在何时以何种力度得到落实，还需要等待地方政府的推
进力度。在此之前，农业转移人口在城市的养老保险问题一直广泛存在
且备受质疑，主要表现在三个方面：第一，农业转移人口在城市不具有
独立购买养老保险的主体资格，只有同用人单位签订了用工合同且用人
单位为其缴纳保费，农业转移劳动力才能获得主体资格。如果在城市未
能就业或即使就业却未能与用人单位签订劳动合同，那么仍然无法以个
人身份缴纳养老保险金并由此享受今后的养老待遇。第二，农业转移人
口跨地区特别是跨省流动时，在原工作地的养老保险关系无法顺利接
续。第三，农业转移人口在返回农村的情况下，其在城市的养老保险关
系无法顺利与新农保对接或转移。这三种情况的存在，都在相当大程度
上影响着农业转移人口在城市参与养老保险的积极性。另外，如果这三
种情况持续性地无法得到彻底解决，其对农业转移人口定居城市也将产
生持续的负面影响。

3. 土地制度及其功利性改革措施的影响

现阶段中国土地制度仍保持城乡二元化特点，农业转移人口土地权
益实现受现行土地制度制约，存在着诸多问题。一是在现有征地制度
下，政府拥有从农村获得土地并供给城市使用的排他性权利。一方面政
府以征收方式获得土地，其征地的补偿标准由政府单方面作出；另一方
面政府又将征收上来的土地独家出让给城市土地的使用者，这一进一出
的土地差价就成为土地财政的直接来源。二是农民在城市定居，取得城
市户籍必须返还承包地。按照《中华人民共和国土地承包法》第 26 条
的规定，"承包期内，承包方全家迁入设区的市，转为非农业户口的，
应当将承包的耕地和草地交回发包方。承包方不交回的，发包方可以收
回承包的耕地和草地。"虽然近年来相关政府文件明确提出农业转移人
口进城定居可以保留其在农村的土地承包地，即允许农民带"土进
城"，但迄今为止，这种规定还停留在政府政策层面，相关的法律条文
还未进行修改。三是包括农民宅基地在内的农村集体建设用地流转受到

限制。《物权法》第 184 条、《担保法》第 37 条规定,宅基地使用权不得抵押;2004 年 12 月国务院《关于深化改革严格土地管理的决定》和国土资源部《关于加强农村宅基地管理的意见》都明确禁止城镇居民在农村购买宅基地。

上述制度安排显然不利于农业转移人口市民化。现有征地制度征地范围广,补偿标准低,土地补偿款难以弥补农业转移人口的市民化成本,低价征地高价出售又抬高了房地产价格,增加了农业转移人口的居住成本;收回承包地的法律与近年来"带土进城"政策不一致,使得政府土地政策难以具体实施,提高了农业转移人口市民化的机会成本;集体建设用地不能流转使农业转移人口无法获得土地用途转换的增值收益;宅基地的转让限制与不可抵押的规定使农业转移人口难以实现其房地产的资本化收益,不仅不能为其在城市永久定居提供财力支持,还导致了农村土地资源的严重浪费。在外流人口规模日益增大的条件下,宅基地流转局限于村集体经济内部,大量闲置的宅基地由谁来接盘呢?近年来,全国各地大量出现的"空心村"现象,似乎构成了上述问题的最好诠释。

20 世纪 90 年代以后,随着市场经济发展和城镇化水平的提高,各地在土地制度改革中均已突破上述制度安排。但很多改革措施都把着眼点放到了争取更多的城镇建设用地上,具有很强的功利化色彩。很多发达地区的征地标准远高于国家规定的征地补偿标准,一些地方政府甚至鼓励开发商与农民直接谈判、自主开发。这种做法虽然可以使农业转移人口获得更多的征地补偿,但由于缺乏对土地增值收益的合理分配,发达地区有些农民一夜暴富,不仅加大了发达地区征地农民与城市居民、边远地区农民的利益矛盾,还由于土地增值预期的提高,使农民更加不愿转让土地。

现阶段我国许多地区都开展了"土地换社保、土地换住房"的实践,如嘉兴的"两分两换"政策、天津市华明镇的"以宅基地换房"模式等。对于农业转移人口来讲,土地不仅具有生产资料和生存保障的双重功能,还是最重要的家庭财产。由于这些改革措施增加了农业转移人口市民化的机会成本,随着土地增值潜力不断增长,农业转移人口放弃土地获得市民身份的机会成本会越来越高，这就不可避免地会影响农业转移人口的市民化意愿。

当前城镇建设用地增加与农村建设用地减少相挂钩的政策还仅局限于县域范围内，尽管重庆、成都等少数试点地区在全市（省）范围内进行，但都没有与吸纳农业转移人口的数量结合起来，从而造成人口输入地与输出地之间的人口与土地资源配置的严重失衡。

5.3　推进农业转移人口市民化的战略思考

农业转移人口市民化包括农业转移人口的职业转换、身份认同、文化融合等各个环节，涉及其经济利益、社会权益和精神和谐等诸多问题。从宏观层面考察，农业转移人口市民化关系到几亿农村人口生产方式与生活方式的转变，涉及二元经济体制的深层变革，社会经济结构及各方利益关系的全面调整，是一项宏大而复杂的社会系统工程。既要根据各地实际提出具体对策，更要根据我国二元经济转型与现代化建设的全局，进行战略谋划。

5.3.1　把城乡结构、产业结构、城镇结构、区域结构调整结合起来，提高城镇综合承载能力，为农业转移人口提供就业岗位和生活空间

（1）引导产业向中西部中小城镇梯度转移。中西部中小城镇通过承接劳动密集型产业和传统服务业提高其就业承载力；东部大城市、超大城市则通过低层次产业转移带动劳动力与人口迁移缓解资源环境压力，并为高新技术产业和现代服务业腾出发展空间，实现产业结构的优化升级。通过产业从发达地区向欠发达地区的梯度转移形成"雁行"工业化与城镇化发展格局，既可以使我们延续劳动密集型产业的比较优势，又可以通过产业结构升级提高我国的国际竞争力。（2）以城市群为主体，实现大中小城市、小城镇协调发展。东部地区要重点发挥大城市、特大

城市对中小城市、小城镇的辐射力，提升东部城市群的发展质量，加强其对全国经济、社会发展的引领作用；中西部地区要在资源环境承载力强、中心城市发展基础好的地区积极培育区域性城市群，壮大中小城市，带动小城镇发展，使更多的农业人口实现就地转移。（3）注重资源节约与环境友好，实现城镇可持续发展。中小城镇要在承接产业转移的同时加强基础设施与公共服务投入，努力提高其综合承载能力。东部地区不能以邻为壑，把落后产能与高污染企业转移到欠发达地区，要合理调控大城市、超大城市人口规模，重点解决交通拥堵、环境污染、城中村等突出问题。（4）统筹城乡发展规划、产业布局和公共服务。要在确保农业用地的前提下促进土地资源城乡间的优化配置，合理引导农村工业向小城镇集中，加大城镇对农业、农村的辐射作用，把劳动力转移与农业生产经营体制改革相结合，着力培育新型农业生产经营主体。

5.3.2 把劳动力市场建设与对农业转移人口的人力资本投资结合起来，提高农业转移人口的市民化能力

（1）建立统一开放、竞争有序的劳动力市场，切实保障农业转移人口的合法权益。取消各地对农业转移人口的歧视性就业限制，实现其与城镇职工平等就业，同工同酬；切实推进劳动合同制，提高农业转移人口的就业稳定性；完善最低工资制度，加强工会组织和集体谈判制度建设，建立合理的工资增长机制；健全劳动基准、劳动监察与劳动争议处理的法律机制，加强对农业转移人口的劳动保护和法律援助。（2）建立与完善农业转移人口的人力资本投资机制，提高农业转移人口从业竞争力。加大政府对农业转移人口的教育培训投入，把农业转移人口纳入政府职业教育体系；建立适合农业转移人口特点，满足多层次需求，由政府、企业、社区、教育机构和社会中介参与的职业培训网；合理配置培训资源，完善规范培训市场，提高培训效率。

5.3.3　深化土地制度改革，在保护农业转移人口土地权益的同时，促进农业规模化经营

（1）处理好城镇建设用地与粮食安全、农业现代化的关系。完善耕地补偿制度，加强耕地质量建设，建立健全耕地保护和建设的长效机制；科学规划、集约用地，限制城镇用地盲目扩张。（2）合理界定公益用地范围并为此设置严格的法律程序，按照同地同价原则，根据土地的市场价格确定征地补偿标准。（3）培育和发展城乡统一的建设用地市场，保障农民依法享有集体建设用地的收益分配权。（4）在不改变所有权性质的前提下，强化承包地和宅基地的用益物权属性，积极探索农业转移人口依法处置承包地和宅基地的有效形式。

5.3.4　把加强公共服务供给与财政体制改革相结合，逐步实现公共服务均等化

（1）探索过渡性农业转移人口的公共服务制度，逐步实现城镇基本公共服务全覆盖。以扩大覆盖面和完善转移接续机制为重点，健全农业转移人口的社会保障体系；重点解决随迁子女的学前教育及异地高考问题，全面落实外地务工人员随迁子女主要在输入地的全日制公办学校平等接受教育的政策；通过提供廉租房、公租房、经济适用房、限价商品房、建立适合农业转移人口特点的住房公积金制度等办法，逐步解决农业转移人口的基本住房问题；做好农业转移人口的疾病和职业病防治、随迁适龄儿童免疫等各项工作，保障农业转移人口享有与城镇居民同等的公共卫生服务。（2）构建财权与事权相匹配的财政体制，提高地市与县级财政能力，增加市辖区公共服务的财政投入力度，提高经济强镇税收留成和土地出让金的比例，逐步实现人均公共财政支出大体相等。（3）通过按常住人口安排财政转移支付和增加直接税等改革措施，形成地方政府吸纳外来人口的激励机制。（4）设计与土地流转、土地增值以及与土地使用有关的税种，规范土地财政为税收财政，合理分配土地转变用途后的增值收益，为公共服务均等化提供给财力支持。

第6章

农业转移人口就业歧视及其解决对策

　　对农业转移人口就业歧视极大地制约了农业转移人口在城市的公平就业，阻碍了农业转移人口的工资收入增长和人力资本水平的提升，降低了农业转移人口市民化的意愿和能力，已成为当前农业转移人口市民化进程中的一个主要障碍。中国的农业转移人口就业歧视不同于西方国家市场主导型就业歧视，是在二元经济体制下形成和延续下来的制度性歧视。虽然农业转移人口就业歧视问题随着二元经济体制改革的不断深入，已经得到了很大程度的遏制与缓解，但由于传统制度的惯性、城市就业的压力等诸多因素，这一问题仍然在全国范围内普遍存在。本章首先分析了农业转移人口就业歧视的表现，然后阐述了农业转移人口就业歧视对其市民化的影响，剖析了农业转移人口就业歧视的制度性成因，最后提出了农业转移人口就业歧视的解决对策。

6.1　农业转移人口就业歧视的表现

6.1.1　农业转移人口的就业机会歧视

6.1.1.1　农业转移人口的职业限制

　　就业机会歧视首先表现为农业转移人口的职业选择受到限制。我国

《劳动法》第三条规定，劳动者享有平等就业和选择职业的权利，表明城市劳动者与农村劳动者在就业机会权利上是平等的。受二元经济体制及其改革滞后的影响，长期以来我国各级政府先后出台了各种限制性政策，对农业转移人口进行职业和工种限制、先城后乡控制，使得他们只能进入脏、累、重、险、苦的行业，将轻松、体面、待遇好的工作优先安排给城市劳动力，造成了城市劳动力与农业转移人口在就业机会上的不平等。如 1994 年劳动部颁发的《农村劳动力跨省流动就业管理暂行规定》，对跨省流动进城农村劳动力就业做出若干限制，规定：只有在本地劳动力无法满足需求，并符合一定条件的，用人单位才可跨省招用农村劳动力。显然，这是对农村劳动力的歧视。由于该项国家级政策的强大示范效应，很多地方政府纷纷出台了针对农村劳动力的类似政策，控制用工单位使用农村劳动力的数量，以确保城市劳动力的优先就业。由此，农业转移人口就业歧视公开化和制度化。1995 年上海市劳动局发布《上海市单位使用和聘用外地劳动力分类管理办法》，将行业和工种分为可以使用、调剂使用和不准使用外地劳动力三类。各单位已经使用的外地劳动力，属于上海市劳动局公布不准使用范围的必须限期清退。根据《北京市外地来京务工人员管理规定》，北京市劳动局从 1997 年开始，每年都公布允许和限制外来劳动力的行业、工种和职业清单，而且限制的种类和数目每年有所增加，2000 年北京市劳动和社会保障局规定的限制外地来京务工人员的行业有 8 个，限制的职业有 103 个①。《青岛市城镇单位招聘使用外来劳动力管理办法》规定，招聘和使用外来劳动力应按先本市、后外市的原则，实行总量调控、统筹安排。只有符合"工作急需劳动力，且在当地非农业劳动力中招收不足的；本单位富余职工基本得到安置的"的条件时，用工单位才可以申请招聘外来劳动力。1999 年，武汉市人民代表大会常务委员会颁布的《武汉市劳动力市场管理条例》规定，用人单位招用本市失业职工和下岗职工的，按规定享受有关待遇；用人单位招用外来劳动力的，应符合本市外来劳动

---

① 蔡昉：《中国城市限制外地民工就业的政治经济学分析》，载于《中国人口科学》2000 年第 4 期，第 1~10 页。

力计划和行业工种目录要求。该规定同时包含对使用本地劳动力的优惠和对使用外来劳动力的限制，是公然的不平等对待。2000 年劳动部颁布的《劳动力市场管理规定》规定，"用人单位在招用职工时，除国家规定不适合从事的工种或岗位外，不得以性别、民族、种族、宗教信仰为由拒绝录用或者提高录用标准。"显然，这一规定并没有将户籍因素涵盖进来。由此可见，前述这些国家或地方政府的就业政策在制度上造成了城乡劳动力就业机会上的不平等。显然，这种行为是以法律文件的形式对劳动者的职业选择进行直接限制，损害了农业转移人口的平等就业权，构成了针对农业转移人口的就业歧视。虽然近年来，上述这些歧视性政策绝大多数已经以政府文件的方式正式废除，但由于传统制度所形成的路径依赖以及城市居民与农业转移人口在正规就业领域的利益冲突，对农业转移人口就业选择上依然存在不同程度上的限制，同时也不可避免地反映在农业转移人口的职业分布上。

上海社科院人口与发展研究所的调查显示[1]，2003 年，外省市来沪从业人员主要集中在非正规部门，其中 62.7% 是个体户，26.4% 在私营企业、3.9% 在国有企业、3.8% 在集体企业、1.6% 在三资企业。79.1% 的外来劳动力在非正规部门就业，外来劳动力即使在国有企业和集体企业工作，也多是临时工或非正式工；而上海本地劳动力的85.2% 在正规部门工作，其中 43.2% 在国有企业、10% 在集体企业、12.9% 在三资企业、11.7% 在机关事业单位。在职业分布上，外来劳动力主要集中在城市劳动力所不愿意从事的"脏、重、险、累"等职业，如建筑工人、第一线生产工人、搬运工人、餐饮服务人员、家政服务人员、农贸市场卖菜、废品收购等。而上海本地劳动力主要从事轻松、体面、安全、待遇好的职业，如党政机关的工勤人员、建筑工地监督员、公交汽车的售票员或驾驶员、大商场营业员、仓库保管员以及社区保安和保洁人员等。2007 年 7 月，涂玉华所做的对郑州市农业转移人口与城市工人的行业分布比较（见表 6 - 1）显示，被调查农业转移人口主

---

① 李薇薇、Lisa Stearns：《禁止就业歧视：国际标准和国内实践》，法律出版社 2006 年版，第 523 ~ 525 页。

要集中在建筑业、批零贸易餐饮业和其他服务业（占总数的 81.9%），
而被调查城市工人主要集中在工业、交通运输业、文教卫生和邮电通信
业（占总数的 58.3%）。2010 年，张燕所做的江苏省农业转移人口就业
现状调查结果显示，42% 的被调查农业转移人口处于失业和半失业状
态，24% 的被调查农业转移人口是有一定生产经验和技术的工厂工人，
19% 的被调查农业转移人口是缺乏工作经验和技术的重体力建筑工人，
15% 的被调查农业转移人口是家政、餐饮和其他行业的从业人员①。该
调查表明，农业转移人口的就业稳定性很差，多数农业转移人口在低技
术、重体力、低收入的行业就业。

表6 - 1　　　　　　农业转移人口与城市工人的行业分布比较

项目		农林牧渔业	建筑业	工业	交通运输业	文教卫生	邮电通信业	批零贸易餐饮业	其他服务业	其他
农业转移人口	人数（万人）	22	251	36	21	12	7	289	83	41
	比例（%）	2.9	32.9	4.8	2.8	1.6	0.9	37.9	11.1	5.1
城市工人	人数（万人）	77	91	231	204	112	126	156	103	52
	比例（%）	6.6	7.8	20.0	17.7	9.7	10.9	13.5	8.9	4.5

资料来源：涂玉华：《不同群体社保权益公平性问题研究》，载于《经济问题探索》2009
年第 2 期。

相关年度的《农民工监测调查报告》显示，2008～2015 年，我国
农业转移人口在制造业、建筑业、批发和零售业、交通运输业、仓储和
邮政业、住宿和餐饮业、居民服务、修理等行业的人员占比分别为
84.1%、86.8%、88.4%、87.9%、87.9%、87.7%、87.7%、
86.9%，如表 6 - 2 所示。截至 2016 年底，我国农业转移人口在上述行

----

① 张燕：《江苏省农民工就业现状调查》，载于《江苏农业科学》2012 年第 8 期，第
394～396 页。

业的人员占比仍高达 85.7%，在金融、保险、教育、医疗、机关事业单位等人口分布不足 16%。农业转移人口的这种职业分布固然与其人力资本水平的有关，但值得注意的是农业转移人口的受教育程度在近些年有了较为明显的提高，但其职业分布情况，却不曾发生较为明显的变化。这说明，农业转移人口进入城镇非农产业依然受到职业选择的限制。

表 6 - 2   2008~2016 年农业转移人口从事的主要行业分布   单位：%

行业	2008 年	2009 年	2010 年	2011 年	2012 年	2013 年	2014 年	2015 年	2016 年
制造业	37.2	36.1	36.7	36.0	35.7	31.4	31.3	31.1	30.5
建筑业	13.8	15.2	16.1	17.7	18.4	22.2	22.3	21.1	19.7
批发和零售业	9.0	10.0	10.0	10.1	9.8	11.3	11.4	11.9	12.3
交通运输、仓储和邮政业	6.4	6.8	6.9	6.6	6.6	6.3	6.5	6.4	6.4
住宿和餐饮业	5.5	6.0	6.0	5.3	5.2	5.9	6.0	5.8	5.9
居民服务、修理和其他服务业	12.2	12.7	12.7	12.2	12.2	10.6	10.2	10.6	11.1

资料来源：国家统计局历年《农民工监测调查报告》。

6.1.1.2 农业转移人口在获取就业信息方面处于不利的地位

对于求职者而言，无疑希望进入就业环境相对宽松的地区和行业，但为了获得有利的就业信息，不同求职者的信息支付成本往往是不同的。农业转移人口主要依靠自身的力量来搜寻相关就业信息，其中主要依靠自己外出寻找就业机会或亲戚同乡的介绍，通过政府提供信息及组织就业的机会很少。因此，农业转移人口外出就业存在较大的盲目性和不确定性，需要承担较多的货币成本和机会成本。为获得与城市劳动力同等就业机会，农业转移人口往往要付出更高的搜寻成本。而城市劳动力在获取就业信息方面往往具有比较大的优势，除了地缘优势和人际网络优势外，更重要的是地方政府为其提供了充分、及时的就业信息资源以及相关的组织服务，使得城市劳动力节省了一定量的工作搜寻成本。《2011 中国发展报告》显示，2010 年，在外出农业转移人口中，55.1%的外出农业转移人口是经老乡亲友的介绍或带领下外出务工，自发外出的比重占 37.8%，通过政府部门和中介组织外出的农业转移人口仅占4.6%①。显然，相对城市劳动力来说，农业转移人口为进入城市劳动力市场，需要支付更多的货币成本和时间成本。咸星兰（2016）的研究表明，新生代农业转移人口找工作一般都靠朋友介绍，这部分人群比例为 41%；通过自己的努力找到工作的人数也比较多，这部分人占30%；用人单位直接招聘劳动工而找到工作的人数为 8%；在政府等中介机构的协作下找到工作的人数比例仅有 2%。与新生代农业转移人口相比，城镇市民在求职途径上具有明显的优势：用人单位直接招工的比重最高，占 34.51%；通过亲友介绍找到工作的比重只占 26.46%；在政府等中介机构的协作下找到工作的人数比例为 5%②。

6.1.2　农业转移人口的就业待遇歧视

6.1.2.1　工作条件歧视

第一，工作环境恶劣。现实社会里，农业转移人口所从事的工作劳动强度大、工作环境恶劣、危险性高，职业病和工伤事故不断发生，农业转移人口的身心健康受到严重危害。农业转移人口大多从事城市劳动者不愿意干的重、苦、累、脏、险等工种，如高层建筑施工、井下采掘、化工产品制造、环卫清洁等岗位。很多企业为了节约成本追求利润最大化，在噪音、粉尘、有毒、辐射等危险岗位大量使用农业转移人口，使用缺乏最基本防护措施的机器设备，对农业转移人口未进行必要的安全培训，导致大量农业转移人口长期处于劳动强

---

① 国家统计局：《2011 中国发展报告》2011 年版，第 99～105 页。
② 咸星兰：《中国新生代农民工就业歧视与收入不平等问题研究》，东北师范大学博士学位论文，2016 年。

度大、安全条件差、缺乏必要劳动保护措施的工作环境中，使得农业转移人口的职业病和工伤事故频繁发生，农业转移人口往往得不到必要的治疗和赔偿。据调查，2003年全国死于工伤人员高达13.6万人，其中大部分是农业转移人口，特别是在矿山开采、建筑施工、危险化学品等3个农业转移人口就业集中的行业，农业转移人口死亡人数占总死亡人数的80%以上①。2010年3月12日，北京市安监局局长张家明作客城市服务管理广播时表示，2009年，北京从事高危行业生产施工的事故死亡人数为1137人，其中，农业转移人口占到约90%②。2009年杨红朝的一项针对河南、山东、陕西和广东的农业转移人口工作环境报告调查显示，在调查总样本中，60.2%的农业转移人口从未接受过劳动安全卫生教育，只有49.4%的农业转移人口表示所在单位提供了必要的劳动保护用品，仅有34.9%的农业转移人口反映所在单位能够定期进行健康检查，53.7%的被调查对象反映所在单位女性农业转移人口在孕期不能得到法律规定的特殊保护③。据陈其安等的调查（2015），在接受调查和访谈的农业转移人口中，仅有18.68%的农业转移人口认为自己的工作环境干净；5.93%的农业转移人口表示其所从事的工作不苦；6.59%的农业转移人口表示工作较轻松；29.23%的农业转移人口表示工作安全。可见，绝大多数农业转移人口都认为自己的工作脏、苦、累、危险④。

第二，超时劳动。我国《劳动法》规定："劳动者每日工作时间不超过8小时、平均每周工作时间不超过44小时；用人单位由于生产经营需要，经与工会和劳动者协商后可以延长工作时间，一般每日不得超过1小时。"尽管法律规定，加班应当与劳动者协商并尊重劳动者的意愿，但现实中农业转移人口被迫加班以及超时劳动现象普遍存在且十分

① 平新乔：《民营企业中的劳工关系》，北京大学中国经济研究中心谈论稿系列，2005年1月。

② 《京华时报》，2010年3月13日。

③ 杨红朝：《农民工工作环境权及其法律保护探析》，载于《中国安全生产科学技术》2011年第2期，第78~83页。

④ 陈其安、唐凯俄、李云中：《农民工进城：就业安居保障制度创新设计》，社会科学文献出版社2015年版，第40页。

严重。一项社会调查显示（见表6-3），农业转移人口每周平均工作时间为56.6个小时，远多于城市工人的47.9个小时；每周工作40小时以内的农业转移人口只占总数的18.6%，而城市则占总数的47.21%；每周工作时间在61~80个小时的农业转移人口占总数的25.85%，而城市工人则只占总数的10.32%。显然，农业转移人口与城市劳动者在劳动时间方面未能获得与城市工人平等的待遇。近年来农业转移人口超时工作问题有所缓解，但仍不可忽视。据国家统计局发布的各年度《农民工监测调查报告》显示，2010年以受雇形式从业的外出农业转移人口平均每周工作时间超过44小时的占90.7%，2011~2015年这一比例分别为84.5%、84.4%、84.7%、85%。截至2016年，虽然这一比例降到了80%以下，但仍高达78.4%。超时超负荷劳动严重影响了农业转移人口的身心健康，也给工伤事故埋下了隐患。

表6-3　　　　　农业转移人口与城市工人的周工作时间比较

每周工作时间（小时）	农业转移人口（%）	城市工人（%）
不足20	2.31	2.59
21~40	16.29	44.22
41~60	47.83	39.50
61~80	25.85	10.32
80以上	7.71	3.37
总计	100.00	100.00
平均每周工作时间	56.60	47.90

资料来源：涂玉华：《不同群体社保权益公平性问题研究》，载于《经济问题探索》2009年第2期。

6.1.2.2　工资歧视

1. 农业转移人口与城市工人同工不同酬

工资歧视是指具有相同生产率的劳动者获得不同的劳动报酬，即同工不同酬，是就业待遇歧视中的最重要表现。同工同酬是我国劳动者依法享有的一项基本权利，但事实上，农业转移人口与城市劳动者之间的同工不同酬现象十分严重。表 6 - 4 反映了 2001～2015 年城镇职工月平均工资和农业转移人口平均工资的差距。我们可以看出，农业转移人口工资与城镇职工工资差距逐年拉大，虽然在 2009～2015 年差距有所缩小，但其绝对差异仍非常大[1]。尽管劳动者之间的工资差异并不完全源于歧视，其中一部分差异要归因于他们之间的人力资本禀赋等个体特征差异，但不可否认的是，歧视是造成农业转移人口与城市职工之间工资差异的至关重要的因素。王美艳（2003）运用 Oaxaca（1973）工资差异分解模型测度了歧视对工资差异的影响程度，认为农业转移人口与城市职工之间工资差异的 76% 可以用歧视来解释[2]。姚先国、赖普清（2004）利用 Blinder - Oaxaca 分解方法，对城市工与农业转移人口工资收入差异进行了分解，结果显示人力资本特征与企业特征变量可以解释两者工资收入差异的 70%，户籍歧视所造成的差异占 30%。谢嗣胜、姚先国（2006）运用 Oaxaca - Cotton 工资差异分解模型对农业转移人口工资歧视程度进行了计量分析，认为农业转移人口与城市劳动力工资差异的 59.4% 可以用歧视来解释[3]。罗胤（2008）依据吉林省城市人口抽样调查数据，利用 Oaxaca 和 Blinder 工资差异分解模型对吉林省城市工和农业转移人口的工资差异进行了分解，结论是：总的工资差异中个人特征差异的影响约为 78.13%，歧视因素的影响约占 21.87%。结论表明，农业转移人口在劳动力市场中受到与城市工不同的对待[4]。

---

① 高娜：《我国农民工就业歧视的社会经济效应分析》，硕士学位论文，云南财经大学，2012 年。

② 王美艳：《转轨时期的工资差异：工资歧视的计量分析》，载于《数量经济和技术经济研究》2003 年第 5 期，第 94～98 页。

③ 谢嗣胜、姚先国：《农民工工资歧视的一项计量分析》，载于《中国农村经济》2006 年第 4 期，第 50 页。

④ 罗胤：《我国城市劳动力市场中的歧视问题研究》，吉林大学博士学位论文，2008 年。

表 6－4　　　　**2001~2015 年农业转移人口与城镇职工工资差异**

年份	城镇职工月平均工资（元）	农业转移人口月平均工资（元）	城镇职工与农业转移人口工资水平比较
2001	903	644	1.40
2002	1031	640	1.61
2003	1164	690	1.69
2004	1327	780	1.70
2005	1517	861	1.76
2006	1738	946	1.84
2007	2060	1060	1.94
2008	2408	1205	2.00
2009	2687	1417	1.90
2010	3045	1690	1.80
2011	3483	2049	1.70
2012	3897	2290	1.70
2013	4290	2609	1.60
2014	4697	2864	1.60
2015	5169	3072	1.70

资料来源："城镇职工月平均工资"根据历年《中国统计年鉴》的有关数据计算所得；2010 年之前的"农业转移人口月平均工资"来源于历年国家统计局农调部门调查数据；2011 年及其以后的数据来源于国家统计局历年的《农民工监测调查报告》。

2. 城乡户籍工资歧视的调查与测度

为了较为准确地把握当前农业转移人口工资歧视的影响因素和程度，作者在辽宁省进行了关于城乡劳动力基本就业状况的实地调查，取得了新近的一手调查数据，并分别利用 Oaxaca - Blinder 模型（1973）、Neumark 指数加权模型（1988）和 Cotton 模型（1988）对城乡户籍工资歧视进行了测度。

（1）调查情况说明。调查时间在 2012 年 7~8 月期间，历时一个月。为了确保此项调查更具代表性，调查地区是按照人均可支配收入的高、中、低水平不同选取的，涉及辽宁省的三个城市。调查对象主要包括建筑业、制造业等行业的城市工和农业转移人口。本次调查采用问卷调查方法收集数据，采用分域分层不等概率抽样方法。调查问卷总量400份，其中城市工人277份、农业转移人口123份，共回收有效问卷为城市工259份、农业转移人口111份，有效回收率分别为93.50%和90.24%。在全部调查对象中，男性占67.8%，女性占32.2%，受访对象的平均年龄为32.7岁。调查指标主要包括性别、年龄、户籍性质、受教育程度、健康状况、培训状况、工作经验以及劳动合同签订情况等。

为了充分发挥调研结果的作用，我们对回收的问卷进行了必要的技术处理：首先，剔除了不合格问卷，并对有效问卷的问题和各选项进行了编码；其次，把问卷数据录入数据库，进行分析指标设定，通过运用SPSS应用软件对数据进行分组、交叉相关分析、回归分析等多种分析；最后，形成报告所需的分析结果，从而为城乡户籍工资歧视问题的分析提供了有力论据（见表6-5）。

表6-5   农业转移人口与城市工的各项指标比较

各项指标	农业转移人口	城市工
受教育程度（高中及以上）	29.7%	51.4%
健康状况（较好及以上）	49.5%	53.7%
过去三年参加过企业培训	44.1%	52.1%
工作经验（年）	5.7	9.31
平均工资（元）	2499	2979
男性平均工资（元）	2688	3166
女性平均工资（元）	2089	2589
行政岗位平均工资（元）	2449	2967
技术人员平均工资（元）	2776	3488
一线工人平均工资（元）	2866	2869
后勤及其他岗位平均工资（元）	1926	1990

资料来源：作者于2012年7~8月在辽宁省三个城市的调查问卷。

总体上城市工人的月平均工资为 2979 元，农业转移人口的月平均工资收入则为 2499 元，农业转移人口的工资水平明显低于城市工。从人力资本要素看，城市工人具有高中及以上学历的人占 51.4%，而农业转移人口该学历的人仅有 29.7%；农业转移人口中身体健康状况较好及以上的占 49.5%，而城市工中该比例为 53.7%；在过去三年参与过企业组织的技能培训人中，农业转移人口占 44.1%，比城市工低 8 个百分点；农业转移人口的工作经验平均为 5.7 年，而城市工平均为 9.31 年，比农业转移人口高 63%。农业转移人口人力资本禀赋数量上的差距可能是影响他们工资竞争力的重要因素。从性别角度看，男性女性的平均工资具有显著的差异，其中男性农业转移人口平均工资 2688 元，而男性城市工 3166 元；女性农业转移人口 2089 元，而女性城市工 2589 元。从工作岗位上看，行政管理岗位，农业转移人口平均工资 2449 元，而城市工 2967 元；技术人员岗位，平均工资 2776 元，而城市工 3488 元；一线工人岗位，农业转移人口平均工资 2866 元，城市工 2869 元；后勤及其他岗位，农业转移人口平均工资 1926 元，而城市工 1990 元，可以看出不同工作岗位的城乡工人的工资差异明显。

（2）估计总体工资方程。基于上述调查数据并结合国内外的研究成果，本书利用 Oaxaca（1973）歧视工资估计方法，首先对农业转移人口和城市工的工资方程进行估计，采用以下的工资方程估计形式：

$$\ln(Y) = \beta_0 + \beta_1 \text{sex} + \beta_2 \text{job}_1 + \beta_3 \text{job}_2 + \beta_4 \text{job}_3 + \beta_5 \exp + \beta_6 \exp^2 + \beta_7 \text{edu}$$
$$+ \beta_8 \sec_1 + \beta_9 \sec_2 + \beta_{10} \sec_3 + \beta_{11} t + \beta_{12} p + \varepsilon \qquad (6.1)$$

其中，Y 表示月工资，sex 是性别虚拟变量（女性为参照组），job_i 是工作类型的虚拟变量，分别表示行政管理人员、技术人员和一线工人（其他工作类型为参照组），exp 是工作经验变量，edu 是受教育水平变量，$\sec_i$ 是行业类型虚拟变量，分别表示建筑业、制造业和服务业（其他行业为参照组），t 为是否接受过企业组织的技能培训虚拟变量（无培训为参照组），p 为是否签订劳动合同虚拟变量（没有签订合同为参照组），ε 表示随机误差项。

表 6-6 和表 6-7 给出了应用普通最小二乘法对方程（6.1）进行回归的估计结果，可以发现城乡工资方程的 F 检验统计量的实际显著性

水平都低于0.001，且模型调整后的拟合优度分别为0.423和0.4，说明模型整体显著，符合回归方程的拟合要求。而且两方程中的绝大多数解释变量系数都通过了显著性检验，说明方程的解释能力都较强。从回归参数上看，尽管教育水平变量对城市工和农业转移人口工资收入都具有正的影响，且城市工与农业转移人口的教育回报率存在差异，其中城市工的工资回归方程中教育水平变量的系数为0.009，而农业转移人口工资方程中教育水平变量的回归系数为0.006，但是教育水平对城乡工人的工资水平影响都不显著，其实际概率水平分别为0.777和0.833，因为实际概率水平均大于0.005，所以教育变量不显著，因此在最终的估计模型中剔除了受教育程度变量；工龄对工资水平具有正的影响，其在城乡方程的回归系数分别为0.025和0.017，说明随着工作经验的增加，工资收入逐渐上升，且工龄对农业转移人口的影响高于城市工，这可能是由于农业转移人口的工龄相对较短，因而其工作效率相对较大。工龄的平方对工资影响为负，这与人力资本理论的预期相一致，随着工作年限的增加，工作经验对工资增长贡献率的增速在逐渐下降。性别对工资增长的贡献率显著，男性工人工资显著高于女性，这在农业转移人口中表现更为明显。不同的工作岗位工资差距显著，相对于后勤和其他工作岗位，行政管理、技术和一线工人的工资收益更高，而且与农业转移人口相比，城市工在这些岗位上具有更高的回报。从社会福利状况看，获得企业的培训或者签订劳动合同都对工资收益有正的影响，且城市工人的社会福利回报高于农业转移人口，但农业转移人口在这两个虚拟变量上的显著性水平并不高。分行业看，城市中的建筑业工人工资显著高于其他行业，而制造业则显著低于其他行业，但城市中的服务业和农业转移人口所在的各行业工资回报则不显著。

表6-6　　　　　　　　农业转移人口工资估计结果

解释变量	回归系数	标准误差	标准化回归系数	T值	显著性
截距	7.252	0.086		84.105	0.000
性别	0.193	0.056	0.287	3.456	0.001

续表

解释变量	回归系数	标准误差	标准化回归系数	T 值	显著性
行政管理	0.194	0.089	0.228	2.172	0.032
技术	0.257	0.097	0.273	2.654	0.009
一线工人	0.356	0.086	0.559	4.141	0.000
建筑业	0.103	0.087	0.163	1.184	0.239
制造业	−0.025	0.092	−0.039	−0.275	0.784
服务业	−0.030	0.148	−0.015	−0.200	0.842
培训	0.054	0.049	0.085	1.084	0.281
劳动合同	0.081	0.063	0.111	1.293	0.199
工龄	0.025	0.013	0.460	1.967	0.052
工龄平方	−0.001	0.001	−0.487	−2.067	0.041
Prob. > F	0.000		调整 R^2	0.423	

表 6 - 7　　　　　　　　　　城市工人工资估计结果

截距	7.277	0.095		76.561	0.000
性别	0.155	0.042	0.199	3.739	0.000
行政管理	0.314	0.071	0.391	4.394	0.000
技术	0.421	0.076	0.514	5.533	0.000
一线工人	0.417	0.077	0.537	5.406	0.000
建筑业	0.148	0.086	0.203	1.726	0.086
制造业	−0.254	0.089	−0.344	−2.856	0.005
服务业	0.064	0.180	0.019	0.357	0.721
培训	0.093	0.038	0.126	2.451	0.015
劳动合同	0.113	0.060	0.096	1.874	0.062
工龄	0.017	0.007	0.419	2.373	0.018
工龄平方	0.000	0.000	−0.334	−1.949	0.052
Prob. > F	0.000		调整 R^2	0.400	

（3）工资差异分解结果。对工资差异的分解，本书选择了三种模型加以测度。首先，借鉴 Oaxaca 和 Blinder（1973）在研究性别歧视时的工资差异分解方法，将农业转移人口的工资决定系数作为无歧视工资决定系数时，对城乡工人工资差异进行分解，得到以下分解结果：

$$\overline{\ln Y^U} - \overline{\ln Y^R} = (\beta_0^U + \sum_j \beta_j^U \bar{X}_j^U) - (\beta_0^R + \sum_j \beta_j^R \bar{X}_j^R)$$

$$= (\beta_0^U - \beta_0^R) + \sum_j \bar{X}_j^U (\beta_j^U - \beta_j^R) + \sum_j \beta_j^R (\bar{X}_j^U - \bar{X}_j^R)$$

$$(6.2)$$

其中上标 U、R 分别表示城镇职工和农业转移人口，X 代表决定工资的影响因素向量组，β 表示未知的工资参数向量，$\ln Y$ 为取对数的小时工资。城乡工人工资差异分解为两个部分，一部分归因于劳动者不同禀赋导致的差异，即模型中第三项；另一部分归因于对劳动者工资歧视造成的差异，即模型中第一和第二项之和。

但是由于 Oaxaca – Blinder 模型"指数基准"问题，本书进一步选择了 Neumark（1988）权重指数模型，将不同户籍的工人工资差异分解为：

$$\overline{\ln Y^U} - \overline{\ln Y^R} = \sum \beta_j^* (\bar{x}_j^U - \bar{x}_j^R) + \sum \bar{x}_j^U (\beta_j^U - \beta_j^*) + \sum \bar{x}_j^R (\beta_j^* - \beta_j^R)$$

$$(6.3)$$

上式中工资差异分成三个部分，第一部分由人力资本差异解释，第二部分和第三部分合并为工资差异的不可解释部分，即歧视性工资差异。同时，本书也选择了 Cotton（1988）模型，选择了优势群体样本比例，即 $\Omega = l_w I$ 作为权重矩阵，对两个群体的回归系数进行加权以获得均衡时的工资系数 $\beta^* = f_R \beta^R + f_U \beta^U$，$f_R$ 和 f_U 分别是两个群体的样本比例。

$$\overline{\ln Y^U} - \overline{\ln Y^R} = \sum \beta_j^* (\bar{x}_j^U - \bar{x}_j^R) + (\sum \beta_j^U \bar{x}_j^U - \sum \beta_j^* \bar{x}_j^U)$$

$$+ (\sum \beta_j^* \bar{x}_j^R - \sum \beta_j^R \bar{x}_j^R)$$

$$= \sum \beta_j^* (\bar{x}_j^U - \bar{x}_j^R) + \sum \bar{x}_j^U (\beta_j^U - \beta_j^*) + \sum \bar{x}_j^R (\beta_j^* - \beta_j^R)$$

其中，$\beta^* = f_U \beta^U + f_R \beta^R$

$$(6.4)$$

模型（6.4）中的三项则分别表示：无歧视环境下劳动者禀赋不同而导致的差异，对城市工偏袒形成的工资差异，以及对农业转移人口直接歧视形成的工资差异。

应用以上三种指数对户籍工资差异的分解结果如表 6 - 8 所示。从表中可以看到，三种模型对工资差异的分解结果略有差异。应用 Oaxaca - Blinder 模型，当假设无歧视因素影响时，劳动力市场中的工资确定系数与当前农业转移人口的工资系数相同时，城乡工资差异 0.1547 中有 0.1195 是由劳动者个人特征水平差异造成的，占 77.2%，而其余 22.8% 则是由户籍歧视造成的。改进的 Neumark 指数加权模型中个体特征水平差异占 64.2%，不能解释的部分占 35.8%，这一部分进一步分解为对农业转移人口的直接歧视部分占 25.0% 和对城市工的偏袒占 10.8%。利用 Cotton 模型进行分解，利用两个群体的样本比例进行加权，农业转移人口受到的工资歧视也被分为两部分，一部分是农业转移人口直接受到的歧视，占工资总差异的 21.8%；另一部分则是由对城市工的偏袒而形成的对农业转移人口的反向歧视，占工资总差异的 23.2%，两部分合计占工资总差异的 45%，其余 55% 是由劳动者个人特征差异造成的。

表 6 - 8   户籍工资差异分解结果

工资差异	月工资收入的自然对数	百分比（%）
总体差距	0.1547	100
Oaxaca - Blinder 模型		
个人特征水平差异	0.1195	77.2
户籍工资歧视差异	0.0352	22.8
Neumark 指数加权模型		
个人特征水平差异	0.0993	64.2
对农业转移人口的直接歧视	0.0387	25.0
对城市工的偏袒性歧视	0.0167	10.8

工资差异	月工资收入的自然对数	百分比（%）
Cotton 模型		
个人特征水平差异	0.0851	55.0
对农业转移人口的直接歧视	0.0338	21.8
对城市工的偏袒性歧视	0.0358	23.2

总之，三种工资差异分解方法都表明工资差异中可解释的部分比重较大，占 55% 以上，说明人力资本禀赋的数量对工人工资水平的影响较大，而不可解释部分合计占 20%～45%，说明户籍歧视明显地存在于我国的城市劳动力市场中，农业转移人口在劳动力市场中受到与城市工不同的对待，若降低对农业转移人口的工资歧视，可以大大缩小两类群体的工资差距。

6.1.2.3 职业培训歧视

在职业培训方面，农业转移人口也不能获得与城市劳动者平等的机会。在职业培训经费投入方面，2002 年，职业教育财政性投入仅占国家财政性教育经费总投入的 11.4%，而且这些经费的绝大部分用于了城镇居民的职业教育，流向农民职业教育的经费非常有限。2004 年，中央财政安排的再就业补助经费达 83 亿元，各地用于免费就业服务和培训的经费为 31.6 亿元，其中职业介绍补贴 10.3 亿元，再就业培训补贴 21.3 亿元，但农业转移人口不在此服务之列①。在职业培训机构方面，大量的职业培训机构如高等职业学院、高级技工学校、就业训练中心、民办职业培训机构、企业职工培训中心等，主要集中在大中城市面向城市劳动力和下岗失业人员，面向农村劳动力开展职业培训的机构很少，农民参加职业培训的成本很高。根据农业部门统计，2002 年，已转移的农业转移人口 80% 以上是初中及以下文化程度，80% 以上没有

---

① 国务院课题组：《中国农民工调研报告》中国言实出版社 2006 年版，第 151 页。

接受过技术培训①。2004 年 3 月，由农业部、财政部、劳动和社会保障部、教育部、科技部和建设部共同启动实施了"农村劳动力转移培训阳光工程"，针对有转移就业意愿的农村劳动力由政府财政补贴，在输出地开展转移就业前的职业技能短期培训。中央财政投入资金 2.5 亿元，地方政府配套的资金仅为 6 亿多元，由于农村劳动力数量庞大，政府补贴仍然不足，农民个人分担比例过大，大部分农业转移人口转移之前没有接受必要的培训。"阳光工程"全年培训了 250 万人，但相对于农村 1.5 亿富余劳动力来说，培训比例明显偏低。当农业转移人口进入企业之后，由于农业转移人口所从事的工作技术含量低，劳动的可替代性极强，再加上农业转移人口天然的流动性，很多企业特别是中小企业不愿意对他们进行职业技能培训。虽然《劳动法》和《职业教育法》都规定了企业有对雇员进行职业培训的法律义务，并按照一定比例提取培训经费，但企业把培训经费主要用于高级管理人员的培训和考察，一部分用于城市职工，而大量生产一线的农业转移人口则被排除在外。国家统计局的各年度《农民工监测调查报告》显示，2009 年，51.1% 的外出农业转移人口没有接受过任何形式的技能培训，2010 年，这一比例为 52.4%。2011 年，接受过农业技术培训的占 10.5%，接受过非农职业技能培训的占 26.2%，既没有参加农业技术培训也没有参加非农职业技能培训的占 68.8%。2012 年，既没有参加农业技术培训也没有参加非农职业技能培训的占比上升为 69.2%。2013~2016 年没有接受技能培训的农业转移人口占农业转移人口总数据的比例分别为 67.3%、65.2%、66.8% 和 67.1%。数据表明，近年来农业转移人口的技能培训境况并没有得到改善。

6.2　农业转移人口就业歧视对其市民化的影响

农业转移人口市民化是一个复杂的系统工程，其基本要求应该是：

---

① 国务院课题组：《中国农民工调研报告》中国言实出版社 2006 年版，第 162~171 页。

农业转移人口具有市民化意愿和城市定居能力，城市社会接纳农业转移人口。但目前的情况是就业歧视降低了农业转移人口的市民化意愿，就业歧视弱化了农业转移人口的城市定居能力，城市社会歧视排斥农业转移人口。由此，大量农业转移人口无法真正市民化，而处于半城市化状态。

6.2.1　就业歧视降低了农业转移人口的市民化意愿

农业转移人口的市民化意愿是农业转移人口市民化的动机和前提，如果农业转移人口缺乏市民化意愿，那么他们来城市务工就只是权宜之计，最终还要回到农村。农业转移人口的市民化意愿取决于农业转移人口市民化的成本与预期收益的比较。农业转移人口就业机会歧视和工资歧视直接降低了农业转移人口市民化的预期收益，从而降低了农业转移人口的市民化意愿。梅建明（2006）对武汉市进城务工人员的调查显示，在被调查的 782 名农业转移人口中，认为市民化最重要的因素是"有稳定的工作和收入来源"，占 58.44%；"有城市户籍"占 20.84%；"政府公平对待农业转移人口"占 5.75%；"有社会保障"占 4.73%[1]。姚远（2012）对西安市进城务工人员的调查显示，在被调查的 203 名农业转移人口中，只有 14.7% 的农业转移人口希望永久在城市就业和居住，而 80% 的农业转移人口表示进城的目的就是"打工赚钱"而不是融入城市，表明了农业转移人口的市民化意愿非常低[2]。才国伟、张学志（2011）的研究表明，农业转移人口的城市归属感、收入水平对其城市定居决策具有显著的正向影响。农业转移人口的城市归属感与其工资收入水平显著正相关，与其合意收入缺口显著负相关。农业转移人口在城市就业收入水平低下，直接导致他们城市生活质量的降低和生活压力的加大，进而导致其城市归属感降低。农业转移人口合意收入缺口越大，现有工资水平距离心目中理想收入的差距越大，将直接导致其城市

---

① 梅建明：《进城农民的"农民市民化"意愿考察——对武汉市 782 名进城务工农民的调查分析》，载于《华中师范大学学报》2006 年第 11 期，第 10～17 页。

② 姚远：《农民工市民化意愿与我国城市化道路选择》，载于《法制与社会》2012 年第 8 期，第 204～205 页。

归属感降低①。

6.2.2　就业歧视削弱了农业转移人口的城市定居能力

农业转移人口在城市定居的能力，包括稳定的就业收入、固定的住所、一定的文化技能素质、社会保障以及子女教育等。就业歧视使得农业转移人口只能进入工作条件差、劳动强度大、工资和福利待遇低的行业，获得较低的就业收入。有限的就业收入直接制约了农业转移人口在城市的居住条件、生活质量、子女受教育条件以及自身的发展空间。在城市能否拥有住房与收入是密切相关的，有限的就业收入降低了农业转移人口的住房支付能力，因此，大多数农业转移人口自己租房或住单位提供的宿舍，而只有很少的农业转移人口拥有自己的固定住所。国务院发展研究中心课题组"农民工市民化"调查显示，在参与调查的农业转移人口中，34%的农业转移人口自己租房，35.5%的农业转移人口居住单位提供的集体宿舍，只有13.2%的农业转移人口居住自购住房②。随着农业转移人口收入水平的提高，近年来在城市购买住房的比例虽有所上升，但仍处于较低水平，购买保障性住房和租赁公租房的比例更低。国家统计局发布的《2016年农民工监测调查报告》显示，在进城农业转移人口中，租房居住的农业转移人口占62.4%，购房居住农业转移人口占17.8%，单位或雇主提供住房的农业转移人口占13.4%，以其他方式解决居住问题的农业转移人口占6.4%，购买保障性住房和租赁公租房的农业转移人口不足3%。在文化技能素质方面，由于不平等的基础教育和职业培训歧视，农业转移人口的文化素质和技能素质偏低，使得农业转移人口的就业选择面非常狭窄。在社会保障方面，由于社会保障方面的制度歧视以及农业转移人口就业收入的制约，大多数农业转移人口被排除在城市社会保障体系之外，失去了在城市的安身立命

①　才国伟、张学志：《农民工的城市归属感与定居决策》，载于《经济管理》2011年第2期，第158～168页。

②　国务院发展研究中心课题组：《农民工市民化——制度创新与顶层政策设计》中国发展出版社2011年版，第111～112页。

之本。同时，也使得农业转移人口无法摆脱仍然在一定程度上承担着保障功能农村土地的羁绊，这显然阻碍了农业转移人口的市民化。在子女教育方面，由于长期以来城乡教育资源分配的制度歧视以及农业转移人口就业收入的制约，农业转移人口子女无法在城市获得良好的教育资源，而子女教育条件好是城市户口最吸引农业转移人口的内容①。

6.2.3　城市社会歧视阻碍了农业转移人口的城市社会融入

首先，城市政府对农业转移人口的偏见。由于长期城乡对立形成的根深蒂固的偏见，当大量农业转移人口进城时，地方政府往往只看到了农业转移人口进城的负面影响，如导致城市就业率下降、增大城市管理成本等，而忽略了农业转移人口进城为城市社会发展所做出的贡献，对农业转移人口采取了约束和排斥的政策，而不是支持和服务的政策。城市管理者的歧视无疑成为农业转移人口早日融入城市社会真正成为市民的一大障碍。

其次，城市居民对农业转移人口的歧视与排斥。"农民工"这一称谓不仅是对农业转移人口身份与职业相分离的形象描述，也体现了城市居民对农业转移人口的歧视。长期以来，由于我国各种城市优先的制度和政策，城市居民在享有超国民待遇的同时也形成了自我优越意识，将农民视为低等公民而加以歧视和排斥。当大量农业转移人口进城就业时，城市居民往往忽视了农业转移人口为城市经济发展和方便市民生活等方面所做的贡献，只看到了农业转移人口进城所带来的负面影响，如与市民争夺就业机会、挤占城市公共资源、城市治安问题增多、农业转移人口不良生活方式对城市居民日常生活的影响等，从而对农业转移人口采取歧视或排斥的态度。

最后，农业转移人口的超时劳动压缩了他们的社会参与时间，阻断了农业转移人口与市民的交流和互动，加大了农业转移人口与城市居民

---

① 国务院发展研究中心课题组：《农民工市民化——制度创新与顶层政策设计》中国发展出版社 2011 年版，第 128～129 页。

的相互了解和认同的难度。由于超时劳动是大多数农民的工作常态，使得农业转移人口的社会参与时间极为有限，同时，农业转移人口在城市的社会交往基本上以血缘、地缘为纽带，社会交往圈子往往只局限于同类人，缺少与城市居民的交流、沟通和相互了解，再加上城市社会对农业转移人口的排斥，使农业转移人口难以与城市主流社会、主流文化相融合。城市社会对农业转移人口的歧视和排斥，人为地造成了农业转移人口和城市社会的对立，阻碍了农业转移人口的正常市民素质的形成，诱发了农业转移人口对城市的认同危机和心理危机，加剧了农业转移人口的逆反心理和对立情绪，从而阻碍农业转移人口的市民化进程。

6.3　农业转移人口就业歧视的成因

6.3.1　相关制度的制约

6.3.1.1　城乡二元户籍制度

新中国成立后，我国推行了重工业优先发展战略，这是中国城乡歧视性就业政策形成的直接根源。重工业的资本有机构成高，其单位资本吸纳劳动力的能力相对有限，推行重工业发展战略必然会牺牲掉大量的就业机会，在劳动力供大于求的情况下，使得城市的就业压力日趋加大。蔡昉的研究表明，在 1952 ~ 1980 年期间，中国对重工业和轻工业的累计投资分别为 3742 亿元和 394 亿元，由于投资过于偏重重工业，以致减少了 40% 的就业机会[①]。如果不进行干预就会产生过高的城市失业率，进而影响社会稳定，因此，国家不得不针对就业问题做出相应的安排，于是城乡二元户籍制度应运而生。

---

① 蔡昉：《中国城市限制外地民工就业的政治经济学分析》，载于《中国人口科学》2000 年第 4 期，第 1 ~ 10 页。

1958年1月9日全国人民代表大会常务委员会第九十一次会议通过了《中华人民共和国户口登记条例》，标志着中国城乡二元户籍制度的诞生。该户籍制度人为地把全国公民分为两类：一类是拥有城市户口的城市居民，享有只有城市居民才能享有的在城市就业、居住、教育、社会保障、福利待遇、选举等多方面的经济政治权益；另一类是拥有农村户口的农民，不享有城市居民享有的多种权益待遇，而且不能自由向城市迁移，从而造成了城乡居民身份和社会地位的不平等。城乡二元户籍制度通过对农民身份的固定和居住地的约束，有效地将农村人口控制在城市体制之外，使得大量农村劳动力无法进入城市就业，从而相应地建立起以保障城市劳动力充分就业为目标的排他性劳动就业制度，以及城市居民优先的教育、住房、社会保障、政治参与权等一系列排他性制度。至此，城乡二元户籍制度体系，剥夺了农村人口的自由迁徙权利，也形成了基于户籍性质的公民权益的不平等。

改革开放以来，随着改革的深入和社会主义市场经济体制的建立及日趋完善，城乡二元户籍制度的弊端日益凸显，它从根本上阻碍了农村剩余劳动力向城市的流动，造成了严重的城乡分割，形成了城乡隔绝的双重劳动力市场。为适应经济社会发展的需要，国家对户籍制度进行了多次调整和改革，逐步放宽对户籍迁移和人口流动的限制，并对基于户籍制度的就业、住房、教育等制度体系进行了一定程度的改革，在一定程度上促进了城乡劳动力资源的合理流动。但从根本上说，这些改革仍然是局部、渐进性的而非根本性的。对于绝大多数在大中城市务工的农业转移人口来说，当前户籍制度仍然是他们定居大中城市的重大制度障碍。而且更为重要的是，当前户籍制度依然具有控制社会资源配置和维护城乡居民身份及权益差别的职能，继续维护着城市优先的就业、教育、住房、社会保障等一系列制度安排。农业转移人口虽然可以进城务工，但他们仍然无法进入只有城市劳动力才可以进入的工作环境轻松、待遇优厚的行业，而只能进入脏、险、苦、累的低收入行业，承受着同工不同酬的就业待遇，承受着高强度的体力劳动和巨大的工作风险，在职业培训、社会保障和子女教育等方面仍然不能享有平等的国民待遇。二元户籍制度因其存续时间之长、限制作用之强、影响程度之深远，构成了农业转移人口就业歧视的直接根源。

6.3.1.2　城市优先的就业制度

新中国成立后，国家将就业工作的重心放到了城市，就业资源配置向城市居民倾斜，形成了城市优先的就业制度，农村劳动力的就业则一直游离于国家就业体制之外，长期遭受着不公正的就业待遇。为了有效控制劳动力从农村流向城市，保护城市工业以及城市劳动力充分就业，早在1952年，政务院就做出《政务院关于劳动就业问题的决定》，提出"必须大力说服农民，以克服农民盲目地向城市流动的情绪"。1957年，国务院通过了《关于各单位从农村招用临时工的暂行规定》，规定城市各单位的劳动调配必须纳入计划，通过劳动部门统一调配，一律不得私自从农村中招工和私自录用盲目流入城市的农民，招用临时工必须尽量在当地城市中招用并需经中央主管部门或省、市和自治区政府批准。农业社和农村中的机关、团体也不得私自介绍农民到城市和工矿区找工作。1965年国务院发布了《关于改进对临时工的使用和管理的暂行规定》，规定："凡是用工地点在城市的，应当首先从适合条件的、城市需要就业的劳动力中招用，解决不了时再从农村招用。企业不得自行动员使用民工，需要动员民工的时候，须经当地人民委员会批准"。至此，我国逐步形成了以政府统包统配和固定工制度为主要特征的劳动就业制度，该项制度适应了重工业优先发展战略的要求，对于促进经济建设、加快工业化进程、稳定社会秩序起到了一定的积极作用，但由于其脱离劳动力供求实际，排斥市场机制作用，造成企业效益低下、劳动力资源严重浪费以及城乡劳动力市场分割，严重束缚了生产力发展。

改革开放以来，我国就业政策经历了多次调整和改革，对农业转移人口进城就业依次采取了反对、允许、控制规范和支持等不同的政策[1]。第一，反对农业转移人口进城就业时期（1979~1983年）。家庭联产承包责任制的施行促进了农业劳动生产率的提高，农业剩余劳动力大量涌现出来。同时，乡镇企业的迅速发展提出了对劳动力的需求。这

---

[1]　葛信勇：《农民市民化影响因素研究》，西南大学博士学位论文，2011年。

一时期，国家就业政策主要是鼓励农村劳动力在乡镇企业就业，而严格控制农民进入大中城市就业。1980年，国务院发布了《关于进一步做好城镇劳动就业工作的意见》，提出要严格控制农村人口盲目流入大中城市，压缩和清退来自农业的计划外工人，农村招工需经省级人民政府批准。第二，允许农业转移人口进城就业时期（1984～1988年）。这一时期，国家允许农民进入城镇务工和办服务业，以及国营企业招用农村劳动力。1984年10月，国务院发布了《关于农民进入集镇落户问题的通知》，允许符合条件的农民在自理口粮的情况下迁入城镇落户。1986年10月，国务院颁布了《国营企业招用工人暂行规定》，允许国营企业招用符合条件的农村劳动力。第三，控制和规范农业转移人口进城就业时期（1989～2000年）。这一时期，农村改革效应基本释放出来，农业丰产不丰收问题日益凸显，出现了农村剩余劳动力大规模进城务工的"民工潮"，给交通运输、城市社会治安、城市市容管理和卫生管理等各方面带来新的压力和困难，再加上严峻的城市下岗职工问题，国家开始严厉限制农业转移人口进城就业。1989年4月，民政部、公安部发出的《关于进一步做好控制民工盲目外流的通知》中，明确指出"各地人民政府要坚决贯彻国务院办公厅关于严格控制民工盲目外出的紧急通知精神，采取有效措施严格控制当地民工盲目外出"。1994年11月，劳动部颁布的《农村劳动力跨省流动就业管理暂行规定》规定：只有在本地劳动力无法满足需求的情况下，用人单位才可以跨省招用农村劳动力。显然，该项规定的宗旨是优先满足当地劳动力就业需求，而限制外来农业转移人口，是国家传统歧视性就业政策的延续。相应地，1995年以后，上海、北京等很多大城市纷纷制定了外来劳动力分类管理政策，对就业工种、专业、人数、使用期限作了全方位和严格的规定。这一时期，由于国家政策的严厉限制，农业转移人口进城就业的制度性障碍迅速加大、增多，使得农业转移人口就业歧视公开化和制度化。第四，支持农业转移人口进城就业时期。进入21纪以来，国家相继出台了一些支持农业转移人口进城就业的政策。2003年1月，国务院颁布了《国务院办公厅关于农民进城务工就业管理和服务工作的通知》，要求取消对农民进城务工就业的不合理限制，解决拖欠和克扣农业转移人口工资问题，做好农业转移人口培训和农业转移人口子女教育工作。2004 年 7 月，国家发改委等 9 部委联合发布了《关于进一步清理和取消针对农民跨地区就业和进城务工歧视性规定和不合理收费的通知》，明确要求全面清理针对农民跨地区就业和进城务工的各种歧视性规定；进一步清理针对农民跨地区就业和进城务工的行政事业性收费；做好农民跨地区就业和进城务工培训工作。2006 年 3 月，国务院发布了《关于解决农民工问题的若干意见》，提出了解决农业转移人口问题的指导思想和基本原则，以及全面解决农业转移人口问题的具体措施。此后，各地方政府按照国家规定要求，着手清理针对农业转移人口就业的歧视性规定和不合理收费，一定程度上抑制了针对农业转移人口的就业歧视。但由于我国实行统一决策、分级管理的体制，地方政府的目标函数往往不同于中央政府，从而使国家政策难以落到实处。一些地方政府在就业政策的安排上，对外来劳动力更多的是排斥和抑制，而非鼓励和支持。因此，农业转移人口就业歧视问题难以在短期内得到根治。

6.3.1.3 城乡教育资源分配不公平

在劳动力市场上，农业转移人口自身受教育水平低，文化素质和劳动技能普遍较差，他们的劳动生产率水平普遍较低，在与城市劳动者的就业竞争中处于不利地位，当农业转移人口进入城市劳动力市场后，只能在从属部门寻求就业并接受比较差的就业待遇。值得思考的是，为什么农业转移人口的劳动生产率水平低于城市劳动者的水平？依据前劳动力市场歧视理论，不同群体的劳动生产率的不同源自于人力资本的歧视性投资：国家或社会的歧视性投资以及被歧视群体的自我歧视性投资。在中国，农业转移人口在进入劳动力市场之前就遭受到了不平等待遇，由于国家公共教育资源在城乡间的不公平分配，农村居民并没有获得与城市居民平等的受教育机会，他们的受教育水平自然普遍低于城市居民，所以他们的劳动生产率水平低于城市劳动者的劳动生产率也就不足为奇了。由于人力资本积累是一个长期的过程，因此，教育对于人的影响是极为深远的，教育的不公平不仅造成了当前一代农业转移人口的就业歧视，而且由此带来的人力资本差距的代际效应还将影响到农业转移人口的下一代。

新中国成立初期，国家比较重视全体国民教育，实行的是高度集中的教育管理模式，教育经费基本依赖中央政府预算内的财政拨款，中小学教育收取少量的学杂费。改革开放以后，伴随着经济体制改革的深入，国家教育体制进行了全面的改革，国家的教育重心逐渐向城市倾斜。1985 年，国家出台了《中共中央关于教育体制改革的决定》，提出把发展基础教育的责任交给地方，有步骤地实行九年制义务教育，实行基础教育分级管理原则。从 1985 年起，国家财政取消了对农村每个中学生 31.5 元、小学生 22.5 元的教育拨款，改为农民在"三提五统"中支出。1986 年 9 月，国务院颁布的《关于实施〈义务教育法〉若干问题的意见》规定："在城镇，义务教育设施应当列入城镇建设规划。凡国家举办的中小学新建、扩建校舍所需的投资，按学校隶属关系，列入主管部门基本建设投资计划，并予以照顾。农村中小学校舍建设投资，以乡、村自筹为主。"该规定表明国家教育体制只承担了城镇中小学的义务教育，而广大农村中小学的义务教育则只能依靠农民自己的力量来举办。农村义务教育经费主要由乡村自筹的政策导致农村教育经费的严重短缺，严重制约了农村基础教育的发展，直接导致了农村人口受教育水平的低下。

20 世纪 90 年代以来，国家逐渐加大对教育的投入力度，但国家教育资源在城乡之间的分配仍然是不均衡的。从城乡生均教育经费上比较，1995 年以来，尽管全国农村义务教育生均预算内经费的年均增长速度均高于城市，但小学、初中生均预算内经费的城乡之比在 2006 年之前始终维持在 1.2∶1 以上（见表 6 – 9）。2009 年，农村地区普通小学生均财政预算内教育事业费较全国平均水平低 157.9 元，普通初中生均预算内教育事业费较全国平均水平低 180.8 元；从城乡生均教学仪器设备价值上比较，小学生均教学仪器设备价值农村为 222 元，城乡之比为 1.62∶1；初中生均教学仪器设备价值农村为 467 元，城乡之比为 1.84∶1[①]。由于

① 冯云：《中国教育不平等对居民收入差距影响研究》，东北财经大学博士论文，2014年，第 44~43 页。

城乡间存在着巨大的发展差距，城乡间师资力量的差距更为严重。

城乡教育资源分配起点上的不公平，自然会影响结果的公平性。与城市劳动力相比，农村居民受教育程度普遍较低，劳动力素质长期难以提高，进城后只能进入城市劳动力不愿意进入的从属劳动力市场，从事技术含量低的体力劳动，接受较差的就业待遇。据2010年第六次全国人口普查资料显示，15岁及以上农村人口中，41.1%的人仅受过小学及以下教育，47.8%的人受过初中教育，8.7%的人受过高中或中专教育，2.3%的人受过大专及以上教育；15岁及以上城镇人口中，17.9%的人受过小学及以下教育，39.7%的人受过初中教育，24.1%的人受过高中或中专教育，18.3%的人受过大专及以上教育[①]。可见，农村人口的受教育程度普遍低于城市人口。尽管近年来农村人口的受教育程度得到了一定程度的提升，但仍然普遍低于城市人口。

表6-9　　　　　1995~2006年农村和城镇生均教育经费比较　　　单位：元

年份	农村初中	农村小学	城镇初中	城镇小学	初中城乡比	小学城乡比
1995	397.80	221.59	777.10	386.91	1.95	1.75
1996	447.02	253.53	846.59	435.42	1.89	1.72
1997	480.12	281.21	889.30	469.68	1.85	1.67
1998	485.82	310.58	904.53	511.33	1.86	1.65
1999	515.22	350.53	918.24	556.83	1.78	1.59
2000	539.87	417.44	977.23	642.79	1.81	1.54
2001	666.70	558.36	1125.33	821.56	1.69	1.47
2002	815.95	723.36	1282.75	1004.71	1.57	1.39
2003	889.69	823.22	1401.80	1140.34	1.58	1.39
2004	1101.32	1035.27	1568.37	1330.58	1.42	1.29
2005	1335.40	1230.26	1836.00	1533.77	1.35	1.25
2006	1763.75	1531.23	2217.46	1849.68	1.26	1.21

资料来源：作者根据全国第六次人口普查的数据计算所得。

———————————

① 根据全国第六次人口普查数据计算得出。

6.3.2 反就业歧视法律缺位

6.3.2.1 反就业歧视立法不完善

首先，目前我国还没有完备的反就业歧视法律体系。对我国劳动者平等权利保护最高位阶的法律是《宪法》，我国《宪法》规定："中华人民共和国公民有劳动的权利和义务。"平等就业权是公民的基本经济权利，但《宪法》并没有对平等就业加以明确规定，也没有关于就业歧视方面的规定。我国《劳动法》规定："劳动者享有平等就业和选择职业的权利。劳动者就业，不因民族、种族、性别、宗教信仰不同而受歧视。"《劳动法》对平等就业有了明确规定，列举式地规定了四种就业歧视的情况，但并没有涵盖基于户籍身份的就业歧视，因而针对农业转移人口的就业歧视不被视为非法，从而使一些机会主义企业有机可乘。我国《就业促进法》规定："农村劳动者进城就业享有与城镇劳动者平等的劳动权利，不得对农村劳动者进城就业设置歧视性限制。"较之《宪法》和《劳动法》，《就业促进法》对平等就业和就业歧视有了更为具体和明确的规定，明确提出了农业转移人口应当享有与城市劳动力平等的就业权利，不得对农业转移人口实施就业歧视，从而在法律层面上确立了针对农业转移人口的就业歧视将被视为非法。但《就业促进法》并不是旨在消除就业歧视的专门立法，关于判定就业歧视标准、就业歧视举证责任分配以及对实施就业歧视行为的具体惩罚措施等条款都缺乏配套的具体规范，可操作性不强。例如，《就业促进法》仅规定："违反本法规定，实施就业歧视的，劳动者可以向人民法院提起诉讼。"该法并没有涉及实施就业歧视行为的具体惩罚措施、专门受理就业歧视纠纷的机构和受歧视者如何得到救济等方面的内容。目前，我国还没有颁布《反就业歧视法》。

其次，与农业转移人口就业歧视有关的地方性法规的存在。按照法理，宪法、法律属于第一位阶的法，行政规章属于第二位阶的法，上位法的效力高于下位法，规章的制定是为了更好地执行法律。因此，行政规章必须在宪法、法律规定的范围内制定，不得与宪法和法律相违背，在规章与法律发生冲突的时候，应适用法律而非规章。我国《立法法》第七十八条规定："宪法具有最高的法律效力，一切法律、行政法规、地方性法规、自治条例和单行条例、规章都不得同宪法相抵触。"第八十八条规定："国务院有权改变或撤销不适当的部门规章和地方政府规章。"一些部门和地方政府出于自身利益考虑，出台了一系列违反宪法和法律精神的歧视性就业法规，由于我国没有建立违宪审查制度，这些部门法规和地方政府规章未能得到及时的撤销和清理，这是维持现有就业歧视现象的一个重要的制度性原因。

由于我国反就业歧视法律体系的不完备，上海、武汉等一些城市的地方政府都颁布了自己的地方性规章，均存在着针对外来劳动力的歧视性就业条款。这些歧视性规章直接违背了《宪法》规定的公民人人平等精神和《劳动法》等法律规定的劳动者平等就业的权利，在制度上造成并继续维持着农业转移人口就业歧视现象。上海市劳动和社会保障局 2001 年 3 月颁发的《关于进一步加强本市外来人员就业管理的意见》规定，上海禁止使用外来人员的工种：党政机关、企事业单位、社会团体的各类工勤人员；社会公益性的保洁、保绿、保养、保安人员；物业管理从业人员；各类商店营业员；机场、车站、码头清洁工。上海市就业促进中心 2001 年 3 月施行的《关于本市单位使用外来人员前必须先招本市劳动者的实施细则》规定："本市单位使用外来人员应本着'先城镇、后农村，先本市、后外地'的原则，首先应做好招聘本市城镇失业人员、协保人员的再就业工作；其次做好下岗职工的余缺调剂；再次组织郊县农村富余劳动力替代，以促进本市劳动者的充分就业。……本市经济性裁员的单位，……不允许使用外来人员。"

可见，由于我国尚未施行《反就业歧视法》，致使农业转移人口就业歧视的司法认定和惩罚措施都无据可依，从而针对农业转移人口的就业歧视行为可以公然存在。同时，尽管随着改革的逐渐深入，大量歧视农业转移人口的部门规章以及地方政府的歧视性政策在逐渐退出历史舞台，足以令人欣慰。但由于违宪审查制度的缺位，杜绝此类歧视性规章制度的存续并没有制度上的保障，以致仍然有一些地方政府在执行歧视农业转移人口的就业政策，从而使得农业转移人口就业歧视仍然在不同地区不同程度地存在着。

6.3.2.2　农业转移人口就业权益缺乏法制保障

首先，我国缺乏专门的反就业歧视机构。我国现有的就业权保护机构有劳动保障部门、法院、仲裁机构和工会，但在这四部门中并没有专门保护劳动者就业机会平等、受理就业歧视纠纷的机构。在美国，具有专门的反就业歧视机构——公平就业机会委员会和联邦合同执行程序办公室。公平就业机会委员会是司法部的一个分支机构，它负责强制实施大多数公平就业机会法律，如《1964 年民权法》第七章、《1967 年反雇佣年龄歧视法》《1990 年美国残疾人法案》第一章等。联邦合同执行程序办公室主要负责行政命令的执行。中国香港有三条旨在消除劳动力市场歧视的反歧视条例，即《性别歧视条例》《残疾歧视条例》和《家庭岗位歧视条例》，并有相应的法定机构监督其执行，即平等机会委员会。该委员会具体执行反歧视条例，致力于消除基于性别、婚姻状况、怀孕、残疾及家庭岗位而出现的歧视行为。实践证明国外的反就业歧视机构在提高执法效率、降低原告的诉讼成本和减轻法院的工作压力等方面起着不可或缺的作用。

其次，缺乏司法救济制度。《就业促进法》明确规定："违反本法规定，实施就业歧视的，劳动者可以向人民法院提起诉讼。"在现实生活中尽管有很多农业转移人口遭遇过各种形式的就业歧视，但真正因为就业歧视而诉诸法律的却是寥寥无几。面对就业歧视，农业转移人口基本上予以默认，这除了由于农业转移人口的法律意识较低以外，更主要的是存在着诸多障碍因素导致诉讼成本过高。其一，我国法律并没有关于就业歧视的明确判定标准。在法律没有明确规定的情况下，司法机关不愿意受理此类案件，因为即使受理了也很难找到法律依据支持农业转移人口的诉讼。其二是举证责任的分配。在我国现行法律制度下，一直推行"谁主张谁举证"的原则，作为弱势群体的农业转移人口很难掌握有说服力的证据，而雇主要掩饰证据却很容易，所以这一举证责任分配原则造成了农业转移人口的诉讼成本过高。其三，诉讼的经济成本较高。当事人的诉讼成本包括案件诉讼费、律师费、交通费、为诉讼付出时间和精力所致的机会成本等。而法院审理案件所需时间往往比较长，农业转移人口要为之付出很多的时间和精力，而且即使官司赢了能不能执行还是个问题。最后，现行法律并没有明确规定实施就业歧视行为的具体惩罚措施，农业转移人口很难通过法律救济手段维护自己的平等权益。所以，处于弱势地位的农业转移人口很难通过诉讼途径解决就业歧视问题。

6.3.3　农业转移人口的自身素质欠缺

6.3.3.1　农业转移人口的就业素质及文化素质偏低

由于城乡基础教育和职业培训资源分配的不公平，我国农村劳动力的文化素质和劳动技能素质明显低于城市劳动力。尽管进城就业的农业转移人口的文化素质和劳动技能素质一般要略高于农村劳动力，但仍然显著低于城市劳动力，这大大限制了他们的职业选择空间，只能从事城市劳动力所不愿意从事的低技术含量的粗重体力劳动职业。浙江大学LEPP 研究中心"理顺劳动关系，创建和谐企业"课题组于 2007 年 4 ~ 5 月在浙江省实施的企业问卷调查显示，被调查城市工的平均受教育年限为 13.33 年，而被调查农业转移人口的平均受教育年限为 10.19 年，农业转移人口的平均受教育年限均比城市工低 3 年左右[1]。王杰力于 2012 年 8 月在辽宁省部分城市针对城乡劳动力基本就业状况的调查显示，城市工具有高中及以上学历的人占 51.4%，而农业转移人口具有高中及以上学历的人仅有 29.7%；在 2009 ~ 2011 年参与过企业组织的技能培训人中，农业转移人口占 44.1%，城市工占 52.1%；农业转移人口的工作经验平均为 5.7 年，而城市工平均为 9.31 年[2]。此外，大多

---

①　赵俊杰：《城乡户籍工资差异研究——基于人力资本视角的分析》，浙江大学硕士学位论文，2009 年。

②　王杰力：《中国农民工就业歧视问题研究》，辽宁大学博士学位论文，2013 年。

数农业转移人口的职业技能比较单一，而且不善于通过自我学习或参加技能培训来提升自己的劳动技能，从而很难实现从非技能劳动力市场向技能劳动力市场转变。

在劳动力市场上，当雇主无法准确衡量求职者个人实际生产率或信息获取成本过高时，会利用求职者所属群体的典型特征来判断其实际生产率水平并根据这一主观判断作出雇佣决策，由此产生了针对弱势群体成员的统计性歧视。由于农业转移人口的就业素质和文化素质偏低，他们在城市企业乃至城市政府心目中就被打上了低生产率的烙印，从而他们在与相同生产率的城市劳动力进行就业竞争时就受到了系统性的不同对待。当农业转移人口预期自己将来在劳动力市场上要遭受歧视时，他们将作出减少人力资本投资数量的决策，由此形成低就业素质及文化素质的恶性循环。

6.3.3.2 农业转移人口缺乏维权意识和维权能力

第一，农业转移人口缺乏自我保护和维权意识。尽管农业转移人口作为产业工人的重要组成部分在日益成长壮大起来，但农业转移人口仍然是城市社会中相对困难的弱势群体。由于自身的文化素质和法律意识偏低，农业转移人口普遍缺乏维权意识。首先，由于法律意识欠缺，大量农业转移人口无意识与雇主签订劳动合同，即使签了合同也不知道自己应该有哪些合法的权利。因此，在他们的合法权益受到侵害时往往意识不到。其次，在农业转移人口集中的低端劳动力市场供大于求的局面下，农业转移人口十分在意用以维持温饱的工作，所以在面对歧视及权益受损时往往忍气吞声，而不会采取相应的法律措施保护自身权益，由此农业转移人口就业歧视得以日益蔓延。最后，农业转移人口在合法权益受到侵犯时不知道如何去维权。农业转移人口对相关维权的法律法规、程序、途径不熟悉，在合法权益受到侵害时没有及时采取维权措施而导致超过仲裁时效或诉讼时效的情况经常发生。

第二，农业转移人口组织化程度低，维权能力低下。当前，我国正处于社会转型时期，各种社会利益矛盾普遍存在，各个社会阶层一般都拥有自己的组织机构，通过组织化渠道表达自身利益诉求和维护合法权益。工会是职工自愿结合的工人阶级的群众组织，工会代表职工的利益，依法维护职工的合法权益。然而，目前我国农业转移人口的工会组织化程度很低，很多农业转移人口游离于工会组织之外。这主要是因为：第一，现有的制度设置没有为分散、流动性强的农业转移人口提供组建工会的制度空间。我国现行《工会法》并没有对农业转移人口组建工会进行专门的规定。农业转移人口群体的特点是分散、流动性强，与雇主或单位的劳动关系很不稳定，因此，没有正式单位的农业转移人口是很难组建工会组织的。第二，农业转移人口的集体意识和组织意识有限。多数进城农业转移人口并没有在城市长久生活的预期，小农意识和乡土气息浓重的农业转移人口对于阶层整体利益的关心远远弱于对个人利益的关心，尚不具备基本的阶层意识以及产业工人所应有的组织性和纪律性。由于无法加入工会组织，一些农业转移人口自发组织了一些如"同乡会"等形式的非正式维权组织，但这些主要以地缘、血缘为纽带的组织，在维护农业转移人口权益方面发挥的作用比较有限。因此，农业转移人口无法实现组织化的利益诉求表达和合法权益维护，只能接受歧视、排斥以及权益被侵害的现实。

6.4　农业转移人口市民化中就业歧视问题的解决对策

6.4.1　构建促进农业转移人口公平就业的相关制度体系

6.4.1.1　深化户籍制度改革

随着我国市场经济体制日趋完善，城乡二元户籍制度已经成为我国经济社会发展的严重障碍。首先，城乡二元户籍制度违背了市场配置资源的基本原则，致使大量过剩劳动力滞留农村，严重制约了国民经济的健康发展。其次，城乡二元户籍制度长期剥夺了农民在教育、就业、社会保障以及政治权利等领域的国民待遇，造成了巨大的城乡不平等；由于户籍制度的限制，大量农业转移人口在就业机会和就业待遇等方面遭受了不应有的歧视；农业转移人口因为户籍障碍而无法转化为市民，直接阻碍了我国的城市化进程。因此，深化户籍制度改革，取消身份差别，还农民应有的国民待遇，不仅对解决农业转移人口就业歧视问题至关重要，也是我国经济发展与社会进步的必然要求。改革开放以来的数次户籍制度改革基本上是技术层面的，并没有实现对户籍制度本身的根本性变革。当前户籍制度存在着诸多的弊端，已经无法适应社会主义市场经济发展的要求，因此，必须对其进行根本性的改革。

1. 完善户籍制度立法

首先，修改《宪法》，重新确立公民享有"自由迁徙和居住的权利"，取缔一切违背宪法精神的户籍政策。其一，迁徙自由是经济社会发展和人类文明进步的必然要求。生产要素自由流动是市场经济的基本原则，随着我国市场经济体制的日益完善和我国经济日益融入全球化进程，劳动力自由流动是不可逆转的必然趋势。迁徙自由是公民的一项基本权利，是公民追求幸福生活、实现人生价值的基本条件，也体现了一个国家公民权利的实现程度以及社会文明程度。1949 年《中国人民政治协商会议共同纲领》和 1954 年《宪法》都规定了公民有居住和迁徙的自由，虽然这一基本公民权利被 1975 年《宪法》所取消，但当时全国粮食紧张的特殊历史背景早已不复存在，鉴于迁徙自由对经济社会发展的重要意义以及对公民基本权利的尊重，应该尽快修改《宪法》以重新确立公民的迁徙自由权利。其二，重新确立公民迁徙自由也是中国与国际接轨和承担国际义务的必然要求。1966 年，联合国通过的《公民权利和政治权利公约》的第 12 条规定："合法处在一国领土内的每一个人在该领土内有权享受迁徙自由和选择住所的自由。"1998 年 10 月，我国签署了该公约并承诺尽快予以施行。因此，中国需要向国际社会兑现承诺，恢复公民迁徙自由的权利。

其次，尽快制定《户籍法》。市场经济是法治经济，一切行为都必须有法可循、依法行事。目前世界上很多国家都建立了完备的户籍法，如新加坡的《国民注册法》、挪威的《人口登记法》、荷兰的《人口登记皇家法案》等。相比之下，中国至今尚无一部符合市场经济要求的户籍法，现行的户籍管理仍然沿用 1958 年出台的《中华人民共和国户口登记条例》（以下简称《户口条例》），尽管《户口条例》诞生时就违背了 1954 年《宪法》，但因我国没有违宪审查制度而延续至今。《户口条例》剥夺了公民的自由迁徙权利，造成了我国城乡居民身份和社会地位的不平等以及经济社会发展的巨大城乡差别。计划经济背景下的《户口条例》中的许多条款早已不适应当前我国经济社会发展的现实需要，《户口条例》中的部分内容已经与我国的《刑法》等法规相抵触，各地出台的户口迁移政策和《暂住证申领办法》等早已突破了《户口条例》中的相关内容。改革开放以来，尽管国家出台的多项户籍政策促进了我国户籍制度的变革，各级地方政府也纷纷出台了多项地方性户籍改革措施，但事实上存在着朝令夕改、缺乏稳定性和连贯性的遗憾。因此，我国应该尽快制定一部适应我国社会主义市场经济需要，具有中国特色的户籍法，将户籍管理纳入国家法制规范。就当前形势来看，我国《户籍法》应该包括以下内容：公民迁徙自由；取得入籍资格的基本条件包括在拟入籍地有稳定的住所，或有稳定的收入，或有直系亲属、监护人承担赡养、抚养、监护的义务；取得某地户籍后，公民在租用或购买住宅、受教育、求职、工作、婚姻、生育、参与社会公共政治生活等方面享有平等权利①。

2. 实行一元户籍制度

在国际上，发达市场经济国家的户籍制度职能集中体现在人口的统计和管理上，只证明公民身份以及为政府制定各项制度政策提供数据和相关基础性信息，而不涉及任何社会评价内容，也不体现任何社会身份地位差别。在中国，现行的二元户籍制度，把我国公民划分为"农业户口"和"非农业户口"，赋予城乡居民不同的身份等级，享有极不平等的公民权利，人为地造成了巨大的社会不平等，是一种典型的歧视性制度。农村居民被剥夺了迁徙自由的权利，无法与城市居民平等地获得就业、教育、医疗、住房、社会保障等基本公民权利，成为事实上的二等

---

① 《制定〈户籍法〉推进户籍管理改革》，载于《人民公安报》2003 年 3 月 15 日。

公民。可以说我国的二元户籍制度是包括农业转移人口就业歧视在内的诸多社会不平等现象的总根源，该制度的继续存在，既与世界文明相悖也日益阻碍我国社会主义市场经济的健康发展。

因此，要彻底改革我国的二元户籍制度，实行一元户籍制度。第一，取消农业户口与非农业户口歧视性的性质划分，在全国范围内实行统一的居民户口。第二，剔除附着在二元户籍制度上的各种福利功能，彻底切断社会资源分配与户籍之间的联系，在就业、社会保障、教育、住房等领域向全体公民提供平等的国民待遇。第三，由国家依法对公民户口进行登记管理，确认公民身份，使户籍制度恢复其国家对人口资源的统计和对社会实施有效管理功能的本来面目，推动户口管理向人口管理过渡。

3. 改革户籍转移制度

迁移行为是个人追求利益最大化的一种理性经济行为，迁徙自由是公民的基本权利。但迁徙自由也是有限度的，要受各种经济社会因素的制约。市场经济下的迁徙自由既以个人具有合法固定住所、稳定职业或收入来源为基本条件，也要受到为保持经济社会良性发展和维护社会秩序的政府规划的制约。个人追求利益最大化的自由流动要求和政府规划的管理要求，构成了市场经济体制下的人口迁移机制。

由于户籍转移受不同历史时期的政治、经济、社会发展水平的影响较大，对于处于经济转轨时期的中国来说户籍转移必然要综合考虑国家及各地的实际情况。因此，我国要改革当前的户籍转移制度，就要根据全国人口流动情况和各地实际情况，建立完善的迁入地准入制度。各地政府应遵循客观、公正、合理的流动原则，根据本地的自然情况、经济社会发展水平和城市综合承受力制定准入条件，即以公民的固定住所、稳定职业、收入来源、居住年限等实际条件作为准入条件，当申请迁入的农村居民符合这些条件或者基本符合这些条件时即可迁入城市。同时，农村居民可以根据自身情况和各地政府的迁移政策，自由选择由农村到城镇、中小城市、大城市及特大城市的迁移。由此推动流动人口的合理、有序、适度转移。

6.4.1.2 建立公平的劳动就业制度

1. 建立城乡平等的劳动用工制度

市场经济是开放、竞争、平等和法治经济，每个劳动者都有权自由选择职业在地区及行业之间自由流动，凭借自身人力资本在劳动力市场上展开平等竞争，由劳动力市场价格引导劳动力资源合理有序流动，最终实现劳动力资源的最优配置。对农业转移人口的就业歧视，一方面有悖于市场经济基本原则，降低了劳动力资源的配置效率；另一方面违背了联合国《人权宣言》和《经济、社会及文化国际公约》关于"人人有权自由选择职业"的规定，也违背了我国《宪法》和《劳动法》有关劳动者平等就业的精神。因此，必须对现行的城乡不平等就业制度进行改革，建立城乡平等的劳动就业制度。

第一，建立规范的市场化就业选择机制。国家应统筹规划和调控全国劳动力在城乡之间、地区之间及行业之间的合理、有序流动，充分发挥劳动力市场配置劳动力资源的决定性作用，促进劳动力市场价格机制的形成，形成农业转移人口自主择业，企业自主用工、公平竞争、双向选择的市场化就业选择机制。同时，各地方政府应摒弃地方保护主义，平等对待城乡劳动力，彻底取消针对外来务工人员的歧视性就业政策，不干预企业的市场化用工行为，保证各行业和工种要求的技术资格、年龄、性别及健康状况等职业准入条件的合理性、必要性和公平性，建立起所有劳动者公平竞争、择优录取的用工制度。

第二，建立农业转移人口工资保障制度。首先，建立以劳动生产率决定工资的机制，彻底消除户籍因素对工资差异的影响，保障农业转移人口与城市工人同工同酬。其次，建立农业转移人口欠薪保障制度。通过签订劳动合同、企业缴纳农业转移人口工资保证金制度以及拖欠农业转移人口工资惩罚制度，保证农业转移人口工资的按时足额获得。最后，建立农业转移人口最低工资保障制度。建立与经济发展及物价水平相联系的、反映劳动力市场变化的最低工资标准动态调整制度，以满足农业转移人口的最低生活保障。

2. 构建城乡统一的劳动力市场

依据劳动经济学原理，劳动力市场的不完善，如劳动力市场信息不完全、不完全竞争、劳动力流动障碍等是就业歧视的主要来源，就业歧视行为在完善的劳动力市场中终将被淘汰。因此，建立完善的劳动力市场是消除就业歧视的重要途径。新中国成立后，国家建立了计划经济体制，实行了城乡二元户籍制度和"统包统配"的就业制度，严格阻断了城乡之间的劳动力流动，形成了城乡分割的劳动力市场。改革开放以来尽管我国劳动力市场有了一定程度的发育，但全国统一、成熟的劳动力市场尚未形成。因此，应尽快建立全国统一的劳动力市场。

建立城乡统一的劳动力市场是一个涵盖多方面工作的系统工程。一是建立覆盖全国的现代化的劳动力市场信息网络系统，做好劳动力市场信息的采集、整理、储存、发布与咨询工作，充分及时地传递劳动力供求信息，尽力消除就业信息不对称问题；各级政府有关部门要加强信息搜集和发布工作，搭建用工信息共享平台，为农村劳动力就业提供准确、便捷的劳动力市场信息，引导劳动力合理有序流动，减少农村劳动力流动的自发性与盲目性，降低农村劳动力的就业搜寻成本。二是建立完善的劳动力市场服务体系，为农业转移人口和用人单位提供职业介绍、职业指导、职业培训、失业登记与求助、档案管理、代办社会保险以及组织劳务等服务；加强针对农业转移人口的政策咨询、求职登记、职业介绍以及就业指导等服务。三是加强和规范对劳动力市场的监督管理，逐步完善有关劳动力市场的组织规范和立法工作，加强劳动力市场执法力度，规范对职业中介的管理，打击各种违法用工行为，实现劳动力市场的规范化运行。

6.4.2　构建完善的反就业歧视法律制度

保障公平就业和反对就业歧视，是联合国公约和国际劳工组织公约所主张的基本劳工权利，中国作为联合国的缔约国以及国际劳工组织的成员国，有责任和义务遵守和实现这些劳工基本权利的各项原则。为了从根本上保障农业转移人口的基本就业权利，彻底消除就业歧视，我国应尽快构建完善的反就业歧视法律制度和组织体系。

6.4.2.1　制定专门的《反就业歧视法》

由于我国的现有法律还存在着诸如就业歧视界定不够明确，适用范围过窄，如农业转移人口就业歧视并不适用于《劳动法》的反歧视条款，以及实施歧视行为的企业所应承担的法律责任不够明确具体，歧视行为的违法成本过低等诸多缺陷，在反就业歧视方面所起的作用十分有限。我国应借鉴和吸收国际反就业歧视经验，立足我国国情，制定一部《反就业歧视法》，其内容应当包括以下几个基本层面：

（1）拓宽我国《劳动法》禁止就业歧视的适用范围。我国《劳动法》关于就业歧视的规定范围过于狭窄，仅包含性别、民族、种族和宗教信仰歧视四种类别。因此，禁止因民族、种族、性别、宗教信仰、户籍、社会出身、年龄、健康、容貌、学历等因素实施就业歧视，凡是我国公民的合法劳动就业行为均应受到《反就业歧视法》的保护。将农业转移人口就业歧视纳入法律禁止范围，使得消除农业转移人口就业歧视有法可依。

（2）明确就业歧视的判定标准，以判定合法就业限制与就业歧视。用人单位应该基于工作性质以及员工工作能力或与此相关因素对员工进行选择，科学界定真实职业资格，不得随意制定歧视性招聘标准。一般来说，除非特定行业，用人单位不得针对求职者与生俱来且无法改变的自然属性，例如性别、年龄、容貌以及社会出身等因素进行限制。但对于求职者经过后天学习训练而成的社会属性，例如知识、能力、经验等，用人单位可以提出合理且必要的限制。因此，既要保障农业转移人口在就业过程中享有平等的就业机会，又要保障雇主的合法利益，如果农业转移人口求职者的技能水平确实无法满足企业的要求，那么一味地保护农业转移人口的利益也是违背市场经济原则的。此外，要将反就业歧视贯穿整个雇佣过程的所有环节，如薪酬福利、劳动保护、职业培训、社会保险、解雇等环节中。

（3）合理分配就业歧视诉讼中的举证责任。雇佣实践中在与用人单位的力量对比上，农业转移人口处于绝对的弱势地位，往往很难提出有力的证据证明其确实遭受了就业歧视。因此，在歧视诉讼中的举证责任分担上，可以借鉴美国的举证责任倒置原则，即雇员首先证明自己符合资格要求但是未被雇用的事实，在雇员完成初步举证之后，举证责任转移到雇主，雇主必须提供一个合法的非歧视理由来证明其拒绝雇用的行为并不违法，否则就判定为歧视行为。采取举证责任倒置原则可以大大减轻农业转移人口的维权成本，提高农业转移人口维权的胜诉几率，有效遏制用人单位对农业转移人口的歧视。

（4）明确规定违法者的法律责任，制定具有可操作性的惩罚条款，提高违法者的违法成本。尽管我国现行法律规定了不得实施就业歧视行为，但我国法律并没有规定对就业歧视行为采取严厉的惩罚措施，企业的违法成本很低甚至为零，因此，在雇佣实践中，很多用人单位仍然故意实施歧视行为。《反就业歧视法》应当明确规定实施就业歧视行为用人单位的法律责任，包括民事责任、行政责任和刑事责任。用人单位要承担包括补偿性损害赔偿责任和惩罚性损害赔偿责任在内的民事责任，惩罚性赔偿责任使得用人单位的违法成本大大高于歧视行为所产生的"节约成本"，能够有效遏制歧视行为的发生；把用人单位的就业歧视行为列为一种行政违法行为，作为行政处罚的对象；如果用人单位的歧视行为严重到触犯了《刑法》，用人单位要承担相应的刑事责任。

6.4.2.2 设立专门的反就业歧视机构

在立法完备的同时，还需要建立专门的反就业歧视机构，来确保反就业歧视法律的实施效率。在美国、加拿大和荷兰都设有专门的平等机构，如美国的平等就业机会委员会、加拿大人权委员会、荷兰的平等待遇委员会分别负责执行指定的禁止就业歧视的法律，在消除就业歧视、促进就业平等方面发挥了极其重要的作用。在我国，农业转移人口等群体在劳动关系中属于弱势一方，他们在遭受就业歧视时缺乏足够的经济实力和充分的信息资源进行歧视诉讼活动。因此，可以借鉴美国、加拿大和荷兰的反就业歧视经验，我国也建立一个独立的保障平等就业的委员会，为农业转移人口提供免费法律援助，协助其开展反就业歧视诉讼或维权活动。该机构负责受理就业歧视投诉，针对歧视问题展开调查并召集雇佣双方进行协商和调解，协商不成的，可以帮助或代表农业转移人口向法院提起反歧视诉讼；对与就业歧视有关的问题进行研究并向公众发布指导性意见；就有关反歧视法律向政府、法院及社会公众提供分析和咨询，使平等和反歧视成为社会的主流意识。

此外，我国也可以借鉴荷兰发挥非政府组织作用的经验，积极倡导和支持反就业歧视的非政府组织的建立，赋予这些组织一定的权限，如接受就业歧视申诉、展开反歧视调查、进行调节、提起就业歧视诉讼等。发挥非政府组织的作用，可以有效解决就业歧视矛盾和争议，减轻司法机构的诉讼压力。

6.4.3　不断提升农业转移人口的就业素质

6.4.3.1　提升农业转移人口的就业技能素质和文化素质

农业转移人口就业歧视既是由于当前劳动力市场存在着歧视性制度，也是前劳动力市场歧视的累积性结果。农业转移人口在进城务工之前，由于国家教育、卫生保健和培训等公共资源在城乡之间的不公平分配，他们的人力资本投资就已经受到了歧视，即使当前劳动力市场制度性障碍完全消除，农业转移人口由于受到自身低人力资本水平的限制，大多只能在低技能低工资领域工作，而难以进入大型国有企业、高新技术行业以及金融、证券和保险等高端领域。面对新中国成立以来几十年的农业哺育工业和农村支援城市所造成的农民的劳动力市场歧视，国家在再分配制度安排中应当对农业转移人口给予适当补偿，以提升农业转移人口的人力资本水平，这既体现了社会公平和社会正义，也适应了当前我国工业化和城市化发展的要求。为此，国家应当加强对农业转移人口的教育、培训以及医疗卫生等方面人力资本投资的力度，尽快提升农业转移人口的就业素质和就业能力。

1. 加强农村基础教育投资

长期以来，国家教育资源投入严重向城市倾斜，农村居民无法享受到与城市居民同等的受教育权利，其受教育程度的低下决定了他们的文化素质和技能素质，决定了农村劳动力进城之后的就业境遇。因此，通过基础教育来提高农村劳动力的人力资本水平是提高农村劳动力非农产业就业竞争力及免受就业歧视的根本途径。首先，加强对农村基础教育的资金投入。农村基础教育作为一种公共产品，按照国际经验，政府理应作为投资主体。作为对历史欠账的补偿，中央财政应加大向农村尤其是贫困地区基础教育的转移支付力度，变以县为主体的教育财政投入体制为以省为主体的教育财政投入体制，加强省级财政对农村基础教育的支出力度。地方政府要多渠道筹措资金，不断改善农村地区基础教育的办学条件。其次，要注重提高农村基础教育的质量。高质量教育的关键是高素质的师资队伍，因此，要加强农村基础教育必须加强农村地区师资力量建设。要切实改善农村教师的工作生活待遇，吸引优秀教师到农村来，充实和优化农村教师队伍。同时，通过加强农村教师的培训，提高农村教师的理论素质和教学能力。此外，还要转变教育思想和理念，创新教育模式，加强学生的素质教育，促进农村劳动力素质的全面提高。

2. 加强农业转移人口的职业技能培训

加里·S. 贝克尔认为，在职培训能够增加人力资本存量，提高劳动生产率，为企业创造更多的利润，为国家创造更多的财富，同时受训者也会因此而受益[①]。当前，随着我国产业升级和技术创新步伐的日益加快，对劳动力素质和技能提出了更高的要求，而目前我国农业转移人口阶层的整体职业技能素质还远远未能适应这一要求。因此，必须加强对农业转移人口的职业培训，尽快提高农业转移人口的职业技能素质。首先，建立政府、企业和农业转移人口个人合理分担培训经费的投入机制。各级政府要转变观念，把农业转移人口问题作为一项重要的社会经济问题来抓，各级财政要把农业转移人口培训经费纳入财政经常性预算科目，并根据财力增长的情况不断增加投入力度。对于普遍适用性技能培训可以由政府负责组织并承担主要培训费用；对于特殊技能培训则交

① 李长安：《转轨时期农民工就业歧视问题研究》，中国社会科学出版社2010年版，第79页。

由用工企业组织安排，企业应根据农业转移人口的实际技能水平、岗位技能要求及企业自身经营状况等实际情况安排一定经费用于农业转移人口的技能培训，保证培训工作的落实。由于整体收入水平低，农业转移人口应承担适当比例的培训经费；此外，还要采取措施鼓励农业转移人口积极参与培训。政府应针对农业转移人口免费培训项目采取相关激励或惩罚措施，对不认真参与培训并未按期完成学业的农业转移人口，予以推迟上岗并追缴政府支付的培训费。对认真参与培训并取得优秀成绩或者职业资格证书的农业转移人口给予奖励或补贴，以此调动起农业转移人口参与培训的积极性。其次，整合社会教育培训资源，提高培训效率。目前，我国教育、劳动、农业、建设等部门以及民营培训机构都拥有丰富的培训资源，但由于缺乏有效的资源整合机制，这些培训机构各自为战，没有形成合力。政府要统筹负责农业转移人口的培训工作，整合利用现有的培训资源，提高农业转移人口培训的质量和效率。最后，坚持培训内容的市场化导向。培训专业、培训内容的设置要切合农业转移人口的实际，以适应和满足市场需求作为出发点将培训与就业紧密联系起来。培训内容既要面向现在的市场又要有前瞻性。政府要根据劳动力市场的需要，定期发布职业需求和职业技能方面的信息，引导培训机构的培训方向。

3. 切实保障农业转移人口的子女享有平等的受教育权利

长期以来，我国农民因未能享受平等的教育权而导致其人力资本水平低下，进而在政治地位和经济地位上均处于社会底层。从公平的角度来说，随着我国综合国力的大幅提升和社会的日益文明与进步，农业转移人口子女不应再遭受他们父母所经历的遭遇，他们理应享有平等的教育权。从发展的角度来说，农业转移人口子女无法接受应有的义务教育，势必直接影响到下一代劳动力的素质问题，也将影响到未来我国的工业化和城市化发展。因此，改善农业转移人口子女的教育状况，提高下一代农村户籍职工的文化程度，避免人力资本投资不足的代际传递，是非常必要的。

2006 年修订的《中华人民共和国义务教育法》规定："父母或者其他法定监护人在非户籍所在地工作或者居住的适龄儿童、少年，在其父

母或者其他法定监护人工作或者居住地接受义务教育的，当地人民政府
应当为其提供平等接受义务教育的条件。"2015 年修订的《中华人民共
和国义务教育法》明确了流动人口子女平等接受义务教育的权利，相对
来说这是一个重大进步，但尚未对流出地和流入地政府在流动人口子女
接受义务教育问题上的责任作出明确规定。

对流入地政府来说，首先，建立公平的入学准入机制，确保农业转
移人口子女享有公平的受教育权利。要把农业转移人口子女纳入整体教
育规划中，采取多种措施增加投入，充分挖掘及合理配置公办义务教育
资源，平等接纳农业转移人口子女在当地全日制公办中小学接受义务教
育，使农业转移人口子女在城市入学时，不再受户籍制度的限制。其
次，建立科学的农业转移人口子女学籍管理模式。由于农业转移人口群
体的流动性较强，农业转移人口子女因其父母流动而频繁转学的现象是
难免的。因此，教育行政部门应探索创新农业转移人口子女学籍管理模
式，准确、及时地掌握农业转移人口子女的学籍信息，做到信息共享，
为农业转移人口子女转学提供便利。最后，要倡导和支持社会力量兴办
农业转移人口子女学校，在招生管理、教育资源分配方面尽量确保其享
有与公办学校同等的待遇。对流出地政府来说，要把农村"留守儿童"
教育纳入农村教育中长期发展规划，为他们提供良好的义务教育，提高
他们的科学文化素质。

6.4.3.2 提升农业转移人口的维权意识和维权能力

当前，我国农业转移人口的利益诉求无法通过合法途径得到表达，
农业转移人口的就业权等权益得不到有效的保障。因此，改革相关制
度，提高农业转移人口的维权意识和维权能力的重要性日益凸显。

1. 增强农业转移人口的法律意识和维权意识

政府部门应加强与劳动行政部门的合作，针对农业转移人口较多的
行业以及农业转移人口自身的特点加强针对农业转移人口的普法教育，
积极培育农业转移人口的权利主体思想，增强农业转移人口的维权意
识；司法行政部门和法律援助机构要经常到农业转移人口集中的地区和
行业进行普法宣传，加强对企业的法制教育，规范企业的用工行为；采

取措施使更多的农业转移人口了解法律援助、劳动工资、工伤保险、劳动仲裁、民事诉讼等相关法律知识及所享有的合法权益，掌握维权的途径和方法，降低维权成本和提高维权效率。

2. 加强农业转移人口工会建设

当前，农业转移人口权益普遍容易遭受侵害，很大程度上源于农业转移人口的组织缺失，分散的农业转移人口个体无法通过组织化渠道来表达自身的利益诉求，无法与雇主及政府进行有效的沟通和谈判。因此，要真正保障农业转移人口合法权益，必须发挥农业转移人口工会组织的作用，做好农业转移人口的工会组织的建设工作，使其成为农业转移人口的利益代表和组织代言人。我国《工会法》规定，我国劳动者，不分民族、种族、性别、职业、宗教信仰、教育程度，都有依法参加和组织工会的权利，任何组织和个人不得阻挠和限制。当前，农业转移人口作为我国工人阶级的新成员和产业工人的重要组成部分，他们已经融入到社会化大生产中并成为先进生产力的代表，他们完全有权依法参加和组织工会。因此，国家有关部门应当采取措施加大在农业转移人口比较集中行业如建筑业、制造业等行业，以及农业转移人口比较集中的企业类型如私营、外资、合资企业中基层工会组织的建设力度，探索农业转移人口的工会组织形式和入会方式，支持农业转移人口加入工会，全面、准确、及时地表达农业转移人口的利益诉求，充分发挥工会组织的维权职能，依法维护农业转移人口的合法权益，切实改善农业转移人口的工作条件和工作待遇。

第7章

农业转移人口社会保障
问题及其破解路径

推进农村剩余劳动力合理有序转移，促进农业转移人口市民化可以为我国的经济转型升级提供人力资源支持，有利于减小城乡收入差距和推进城乡一体化。农业转移人口社会保障制度的完善有助于分散和化解工业化、城市化给农业转移人口所带来的经济社会风险，也有助于从根本上解决农业转移人口非永久性乡城迁移问题。由此可见，农业转移人口社会保障问题是我国城乡一体化建设进程中需要给予更多关注和有效加以解决的关键性问题之一。本章将以农业转移人口社会保障制度建设为切入点，试图对农业转移人口社会保障现存问题的制度性、深层次原因进行分析，探讨解决我国农业转移人口社会保障制度所存在问题的对策措施。

7.1 农业转移人口社会保障制度必要性分析

7.1.1 农业转移人口乡城迁移的经济社会风险分析

社会保障是一种强制性的国民收入转移支付制度，它是通过经济资源转移的方式为遭遇风险损失的个体提供安全保护，属于经济保障范畴。相对于传统农业社会，现代工业社会中的雇佣劳动者更容易因为激烈的社会竞争而遭受到各种经济社会风险所引发的损失。工业化给整个社会雇佣劳动者带来的养老、伤残、疾病、失业等新问题不可能继续通过传统的家庭、社区组织、慈善机构和行业协会等途径加以有效地解决，因此，制度化、规范化的现代社会保障制度便应运而生。无论是从风险的种类还是风险的程度来看，相对于传统的乡村社会，乡城迁移使农业转移人口所面临的经济社会风险具有扩大和增加的趋势。进一步来分析，相对于其他类型的雇佣劳动者，农业转移人口所面临的经济社会风险会更大。其原因在于：虽然农民有土地保障，但人均小规模土地的占有根本不能为非农就业的市场化风险提供充分保障。因此，为农业转移人口提供社会保障就更加重要。下面对乡城迁移过程中农业转移人口所面临的经济社会风险进行深入分析。

7.1.1.1　收入风险

农业转移人口收入风险主要有两层含义：第一，农业转移人口人力资本存量不高制约了其收入水平的提高；第二，工资收入缺乏正常的增长机制。农业转移人口收入风险产生的主要原因在于：

（1）农业转移人口自身人力资本存量总体水平偏低，农业转移人口中大部分从业者从事技术含量低甚至无技术含量的工作。外出务工人员以小学初中文化为主，由于文化程度低，从事的职业以劳动密集型体力劳动和技术含量较低的工作为主，这在很大程度上制约了工资性收入的增加。职业结构的低层次对农业转移人口工资性收入增长产生了一定的制约作用。笔者于 2013 年 4 ~ 6 月间在辽宁省的沈阳、大连、鞍山、锦州、阜新和丹东等城市，随同国家统计局辽宁调查总队各地区派出机构的工作人员，通过发放问卷和现场交谈等方式对辽宁省 26 个县（市、区）2160 户农民家庭 2012 年外出务工状况进行了全面调查，农业转移人口所从事工作的种类相关调研结果显示：从事生产、运输设备操作及服务的人员最多，占 61.9%，专业技术人员占 16.3%，个体经营占 3.6%，企业管理和私营企业主占 1.3%，其他占 16.9%（见图 7-1）。

从农业转移人口的性别构成看，男性占70.3%，女性占29.7%①。占七成多的男性劳动力主要从事制造业、建筑业等第二产业，多从事较繁重的体力劳动，而女性农业转移人口则大多在住宿餐饮和家政服务等第三产业务工。根据国家统计局农民工监测调查报告，截至2016年农业转移人口职业结构低层次的情况依然没有得到改观（见表7-1）。

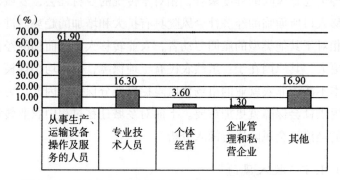

图7-1 2012年辽宁地区外出农业转移人口从事工作简况

表7-1　　　　　　　农业转移人口从业行业分布　　　　　　　单位：%

行业	2012 年	2013 年	2014 年	2015 年	2016 年
制造业	35.7	31.4	31.3	31.1	30.5
建筑业	18.4	22.2	22.3	21.1	19.7
交通运输、仓储和邮政业	6.6	6.3	6.5	6.4	6.4
批发和零售业	9.8	11.3	11.4	11.9	12.3
住宿和餐饮业	5.2	5.9	6.0	5.8	5.9
居民服务及其他服务业	12.2	10.6	10.2	10.6	11.1

资料来源：国家统计局发布《2016年农民工监测调查报告》。

---

① 国家统计局辽宁调查总队：《2012年辽宁农民工监测调查报告》。国家统计局沈阳调查队委托课题研究资料（笔者参加了全程调研活动，调研结束后，笔者负责对课题调研数据部分进行整理和分析），2013年6月。

（2）农业转移人口群体在劳动契约关系上处于弱势地位。从农业转移人口劳动权益维护的角度看，农业转移人口本人与务工企业之间的地位悬殊，这使得农业转移人口本人没有力量提高务工收益水平。从农业转移人口群体劳动权益维护的角度看，农业转移人口高度流动的特点使得农业转移人口组织化程度低、很难形成工资的集体谈判制度，造成了劳资力量平衡有效机制的缺失。因此，在劳资博弈格局中，农业转移人口对工资水平的影响力是较小的。

（3）劳动力市场的体制性分割、行业分割是农业转移人口收入增长相对缓慢的重要原因。在我国典型的二元经济结构和严格的城乡户籍制度基础上建立起来的劳动力市场具有明显的城乡二元分割特性。城市劳动力市场又分为正规部门和非正规部门，大部分农业转移人口是在非正规部门就业，例如中小企业、私营企业等；从行业分割角度看，农业转移人口较少有机会进入电力、金融、证券、石油等高薪行业。

7.1.1.2　失业风险

农业转移人口的失业风险主要来源于农业转移人口就业的不稳定性和农业转移人口人力资本的弱质性。农业转移人口就业的不稳定性主要体现在农业转移人口就业渠道和就业部门的非正规性。一般来说，农业转移人口主要通过亲朋好友介绍、在城市中各类职业介绍所登记、在劳务市场上寻找雇主、由包工头组织进行务工等渠道就业，这些渠道往往使农业转移人口进入的是城市次级劳动力市场，相对于主要劳动力市场从业人员，农业转移人口就业稳定性差、就业质量不高。例如，许多企业在雇佣农业转移人口时采取临时工、小时工、季节工等弹性用工形式，企业不与农业转移人口签订劳动合同或延长使用期、滥用试用期，使得农业转移人口频繁变动工作，加剧了就业的不稳定性。

农业转移人口在身份、文化程度、技能水平、社会资本等方面存在劣势，是劳动力市场上的弱势群体，进入城市后，主要在次级劳动力市场上工作，就业稳定性差。由于缺少较高水平的教育经历，进入主要劳动力市场谋求相对稳定工作的机会较少，因此，农业转移人口群体中的大部分人更容易受到劳动力市场供求周期性变动的影响和失业风险的威胁。根据国家统计局《2016 年全国农民工监测调查报告》可知，农业转移人口整体文化程度不高，人力资本弱质性特征明显（见表 7 – 2）。

表 7 – 2　　　　2016 年农业转移人口的文化程度构成　　　单位: %

文化程度	全部农民工	本地农民工	外出农民工
不识字或识字很少	1.0	1.3	0.7
小学	13.2	16.2	10.0
初中	59.4	58.6	60.2
高中	17.0	16.8	17.2
大专及以上	9.4	7.1	11.9

数据来源: 国家统计局发布《2016 年农民工监测调查报告》。

从总体状况来看，农业转移人口文化程度以初中为主，小学文化程度占 13.2%，初中文化程度占 59.4%，高中文化程度占 17%，大专及以上文化程度占 9.4%。2016 年在外出农业转移人口从业人员中，小学及以下文化程度占 10.7%；初中文化程度占 60.2%；大专及以上文化程度仅占 11.9%。相对于外出农业转移人口，在本地农业转移人口从业人员中，小学及以下文化程度所占比例达到 17.5%。

职业技能培训是人力资本投资的重要形式之一，主要指农业转移人口进入职业岗位之前和在企业等用人单位进行的职业知识学习和职业技能训练。现代社会对劳动技能和职业知识的学习提出了较高要求，这使学习具有终身性的特点。职业技能培训也是学校正规学历教育的延续，是持续进行人力资本投资的重要体现。缺乏职业技能培训会降低农业转移人口人力资本存量水平，进而降低了就业竞争能力和就业稳定性，使农业转移人口容易受到失业风险的威胁。

国家统计局《2016 年农民工监测调查报告》显示，在农业转移人口中，接受过农业技术培训的占 8.7%，接受过非农职业技能培训的占 30.7%①，既没有参加农业技术培训也没有参加非农职业技能培训的农业转移人口占 67.1%②。青年农业转移人口接受非农职业技能培训的比例要高于年长的农业转移人口，年长的农业转移人口接受农业技术培训的比例要高于青年农业转移人口，年龄层次越低，接受农业技术培训的比例也越低。没有参加培训的主要原因在于：一是个别地区没有或农业转移人口不知道通过何种渠道进行劳动技能公共培训；二是培训内容针对性、实效性不强，农业转移人口不需要；三是农业转移人口所在企业没有形成制度化的培训项目；四是家庭经济条件差，交不起培训费。

由于劳动力市场不健全、流动性大，多数农业转移人口并没有签订劳动合同就开始上岗工作，劳动关系不明晰导致农业转移人口就业不稳定、工作变换频繁。即使签订合同，劳动合同期限短、续签合同比例低等因素使得农业转移人口就业不确定性加大，就业质量很难保证。以人社部课题组调研资料③为例，在民营企业就业的各类人员中，农业转移人口所签订的劳动合同期限总体水平偏低，如表 7 - 3 所示；从合同续签比例来看属于最低水平，如表 7 - 4 所示。由此可见，农业转移人口面临着就业变动风险，产业结构调整和经济周期变动都会使劳动力市场上的弱势群体农业转移人口首先受到冲击。2016 年与雇主或单位签订了劳动合同的农业转移人口比重为 35.1%，其中，外出农业转移人口与雇主或单位签订劳动合同的比重为 38.2%，本地农业转移人口与雇主或单位签订劳动合同的比重为 31.4%④。

---

①②④　国家统计局：《2016 年全国农民工监测调查报告》，http：//www. stats. gov. cn/tjsj/zxfb/201704/t20170428_1489334. html。

③　人力资源和社会保障部劳动科学研究所：《中国劳动科学研究报告集》经济科学出版社 2012 年版，第 436 ~ 438 页。

表7-3　　　　　　　　民营企业的劳动合同期限　　　　　　单位：月

项目		中高级管理人员	工程（专业）技术人员	一般行政人员	生产人员	服务人员	农业转移人口
行业	制造业	38	34	28	23	22	18
	建筑业	37	34	28	18	18	20
	采掘业	37	33	28	24	25	20
	交通运输仓储业	33	32	27	27	27	26
	批发零售业	29	26	20	19	18	17
	餐饮业	28	23	20	17	15	15
	房地产业	35	30	23	21	18	24
	商务服务业	31	26	20	20	16	16
	农林牧渔业	43	37	30	29	24	24
	其他	39	35	25	25	22	20
规模	大型企业	44	33	27	24	21	22
	中型企业	39	37	29	25	21	19
	小型企业	34	31	25	21	20	18
合计	合计	36	32	26	22	20	19

资料来源：人力资源和社会保障部劳动科学研究所：《中国劳动科学研究报告》经济科学出版社2012年版，第436～438页。

表7-4　　　　　　　　民营企业续签劳动合同的比例　　　　　　单位：%

项目		中高级管理人员	工程（专业）技术人员	一般行政人员	生产人员	服务人员	农业转移人口
行业	制造业	91.6	90.8	88.5	83.6	83.3	75.0
	建筑业	90.4	88.0	87.7	81.3	79.7	67.9
	采掘业	90.7	85.7	85.4	87.9	91.4	74.2
	交通运输仓储业	88.1	89.8	92.5	86.5	82.2	89.5
	批发零售业	92.5	92.3	90.0	83.7	82.4	77.4
	餐饮业	84.3	82.5	79.0	73.2	66.5	64.4
	房地产业	90.0	85.8	84.6	75.7	78.7	78.1

项目		中高级管理人员	工程（专业）技术人员	一般行政人员	生产人员	服务人员	农业转移人口
行业	商务服务业	91.9	90.0	86.5	77.9	77.4	71.0
	农林牧渔业	92.6	92.1	89.2	87.9	84.4	79.1
	其他	96.7	93.2	92.8	83.9	83.8	79.2
规模	大型企业	94.9	93.6	92.5	88.1	85.9	
	中型企业	93.4	91.7	89.9	83.5	83.2	
	小型企业	89.9	88.5	86.1	81.7	80.5	
合计		91.2	89.8	87.8	82.6	81.5	

资料来源：人力资源和社会保障部劳动科学研究所：《中国劳动科学研究报告》经济科学出版社 2012 年版，第 436～438 页。

7.1.1.3 职业安全风险

农业转移人口职业安全风险分为职业伤害和职业病两类，两类风险对农业转移人口产生影响的时效和后果不尽相同。农业转移人口职业伤害指农业转移人口在生产劳动过程中所发生的人身伤害，包括事故伤残或死亡，这种风险对农业转移人口产生的后果是即时的也是最惨烈的；而农业转移人口职业病是由于农业转移人口在生产活动中接触了有害物质或工作环境固有危害所造成的疾病，这种疾病对农业转移人口产生的影响具有潜伏性，随着时间推移发病率会提高，造成农业转移人口人力资本修复成本也会随之上升。职业安全风险是伴随着劳动而产生的，但在工业化社会里，这种风险发生的可能性变大了。因为在传统的农业社会里，劳动者基本上是靠体力和手工从事生产、经营活动，生产节奏慢，因工负伤、致残、中毒、致死的可能性很小，群体性生产事故也很少发生。而在工业社会里，由于技术进步，大机器广泛应用，许多行业大大提高了生产效率、得到了快速发展，例如矿山开采、机械加工、建筑施工、交通运输、冶炼化工等行业，但是，劳动者在这些行业里工作使其自身职业风险也加大了，事故发生、职业病的诊治都给劳动者带来身心的伤害，也加大了劳动者生存和发展的成本。因此，工伤保险制度就是一种适应社会化大生产发展的，能够有效帮助劳动者抵御和分摊职业风险的保障制度，对劳动力市场的有效运行形成一种有力的支撑机制。

相对于劳动力市场上其他群体而言，农业转移人口就业的行业结构在很大程度上可以解释农业转移人口更容易受到职业安全风险的侵害，也就决定了为农业转移人口提供安全保障显得尤为必要和紧迫。

首先，分析农业转移人口就业的行业结构。通常行业结构指农业转移人口在不同行业之间的分布。随着我国产业结构的升级、城市化的发展、农业转移人口教育培训的加强和新生代农业转移人口文化素质的提高，农业转移人口的就业结构、就业方式都继续发生变化。主要特征：一是以制造业和建筑业为主，农业转移人口在这两个行业的就业比重达到了 50.2%；二是从事制造业的农业转移人口比重最高，比例为30.5%，但从 2012～2016 年这五年间来看，农业转移人口在制造业就业的增速开始放缓，制造业就业比重下降五个百分点；三是农业转移人口在交通运输、批发零售和居民服务等第三产业的就业比重相对稳定，变化不大。总的来看，农业转移人口仍将继续流向制造业和建筑业，但餐饮、娱乐、新型服务业等第三产业正在成为更多农业转移人口就业的重要选择（见表 7-1）。

其次，分析农业转移人口所在行业的行业风险等级。根据上述分析，农业转移人口集中在制造业、建筑业、批发和零售业、住宿和餐饮业、居民服务业等行业进行生产劳动，如果以年平均万人死亡率来分析，在这些行业就业的农业转移人口所面临的职业安全风险显著高于其他行业（见表 7-5）。

表 7-5 　　　　　　　　　　**行业风险等级和归类情况**

行业	年平均万人死亡率	风险等级档次 （由小到大排序）
农林牧渔业	0.0030	1
金融保险业	0.0050	1

行业	年平均万人死亡率	风险等级档次 （由小到大排序）
卫生、体育和社会福利业	0.0100	1
国家、政党机关和社会团体	0.0146	1
教育文化艺术及广电业	0.0151	1
批发和零售贸易、餐饮业	0.0427	2
其他行业	0.0603	2
科学研究和综合技术服务业	0.0780	3
交通运输仓储业及邮电通信业	0.1040	3
社会服务业	0.1670	4
房地产业	0.2440	5
制造业	0.2680	6
地质勘查业、水利管理业	0.3830	7
建筑业	0.4470	8
电力、煤气及水的生产供应	0.8560	9
采掘业	13.3700	10

资料来源：陈文瑛等：《工伤保险行业差别费率确定方法探讨》，载于《安全与环境学报》2005年第3期，第113页。

农业转移人口是我国改革开放和工业化、城镇化、现代化进程中成长起来的新型劳动大军，是产业工人的重要组成部分，虽然各级政府和有关部门针对农业转移人口安全生产和职业病防控采取了一系列措施，但是，农业转移人口仍然是最容易遭受工伤事故和职业病危害的弱势群体。根据国家卫生计生委疾病控制局发布的《关于2014年全国职业病防治工作情况的通报》，2014全国年共报告职业病29972例，其中职业性尘肺病26873例，急性职业中毒486例，慢性职业中毒795例，其他职业病合计1818例。从行业分布看，煤炭开采和洗选业、有色金属矿采选业和开采辅助活动行业的职业病病例数较多，分别为11396例、

4408 例和 2935 例，共占全国报告职业病例数的 62. 52%①，我国的工伤和职业病主要集中在矿山开采、建筑施工、危险化学品三个行业，而这些行业也是农业转移人口就业比较集中的行业，由此可见农业转移人口是工伤和职业病主要的受害群体。

最后，农业转移人口职业安全风险产生的主要原因在于：第一，部分企业劳动安全保护设施薄弱。一些私营企业安全设施简陋，有的企业没有专门人员负责安全生产管理，而设备长年不能得到维修和检验，农业转移人口的生命安全和身体健康无法得到保障。在经济利益最大化目标的导向下，部分中小企业设法降低成本，工艺技术落后，作业场所缺乏必要的职业危害因素防护设施，粉尘、毒物、噪声等职业危害超标现象严重，这些都对农业转移人口患职业病埋下了隐患。第二，缺乏有效的岗前培训。由于农业转移人口流动性大，许多企业不重视对他们进行安全培训，造成了农业转移人口缺乏安全意识和安全生产技能，不熟悉生产操作规程，这种情况下，工伤事故频发。第三，农业转移人口职业健康监护水平明显偏低。王彦斌、盛莉波（2016）选择某有色金属国有企业生产一线的员工为调查对象，通过对农业转移人口与正式员工进行比较的方法形成相应的研究结果表明：相对于正式员工，企业为农业转移人口群体提供的劳动保护明显不足。风险控制方面，与正式员工相比，农业转移人口在安全认知和安全意识等方面存在不足。农业转移人口职业安全健康服务相关条件的供给状况与正式员工相比明显不足。有职业病防护设备的农业转移人口比例较正式员工低 32. 1%；农业转移人口对防护问题的总知晓率较正式员工低 89. 3%；正式员工的防护用品是由企业免费提供的；对于农业转移人口来说，仅有 49. 3% 的人可以免费获得企业提供的防护用品，而 6. 4% 和 44. 3% 的人需要自行购买全部或部分防护用品。26. 6% 的农业转移人口未获得企业所提供的津贴、实物及其他劳动保护；正式员工未获得其他劳动保护的比例仅有 1. 1%，对于企业有无降低安全健康危害设备的知晓度，农业转移人口

---

① 《关于 2014 年全国职业病防治工作情况的通报》，http：//www.nhfpc.gov.cn/jkj/s5899t/201512/c5a99f823c5d4dd48324c6be69b7b2f9.shtml。

回答为"没有"或"不知道"的比例较正式员工高 20%[①]。由于职业病具有迟发性和隐匿性等特点，加之很多农业转移人口频繁变动工作，这为日后农业转移人口因为职业病发病而进行自身权益维护带来很大的隐患。因此，农业转移人口健康体检率低、职业病报告体系不健全、职业病档案信息缺失等因素，使得我国每年新发现农业转移人口职业病患病情况可能远高于现在报告的情况。目前，职业病发病呈现年轻化趋势，18～40 岁青壮年发病率高，如果不进行有效防范，将会影响整个社会劳动生产力的可持续发展。

7.1.1.4　公共卫生风险

农业转移人口劳动强度高、收入低，工作环境、职业安全、居住条件、饮食卫生均较差，极易引发食物中毒或皮肤病等传染病，或者在工作时因防护措施不到位罹患职业病等。如果他们选择不就诊或不到正规医院就诊，就有可能因发现和控制不及时造成小范围的爆发和流行。例如，建筑业是农业转移人口从业的主要领域，建筑工地的农业转移人口存在着不注意周围的环境卫生、住宿条件差等问题，很容易产生卫生死角，加之是农业转移人口聚集区域，流行感冒、疟疾等突发性事件会严重威胁公共安全，形成了公共安全风险，如果控制制度和措施不健全，容易造成疾控漏洞。

笔者对辽宁省外出农业转移人口就业环境的相关调研结果显示：住宿条件相对简陋艰苦、饮食条件仍不如意和劳动强度仍然较大是制约农业转移人口就业质量提升的主要因素。相对于其他雇佣劳动者，不良的就业环境使农业转移人口群体更容易受到公共卫生风险的侵害，在这种情况下，为农业转移人口群体提供适当的健康保障则更具有紧迫性。例如，住宿条件相对简陋艰苦，主要表现在：外出农业转移人口居住在单位宿舍的占 34.3%，比上年减少 2.8 个百分点；居住在工地工棚的占 14.5%，比上年增加 0.8 个百分点；居住在生产经营场所的占 6.2%，

---

① 王彦斌、盛莉波：《农民工职业安全健康服务的供给现状：基于某大型有色金属国有企业的调查》，载于《环境与职业医学》2016 年第 1 期，第 42～45 页。

比上年增加0.1个百分点；与人合租住房的占10.6%，与上年持平。独立租赁住房的占7%，比上年增加0.7个百分点；在务工地自己购房的占1.4%，比上年减少0.7个百分点；在乡外从业但回家（老家）居住占21.6%，比上年增加2.4个百分点；居住在其他场所的占4.4%，比上年减少0.5个百分点[①]。再如，饮食条件仍不如意，调查资料显示，2012年辽宁省外出务农业转移人口从单位或雇主提供伙食情况看，每天提供三顿饭的占32.2%，比上年减少6.2个百分点；每天提供两顿饭的占7%，比上年减少0.6个百分点；提供一顿饭的占26.5%，比上年增加0.6个百分点；不提供，但补贴部分伙食费的占3.6%，比上年减少0.2个百分点；不提供伙食也没有补助的占30.7%，比上年增加4.6个百分点[②]。此外，辽宁省外出农业转移人口2012年每天工作在6小时以下的只占0.8%；每天工作6~8小时的占1%；8~10小时的占60.2%；10~12小时的占32.5%；12小时以上的占5.5%[③]，这些反映出：农业转移人口劳动强度依然较大，农业转移人口身体存在一定的健康隐患。

针对新生代农业转移人口的公共卫生问题，卫生部在2011年进行了一次专项调研，该次调研形成的信息资料显示：新生代农业转移人口主要存在五大公共卫生服务问题[④]。一是属于传染病高发和易感人群。甲乙类传染病发病率明显高于当地城市居民，具有逐年上升的趋势。在肠道传染病、呼吸道传染病等主要传染病病种上，发病率均明显高于一般城市居民。二是儿童保健和免疫规划水平总体较低。外来流动人口儿童的单苗接种率及五苗免疫率均低于城市户籍儿童且低于同年全国平均水平。在上海市每年手足口病发病儿童中，超过50%是外来流动人口儿童。三是妇女保健水平与城市居民相比差距较大。孕产妇在孕期建

[①] 国家统计局辽宁调查总队：《2012年辽宁农民工监测调查报告》，国家统计局沈阳调查队委托课题研究资料（笔者参加了全程调研活动，调研结束后，笔者负责对课题调研数据部分进行整理和分析），2013年6月。

[②③] 国务院农民工办课题组：《中国农民工发展研究》，中国劳动社会保障出版社2013年版，第209~219页。

[④] 国务院农民工办课题组：《中国农民工发展研究》，中国劳动社会保障出版社2013年版，第177~195页。

卡、早孕检查、孕期系统管理及产后访视等方面与常住人口相比差距较大。四是心理健康问题日益突出。职业紧张等心理问题突出，自感工作压力大，幸福感指数低。新生代农业转移人口的心理异常发生率明显高于老一代农业转移人口。五是意外伤害成为影响健康的重大隐患。大量农业转移人口从事的是建筑业等高危行业，是意外伤害的高危人群。

卫生部在《国家基本公共卫生服务规范（2011 年版）》中明确规定要将农业转移人口及其子女等特殊人群纳入管理，为流动人口提供健康教育、预防接种、儿童保健、孕产妇保健等服务。为居住时间超过 6 个月的流动人口提供建立健康档案、老年人保健和慢性病管理等服务。这说明农业转移人口的公共卫生问题已经引起高层关注，顶层设计科学，但目前农业转移人口等流动人口具体的管理上仍然存在一些问题，需要多部门协作，从制度上将流动人口纳入城市统一管理体系，以便于对流动人口提供完整、连续的服务。

7.1.1.5 居住风险

随着出生于 20 世纪五六十年代，在 80 年代前后进城的上一代农业转移人口的逐步"告老还乡"，七八十年代出生的农业转移人口日益成为当今农业转移人口队伍的主体。如果说第一代"农业转移人口"由于人口经济发展水平等原因导致他们的负担太重，还只能追求增加收入，当年他们还没有在城里安家落户的奢求，那么"二代农业转移人口"却是"轻装上阵"，而且又处于人口、经济变化的新形势下，他们不仅要增加收入，更希望改变原生活方式，成为真正的城市人口。然而，在农业转移人口市民化的进程中，农业转移人口个人及其家庭在城镇定居所需支付的生活费用和发展费用是影响农业转移人口市民化决策的关键因素；从经济学角度来看，住房问题是农业转移人口市民化过程中集中支付成本最高、最难以解决的问题之一，换言之，居住成本高及其不确定性是城市化进程中农业转移人口面临的主要风险之一。由于农业转移人口整体上仍属于低收入群体，因此，如何有效应对这一风险最关键的一点是：保证廉价住房供给、因地制宜地扩大公租廉租房在农业转移人口中的覆盖范围，不断提高基层政府的农业转移人口住房保障能力。《2016年农民工监测调查报告》显示，在进城农业转移人口中，租房居住的农业转移人口占62.4%，比上年下降2.4个百分点，其中租赁私房的农业转移人口占61%，比上年下降1.9个百分点。购房的农业转移人口占17.8%，比上年提高0.5个百分点，其中购买商品房的农业转移人口占16.5%，比上年提高0.8个百分点。单位或雇主提供住房的农业转移人口占13.4%，比上年下降0.7个百分点。以其他方式解决居住问题的农业转移人口占6.4%，比上年提高2.6个百分点。购买保障性住房和租赁公租房的农业转移人口不足3%[①]。

此外，住房问题是关系到国计民生的重大问题，是农业转移人口生存发展的基本需求，只有安居才能乐业、才能兴业、才能让广大农业转移人口感到幸福和满足。而在所有这些"农业转移人口"中，能够彻底脱离农村，并在城里买房安家的还是极少数。因此，这些"半城市化人口"还没完全得到城市人口的权益，他们的居家生活处于不稳定状态。

农业转移人口城市居住成本、支出的不确定性主要表现在：（1）商品住房房价上涨、部分城市房价涨幅过大，超出了绝大部分农业转移人口的承受能力。从全国房价总体水平看，自1998年住房制度改革以来，商品住房价格呈现逐步上涨的态势。以1998年住房价格为基数，2010年，新建普通住房价格上涨了97.9%，二手住房价格上涨101.8%，住房租赁价格上涨57.1%。尤其是经济发达的大城市，房价上涨更快，涨幅更大。据国家统计局统计，北京、上海、深圳三个城市，2010年，住房销售均价分别为17151元、14290元、18954元，分别比2003年增长362.1%、279.2%和303.0%，7年间年均分别增长20.2%、15.8%和17.2%，房价上涨的幅度远远超过当年居民人均收入增长水平[②]。2010年，外来农业转移人口比较集中的北京、上海、深圳三个市城市人均可支配收入分别为29072.9元、31838.1元和32280.9元，如果按

---

① 国家统计局：《2016年农民工监测调查报告》，http://www.stats.gov.cn/tjsj/zxfb/201704/t20170428_1489334.html。

② 任兴洲等：《中国住房市场发展趋势与政策研究》，中国发展出版社2012年版，第56～58页。

照 2010 年全国城镇人均居住建筑面积 31.6 平方米计算，这些城市居民如果用可支配收入购房分别需要 17.0 年、15.3 年和 17.4 年。2016 年，北京、上海、深圳三个城市住房销售价格分别为每平方米 33412 元、38283 元、53774 元，而同期东部地区务工的农业转移人口月均收入 3454 元，快速上涨的房价大大超出了普通居民的支付能力，更超出了大部分农业转移人口的承受能力，使这些城市的普通居民和外来务工人员难以承受，社会反响很大，影响社会安定。（2）如果以房价收入比进行分析，北京、上海等外来务工人员比较集中的城市房价收入比远高于国际 4~6 倍的水平，这使得农业转移人口定居成本畸高，严重影响市民化进程。房价收入比，一般定义为一套住房的价格是一个家庭收入的多少倍。借助房价收入比来评价房价合理性，就是计算出房价收入比之后再看它是否大于某个数值。如果大于，就说明房价过高；如果小于或等于，就说明房价不高。由于具有计算简便、含义直观等优点，房价收入比是大多数国家和国际组织进行住房支付能力评价时所采用的主要指标。

由此可见，住房成本是农业转移人口在输入地定居要承担的主要成本，也是在市民化进程中依靠农业转移人口自身积累难以逾越的主要障碍之一。住房支出的不确定性和集中性是影响农业转移人口市民化决策的重要因子。

7.1.1.6　教育风险

新型城镇化的核心是人的城镇化。随着城镇化进程的快速推进，农业转移人口进城规模和速度不断扩大和上升，农业转移人口的代际转换也将更加深入。农业转移人口随迁子女是我国经济、社会建设的生力军和后备力量，也是流动人口中基本公共教育服务的重点覆盖群体。农业转移人口随迁子女接受教育状况及教育质量问题关系到义务教育的普及、劳动力素质整体水平的提高和社会公平的实现，也影响着农业转移人口市民化的进程和城镇化质量。对农业转移人口个体而言，随迁子女教育是持续人力资本投资的重要手段和途径，人力资本积累不足或中断将对农业转移人口子女就业能力的形成和人力资本收益率水平的提高产生负面影响，也不利于农业转移人口子女未来的职业发展和就业稳定性。

由于我国在相当长一段时期里受限于经济和社会资源的匮乏，强调效率优先的原则，实施城乡非均衡发展战略，因而拉大了城乡差距、形成了城乡二元的经济社会结构，因此，公共教育资源的分配具有城市偏向特征，产生的一个直接后果是城乡教育公共品供给失衡，教育服务质量城乡差异显著。以户籍制度为主的人口静态管理模式又进一步强化了城乡二元经济社会结构，使得城乡之间公共教育服务缺乏有效的衔接机制，不仅不利于农业转移人口随迁子女教育问题的解决，而且还放大了处于流动状态的农业转移人口随迁子女教育风险。这种风险主要表现在：农业转移人口随迁子女上学难、上学费用高、学前教育欠缺等现象还时有发生，直接影响了农业转移人口随迁子女人力资本的积累和自身素质的提高。而教育成本过高加重了农业转移人口经济负担、降低了部分农业转移人口对子女进行持续人力资本投资的意愿，使随迁子女的受教育时间和质量受到不同程度的影响，不确定性加大，甚至在有些情况下，农业转移人口随迁子女人力资本投资出现了中断。

国家卫生和计划生育委员会发布的《2016年流动人口发展报告》分析了流动人口随迁子女不在学的现状，由于农业转移人口是流动人口的重要组成部分，因此，调查数据具有代表性并且可以说明实际问题。通过调查数据分析，流动人口随迁子女存在不同程度的中断或停止接受义务教育的现象，跨省流动儿童的失学比例最高，其次分别为省内跨市和市内跨县①。此外，从不同年龄段的随迁子女不在学率来看，16~18岁年龄段的流动人口随迁子女不在学率最高（从不同的流动方向来看，16~18岁随迁子女不在学率均为最高水平），这说明随迁子女存在由于户籍限制回户籍地上学以及休学、辍学和过早进入劳动力市场就业等现象，越是高年龄组随迁子女，不在学、中断人力资本教育投资的现象越普遍，而低年龄组6~12岁不在学状况则说明少部分随迁子女存在推迟

---

① 国家人口和计划生育委员会流动人口司：《中国流动人口发展报告2016》中国人口出版社2016年版，第110页。

入学接受义务教育的现象。

综上所述，按照学有所教、劳有所得、病有所医、老有所养、住有所居的要求，建立健全农业转移人口基本公共服务运行机制，落实农业转移人口市民化待遇，满足农业转移人口基本公共服务多样化需求，切实保障农业转移人口的基本权利，促进外来农业转移人口基本公共服务均等化，是有效防范和降低农业转移人口养老、医疗、职业安全、随迁子女教育、居住等风险的基本途径之一。

7.1.2 农业转移人口社会保障劳动力市场效应的理论分析

7.1.2.1 需求效应理论分析

1. 对企业用工需求影响的理论分析

从我国现行社会保障制度来看，企业要分担雇员社会保险缴费的一部分，该部分缴费通常是按照一定比例从雇员薪水总额中计提的，性质上属于人工成本，构成企业生产经营成本的一部分。农业转移人口参加社会保险后，相当于在原先的工资基础上增加了务工企业的用工成本，将对务工企业的劳动需求产生影响。因此，从微观角度来看，农业转移人口社会保障扩大覆盖面必然要考虑对务工企业劳动需求产生的影响。

（1）对企业短期用工需求的影响。按照边际生产力理论，企业是要根据农业转移人口的边际收益与边际成本的对比来确定农业转移人口的招聘数量。所谓边际生产力，是由美国经济学家克拉克于 19 世纪末首先提出来的，指的是在其他条件不变的前提下，每增加一单位某种要素的投入所增加的产量。厂商购买一定数量的生产要素所愿意支付的价格水平是由要素的边际生产力决定的。当农业转移人口的边际收益大于农业转移人口的边际成本时，企业会增加农业转移人口招聘数量；而当农业转移人口的边际收益小于农业转移人口的边际成本时，企业会减少农业转移人口需求量。这里的边际收益指的是在其他条件不变的前提下，每增加 1 单位的某种要素的投入所增加的产量进而带来的收益。从短期看，企业资本要素投入不变，因此企业产出增加主要是依赖劳动力投入量的增加来实现的。如果农业转移人口参加社会保障，社会保障缴费使得企业雇用农业转移人口的边际成本上升，另外，在现阶段，企业一般是面临着高度竞争的市场格局，在农业转移人口边际收益不变的前提下，企业为实现利润最大化，有可能降低产出量，进而降低农业转移人口使用数量。即便企业具有垄断性质，但由于社保费用的增加会提高企业的用工成本，从而导致产品价格上涨，在其他条件下变的情况下，产品价格的上涨会使消费者减少对该种产品的消费需求，从而引起用工企业降低产出水平，进而减少对劳动力的需求。这种因用工成本上升，企业产出水平下降所带来的用工需求减少的现象，在劳动经济理论中被称为规模效应。

（2）对企业长期用工需求的影响。从长期来看，资本和劳动要素的投入都是可以改变的，相互之间可以替代。生产要素价格的变化会导致等成本线的斜率发生改变，从而会使企业对原来的生产要素最优组合重新调整，其调整通过规模效应和替代效应重新实现生产的新的均衡。从替代效应角度分析，将农业转移人口纳入到社会保障体系，务工企业缴费必然使用工成本相对提高，在产量保持不变的前提下，企业将选择多使用资本去替代农业转移人口使用数量。从规模效应角度分析，在其他条件（尤其是生产技术）一定的情况下，将农业转移人口纳入到社会保障体系，务工企业缴费会对企业的生产成本产生影响，进而导致企业减少生产，而产出规模的变化又会使企业的劳动力需求量发生相应变化。因此，假定生产技术等条件不发生变化时，在规模效应的作用下，将农业转移人口纳入到社会保障体系也会降低务工企业雇用农业转移人口的需求数量。长期来看，由于企业用工成本的上升，还会引起企业用资本来替代劳动，由此可知，用工企业在长期生产中对农业转移人口工资率、社会保障缴费率等方面变化所做的劳动量的调整将要比在短期中更大。换句话说，用工企业雇用农业转移人口的长期需求要比短期需求表现得更富有弹性。可见，不考虑劳动生产率和新产品需求等方面的变化时，农业转移人口社会保障会带来企业用工成本的上涨，此时，规模效应与替代效应都会减少企业的用工需求。

上述对企业用工需求的分析是建立在农业转移人口劳动生产率和技术进步没有发生变化的假设前提之下的，如果放松这一前提条件，结论就会发生变化。根据效率工资理论，农业转移人口的劳动生产率取决于工资率和非工资性福利收入水平，工资和非工资性福利收入水平的提高会激励农业转移人口劳动生产率的提高。例如，农业转移人口健康保障与安全保障水平的提高会改善农业转移人口本人的身体素质和工作环境，而良好的身心素质和工作热情必然有助于劳动生产率的提高，降低单位产出的用工成本。再如，为农业转移人口提供适度的社会保障和提高非工资性福利收入水平会降低农业转移人口的流动性，农业转移人口留在企业的激励越大，选择离职的机会成本越高。用工企业通过社会保障可以降低农业转移人口离职的频率，从而节省了雇佣和培训新工人的时间和费用。此外，为农业转移人口提供适度的社会保障可以激励农业转移人口更加努力为企业工作，降低企业组织、协调和监督成本，进而节约企业运行成本。按照效率工资思想，企业不可能完全监督其雇员的努力程度，为了解决偷懒、怠工等问题，企业必须增加管理人员，但增加管理人员又会提高组织的监督成本，事实上由于监督成本过于高昂，致使许多监督措施终因得不偿失而搁浅。鉴于此，解决此类问题比较好的办法就是提高工人工资和福利性收入，激励工人工作热情，提高其工作努力程度，同时，提高工人们因偷懒或怠工而被解雇的成本。总之，通过提高农业转移人口福利性收入可以产生激励效应，提高生产效率，进而会部分或全部抵消由于提供社会保障所带来的用工成本的增加。农业转移人口福利性收入还可以激励他们进行人力资本投资，从而有利于企业的技术改良与技术创新。如果把这一因素考虑进来，情况将更加复杂。虽然劳动报酬增加会导致资本替代劳动，但由于技术进步以及由此带来劳动生产率的提高，同样也可以降低企业的单位生产成本，从而扩大对劳动力的需求；特别是当这种技术进步带来产品创新时，则会由于对新产品需求的增加扩大劳动需求。因此，农业转移人口社会保障对企业用工需求的影响是不确定的。

最后，社会保障缴费对农业转移人口需求的影响还要考虑企业转嫁缴费负担的情况。由于企业处于劳动力市场和产品市场之间，为了实现利润最大化，企业有积极性将其负担的社会保障缴费向其他群体进行转嫁。企业将缴费负担进行转嫁的途径有两种：第一是将缴费转移到产品的售价中，由消费者最终负担；第二是将缴费转移到务工企业雇用的农业转移人口身上。由于现阶段产品市场价格竞争较激烈，买方市场业已形成，务工企业将社会保障缴费负担转嫁给消费者不大现实，因此，通常情况下企业会选择将缴费负担转嫁给农业转移人口。在此种情况下，转嫁的方式有两种，企业可以选择减少农业转移人口的使用数量，也可以选择降低农业转移人口的工资。这种转嫁的效果取决于企业和农业转移人口之间力量的对比。由此可见，在一个劳动力丰富的经济体中，劳动的供给弹性远小于需求弹性，务工企业的劳动需求对工资成本更为敏感，由于劳动者的从业竞争压力较大，社会保障缴费大部分将转由劳动者负担。

我们假设只有企业是社会保障费用的缴纳者，且社会保障费用是按照农业转移人口一定的数量来计征的而不是按照工资总额一定百分比来计算。如图 7-2 所示，横轴表示就业量，纵轴表示的是农业转移人口实际得到的工资。D_0 为缴纳社会保障费用前的农业转移人口劳动需要曲线，S_0 为农业转移人口劳动供给曲线，这里假设农业转移人口数量是较多的，假设农业转移人口最初工资是 W_0，X 为社会保障缴费，则企业的工资成本为 $W_0 + X$，由于工资成本上升，导致企业对农业转移人口的需求由 L_0 降至 L_2，此时只有工资降至 $W_0—X$，才能恢复 L_0 的就业量，而 L_0 是与以前的均衡工资 W_0 相对应的，意味着原工资水平不变造成了 $L_0—L_2$ 农业转移人口剩余，农业转移人口供给大于农业转移人口需求，形成了降低实际工资的压力，迫使实际工资由 W_0 下降到 W_1，形成了新的均衡，与此同时，就业量随着实际工资的降低由 L_2 上升到 L_1，与 L_0 相比，虽然就业量还是减少了，但与 L_2 相比 L_1 就业量的减少幅度小一些，这是因为由于企业向农业转移人口转嫁了社会保障费用，农业转移人口以实际工资减少和就业水平下降的两种方式部分地承担了社会保障费用。

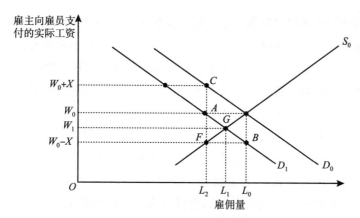

图 7 - 2　企业社会保障缴费转嫁情况分析

通过以上分析可知，农业转移人口与务工企业共同承担社会保障费用，从图 7 - 2 来看，农业转移人口承担社会保障费用为实际工资的降低额 $W_0 - W_1$，企业承担余下的部分社会保障费用，关于社会保障费用到底有多大一部分由企业转嫁给农业转移人口，取决于劳动力供给曲线与劳动力需求曲线的弹性大小。劳动力供给曲线的弹性越小，以减少工资方式转嫁给农业转移人口的社会保障费用就越多；反之，以减少工资方式转嫁给农业转移人口的社会保障费用就越少，但就业水平下降的幅度更大。当劳动力供给曲线完全无弹性时，务工企业便将全部的社会保障费用转嫁给农业转移人口。劳动力需求曲线的弹性越大，就业量下降的幅度越大，反之，就业量下降的幅度少，以减少工资方式转嫁给农业转移人口的社会保障费用相应地就减少。

2. 对劳动力需求总量影响的理论分析

经济发展是决定劳动力需求的根本因素。整个社会对劳动力的需求量首先取决于社会经济的发展规模和发展速度。经济发展规模越大，社会生产对物质资料的需求越多，在一定的技术水平条件下，对劳动力的需求也会相应较大（沈琴琴、潘泰萍，2013）[①]。社会保障发展史表明，现代社会保障制度是适应工业化、城市化进程而逐步得到确立的，社会

---

① 沈琴琴、潘泰萍：《劳动经济学》，中国人民大学出版社 2013 年版，第 79 页。

保障制度为各国经济发展和总量增长提供了稳定的社会环境，没有现代社会保障制度，经济社会不可能持续、健康发展。将农业转移人口纳入到国家统一社会保障体系是大势所趋，也是历史发展的必然。农业转移人口社会保障制度逐渐完善可以通过下面四个途径对经济发展产生积极作用，间接对劳动力需求产生扩张效应。

第一，农业转移人口社会保障改变农业转移人口对未来预期，提高边际消费倾向，促进经济增长进而拉动就业。根据弗里德曼的持久收入理论、生命周期理论和理性预期学派理论，农业转移人口根据本期收入、预期未来的收入决定自己的消费行为。在没有社会保障的情况下，农业转移人口更多考虑的是未来的消费水平，因此会提高预防性储蓄来应付未来各种经济社会风险。将农业转移人口纳入到社会保障体系后，在社会保障财富效应作用下，农业转移人口会提高即期消费，降低预防性储蓄，从而提高了全社会边际消费倾向，拉动经济增长，进而产生就业扩大效应。

市场竞争机制的特点决定生产要素所有者要按照效率原则进行收益分配。由于不同的生产要素所有者，所拥有的生产要素数量、质量和稀缺程度不同，在市场竞争中的机会也就不均等。例如，农业转移人口个人禀赋的差异、受教育程度、工作经历及社会关系网络状况等因素共同决定了在劳动力市场上的就业机会和就业质量，在竞争机制作用下，必然会产生失业、生活困难等问题，此时，农业转移人口社会保障将发挥财政转移支付功能，尽管转移支付资金不直接形成市场上现实购买力和社会总需求的一部分，但农业转移人口社会保障转移支付会成为农业转移人口消费资金的一部分，进而会提高农业转移人口的购买能力，转化为现实的总需求，而现实总需求的扩大会发挥乘数效应，作用于劳动力市场，对就业产生扩张效果。

第二，农业转移人口社会保障功能的发挥是需要依靠社会保障基金的筹集和运行来予以实现的。将农业转移人口逐步纳入到一体化的社会保障系统，这有助于为金融市场提供长期、大量稳定的社会保障资金，推动金融市场上金融工具创新和丰富资本市场交易品种。这些都要求证券投资、基金管理、理财和咨询机构等金融服务业提高管理水平和服务能力，需要培养大量专业化的金融服务人才，进而提高了金融服务行业对劳动力的吸纳能力，扩大了就业容量。这是农业转移人口社会保障通过金融市场间接产生劳动力需求的作用机制之一；农业转移人口社会保障形成的资金对发挥金融市场资源优化配置作用起到了积极作用，社会保障覆盖面在很大程度上决定了社会保障基金规模，这意味着社会保障覆盖面的扩大会提高金融市场资金供给，有助于降低企业融资成本，进而刺激企业投资，拉动社会总需求，吸纳更多劳动力就业，这是农业转移人口社会保障通过金融市场间接产生劳动力需求的作用机制之二。

第三，农业转移人口社会保障通过城市化和产业结构优化对劳动力产生需求拉动效应。农业转移人口社会保障制度的完善有助于提升城市拉力，加快人口向城市集聚，推进城市化进程。城市化进程的加快为服务业发展创造了需求基础，而服务需求又是服务业发展的原动力。一般来说，农村人口人均收入水平较低，其中有相当大的比例属于自给性消费，不需要通过市场交换，具有封闭性特征；城市人口人均收入较高，产品和服务消费对市场依赖性很强，具有开放性特征。在一个国家里，只有当城市人口在人口结构中所占比例较高时，国民总体消费结构才能有利于服务业发展，服务业结构将进一步优化，新型服务业态才能够出现，此时，只要劳动力职业素质和产业新型业态的需求特征匹配，劳动力就可以较容易实现就业转移和职业转换。

农业转移人口社会保障制度逐渐完善，有利于家庭小型化，进而带动家务劳动社会化和就业岗位的增加。几千年以来，中国农民传承了"养儿防老"的家庭保障思想，而家庭保障与土地保障又紧密地结合在一起，构成了农村传统社会保障的主体。家庭保障体现了家庭成员之间互助互济的关系，而土地保障可以为农村居民提供基本生活保障、收入和就业保障以及继承保障。家庭成员数量对于农村传统保障功能的发挥至关重要，一般而言，家庭成员数量越多，家庭成员之间的互助互济保障功能越强。相比较而言，现代社会保障制度的出现促进了生育观念的转变，就个体而言，每个社会成员的养老、医疗、工伤、住房、教育等保障需求更加依赖于现代社会保障体系。

农业转移人口社会保障具有现代社会保障特点，依赖于全社会成员之间互助互济功能的发挥,有助于分散和化解工业化和城市化所带来的经济社会风险。因此,随着农业转移人口社会保障问题的解决,城市经济体的拉力加大,农村人口逐渐进入城市就业、定居,实质性融入所在城市后,消费和投资理念、生育观也会发生转变。在国民经济和社会结构中,城市人口比重和经济总量都会大幅度提高。此时,家庭呈现出小规模化特征,家务劳动对市场的依赖性加强。相对于农村的多代家庭或大规模家庭,小型化家庭特别是两代户家庭、一代户家庭很难通过家庭成员之间、代与代之间的互助来分担家务劳动,实现家庭服务的自我供给。因此,家庭规模小型化有利于推动家务劳动社会化,进而创造出大量的新增就业岗位。我国在 1987 年、1995 年、2005 年分别进行了全国 1% 人口抽样调查,数据显示,家庭平均的人口数呈现出明显的递减趋势,1987 年、1995 年、2005 年分别为 4.2 人、3.7 人和 3.13 人①。而 2010 年第六次全国人口普查主要数据进一步证实了家庭规模小型化趋势,数据显示,大陆地区共有家庭户 401517330 户,家庭户人口为 1244608395 人,平均每个家庭户的人口为 3.10 人,比 2000 年第五次全国人口普查的 3.44 人减少 0.34 人②。因此,农业转移人口社会保障加快了农村劳动力转移步伐,有利于农业转移人口及家庭成员实质性融入城市。在经济、政治、社会、文化多种因素作用下,家庭规模小型化、家务劳动产业化必然对劳动力产生引致需求。

第四,将农业转移人口纳入到一体化的社会保障体系是一个渐进的、有序的过程。在这一过程中,社会保障法制子系统、管理子系统、监控子系统和业务经办子系统的高效率运转和功能发挥需要建立在其人力资源需求得到充分满足的基础上,因此,非常迫切地需要进一步整合社会保险、社会救助、住房等社会福利经办机构,尤其是在基层加强农业转移人口社会保障事务经办机构的内涵建设,培养大批专业化的经办人员,适应构建公平、高效、快捷的社会保障一体化服务体系的总体要

---

① 姜长云:《中国服务业:发展与转型》,山西经济出版社 2012 年版,第 119 页。

② 国家统计局:《2010 年第六次全国人口普查主要数据》中国统计出版社 2011 年版,第 41 页。

求。可见，社会保障系统本身的高效运转也会创造出新增的就业岗位，满足社会保障管理范围和经办业务扩展的需要。此外，社会保障覆盖面扩大也会带来公共就业服务、医疗护理服务、养老服务、工伤康复、义务教育、住房建设等方面的新增需求，这些都可以创造出更多的新增就业岗位。

7.1.2.2　供给效应理论分析

社会保障是现代社会对遭遇各种风险的社会成员实施基本生活保障的一种制度安排。在工业化、城市化进程中，农业转移人口面临着诸如失业、疾病、工伤、养老、住房等多方面的不确定性，社会保障制度覆盖农业转移人口群体将有助于当农业转移人口遇到上述各种风险时获得基本的生活保障，保障农业转移人口劳动能力的生产和再生产，直接或间接对劳动力供给产生影响。以工伤保险为例，工伤保险保障了农业转移人口在工作中遭受事故伤害和患职业病后获得医疗救治、经济补偿和职业康复的权利，保障了受伤害劳动者或其遗属的合法权益，是社会对农业转移人口社会贡献的肯定，有利于增强农业转移人口的工作积极性，提高经济产出能力和工作效率，进而对劳动供给数量和质量产生积极影响。而失业保障可以发挥预防失业和就业促进的功能，在农业转移人口失业期间，再就业培训和职业技能方面的学习有助于农业转移人口掌握新知识、新技术，以适应和满足经济社会结构调整和产业结构升级对劳动力素质带来的新要求，因此，积极的失业保障和就业促进政策对于农业转移人口人力资本的累积和就业质量的提升意义重大，也必将对劳动供给质量的改善产生积极作用。再如，医疗保障有助于患病农业转移人口早日康复、返回工作岗位，延续劳动供给，而子女教育、生育保险、养老保险等保障制度为农业转移人口的代际转换和延续劳动力供给打下了良好的基础。此外，完善的农业转移人口住房保障、子女教育保障和其他福利制度有助于促进农业转移人口实现从非永久性乡城迁移向永久性乡城迁移转变，进而对劳动力产生迁移效应。因此，本书主要从下面三个角度分析农业转移人口社会保障对劳动供给产生的影响，即农业转移人口社会保障的劳动供给数量效应、劳动供给质量效应即人力资本效应和农业转移人口迁移效应。

1. 劳动供给数量效应的理论分析

第一，社会保障对农业转移人口个人劳动供给的收入效应与替代效应。根据劳动经济理论，在工资率和个人偏好保持不变的条件下，收入的变动会使人们改变闲暇时间与工作时间的组合，这种由收入变动所引起的劳动供给的变化被称之为"收入效应"。"收入效应"存在的前提条件是工资率与个人偏好不变。由于人们的偏好不仅受经济因素也受社会因素和文化习俗的影响，且一旦形成通常不会经常发生变化，所以经济学更关心的是工资率和非工资性收入的变动对劳动供给的影响。由于收入的增加可以提高人们满足基本生活需求的能力，从而减少对劳动收入的依赖程度，在工资率不变，也就是闲暇的机会成本不变的条件下，人们通常会选择增加闲暇时间，减少劳动供给。

在收入保持不变的条件下，由于工资率的变化，可以导致闲暇的机会成本发生变化，从而引起人们的劳动供给行为随之发生变化。工资率上升导致闲暇机会成本提高，会使人们减少对闲暇的消费，增加对劳动的供给；反之，则会使人们减少对劳动的供给。劳动经济学把这种因工资率变动所导致劳动时间的变化称之为"替代效应"。

对于农业转移人口来说，社会保障费的缴纳对其劳动供给也会同时产生替代效应和收入效应。一方面，社会保障费的缴纳，意味着工资率和闲暇机会成本的降低，在替代效应的作用下，农业转移人口可能会选择增加闲暇时间，减少劳动供给；另一方面，社会保障费的缴纳会使即期收入减少，从而导致其为了弥补劳动收入的降低延长工作时间，增加劳动供给。如果考虑到农业转移人口整个生命周期的收入变化，社会保障会增加农业转移人口整个生命周期内个人财富的现值，使其收入预算约束线会向上发生平移，与较高效用水平的无差异曲线相切，理性农业转移人口会增加闲暇时间，减少工作时间，从而使劳动供给减少。可见，仅从社会保障的替代效应和收入效应来分析，社会保障制度的提供对农业转移人口劳动供给的影响是不确定的，这不仅表现在社会保障的替代效应和收入效应对农业转移人口劳动供给的影响具有反方向变化的特点，还表现在：仅就收入效应而言，由于社会保障费用是即期交纳，未来受益，社会保障的提供对农业转移人口劳动供给的影响也是不确定的。农业转移人口社会保障对劳动供给的影响不仅取决于收入效应与替代效应的比较，还受即期缴费率、未来保障程度以及市场利率变动等多种因素的影响。

第二，社会保障制度的具体安排会对农业转移人口劳动供给行为产生不同影响。根据劳动经济理论，劳动者是在追求自身效用最大化的前提下来确定劳动供给量的，如果外部经济参数发生变化，劳动者将不断调整劳动供给量，力求达到现有制度约束条件下自身效用最大化。社会保障制度对农业转移人口劳动供给行为的影响也是如此，社会保障制度的具体安排也会使农业转移人口劳动供给决策的外部经济参数发生变化，从而影响其劳动供给行为。通常，社会保障制度按照与就业的关联程度可以划分为：就业关联型社会保障和普享型社会保障制度。前者以领取工资和薪金的劳动者为主要保障对象，主要包括：就业者和非自愿失业者。社会保障待遇的给付与是否就业（或收入状况）有关。享受社会保险年金或定期补助的权利，直接或间接地取决于受保障主体工作时间或缴纳保险费时间的长短；工伤保障的权利取决于是否存在雇佣关系；个人领取的养老金等各类年金及失业救济金、残疾补助、生育补助、工伤补助等各类短期补助往往与其在风险发生前的收入水平有关。就业关联制度的保障方式一般是强制的，由雇主与雇员按一定比例缴纳保险金，国家给予一定补助。就业关联型社会保障制度反映的是经济运行过程中需求引发的支出，而不是从全体社会成员需求角度出发的支出，在一定程度上更强调效率，其再分配功能弱于普享型社会保障制度。而普享型社会保障制度是针对全体社会成员而设计的，以全体公民或居民为保障对象。不论收入多少、工作与否、有无财产，按统一的标准对有需要的人提供保障。资金通常由国家财政拨款。普享型社会保障制度体现了国家通过再分配手段达到创造良好社会环境的目的，是一国政府对全体社会成员特殊保障作用的体现，更强调社会意义和社会公平。普享型社会保障制度通常包括社会救济、社会福利等项目。通常，当一国社会保障体系中就业关联型社会保障制度所占比重较大时，这意味着社会成员为获得养老、医疗等保障待遇必须以实现就业为前提，因此，就业关联型社会保障制度往往引致较高水平的劳动参与率，劳动供给增加，就业竞争激烈。相反，当一国社会保障体系中普享型社会保障制度所占比重较大时，随着普享型社会保障待遇水平的提高，社会成员会在制度工时内最大限度地减少劳动供给，甚至由于较高福利水平导致就业者退出劳动力市场，降低劳动参与率，劳动力供给规模必然减少。这就是普享型社会保障待遇与就业不相关而产生的福利依赖现象。进一步分析，农业转移人口社会保障制度中就业关联保障项目和普享型保障项目组合模式及保障水平差异都会对劳动供给产生影响，而这种影响的结果是不确定的。再如，农业转移人口养老保障制度所设计的保障支付方式和保障支付水平既可以增加劳动供给数量也可以减少劳动供给数量。按照养老保险待遇给付方式，养老保险制度可分为待遇确定型①和缴费确定型②。结合现行统账结合养老金给付制度，农业转移人口养老保险待遇由统筹账户部分和个人账户部分组成，统筹账户部分意味着农业转移人口退休时可领取的养老金是确定的，为某一固定金额或工资的一定比例，这个确定数额是根据统一制定的支付公式计算而得到的，农业转移人口在职期间缴纳的养老保险费与统筹账户给付的养老待遇没有直接关联，权利和义务不完全对等，这样，统筹账户部分比例越高将会对包括农业转移人口在内的全体劳动者产生劳动供给的负向激励效应，会降低劳动供给数量。个人账户部分则意味着农业转移人口和用人单位按固定金额或工资的一定比例缴费，其中一部分缴费额将计入农业转移人口个人账户，养老基金管理机构将缴费用于金融资产投资，个人部分

---

① 待遇确定模式，是先设定养老保险金为保障一定的生活水平需要达到的替代率，一次确定养老保险金的给付标准，再结合相关影响因素进行测算，来确定养老保险费的征缴比例。因此，这种模式实质上是以支定收的模式。待遇既定模式维持的是短期内的横向平衡，一般没有结余，这种模式是和现收现付模式联系在一起的。

② 缴费确定模式，是结合未来的养老负担、基金的保值增值、通货膨胀率、企业的合理负担和工资水平等因素，经过预测，确定一个相当长时期内比较稳定的缴费比例或标准，再根据这个交费标准来筹集养老保险基金，并完全或部分地存入劳动者的个人账户，在劳动者失去劳动能力后，以其个人账户中的金额作为养老保险金或养老保险金的一部分。这种模式实质是以收定支，缴费既定模式维持的是长期内的纵向平衡，通常，这种模式是和完全积累模式联系在一起的。

缴费额和投资收益均计入农业转移人口个人账户。农业转移人口个人账户部分的养老金待遇水平主要取决于个人账户基金的累积数额，农业转移人口个人缴费额越高，缴费时间越长，未来获得的保障程度越高。因此，个人缴费比例的提高可以对农业转移人口增加劳动供给产生正向激励。可见，农业转移人口养老保障待遇支付方式的选择，即统筹账户部分待遇和个人账户部分待遇组合情况，将对劳动供给数量产生影响，但变动方向具有不确定性。此外，在市场经济条件下，劳动力市场激烈的竞争压力会使低人力资本存量的农业转移人口在临近退休法定年龄时面临较大的工作压力，如果养老保障待遇稳定而且保障水平比较高，就会激励他们对提前退休的向往，而且在养老保障待遇给付与退休政策缺乏关联和延迟退休带来的退休金增加值不足以弥补延迟退休所造成的闲暇减少的损失时，农业转移人口侧重于提前退休以获得更大的效用，退出劳动力市场，这就是较高保障水平和"一刀切"的法定退休年龄制度所产生的引致退休效应。从这种意义上来看，劳动供给会降低。

第三，农业转移人口社会保障对农业转移人口家庭生育数量产生影响，而人口数量又是决定长期劳动供给的重要变量之一。将农业转移人口纳入到现代社会保障体系，逐步完善相关制度，这会对农村家庭养老观念的转变产生一定的推力。从传统家庭养老保障观念来看，家庭生育子女数量是与家庭保障功能的发挥紧密相连的。随着时间的推移，子女扮演保障的角色越来越弱，子女对养老等保障的"效用"会逐渐下降。因此从长期来看，全社会家庭生育率会有所下降，进而导致劳动力供给数量减少。20世纪以来，发达国家的生育率不断下降，一些学者对社会保障制度和生育率的关系进行了相关理论和实证研究，研究结果也证明了社会保障制度会产生降低生育率的机制。例如，Ehrlich 和 Kim 对28个 OECD 国家和29个非 OECD 国家进行了现收现付制与生育率水平关系的实证研究，样本时间跨度为32年，发现随着养老待遇和缴费率的上升，生育率具有下降趋势（Ehrlich & Kim，2007）[①]。而贝克尔在

---

① EHRLICH I, KIM J. Social Security and Demographic Trends: Theory And Evidence from the International Experience [J]. Review of Economic Dynamics, 2007, 10 (1): 55 - 77.

1994 年的一项研究中指出，无论具有利他主义倾向的父母，还是非利他倾向的父母都存在减少生育子女数量的动机。具有利他主义倾向的父母通常以遗赠的方式向子女进行财产转移，如果子女较多，遗赠成本越高，为了保证向每个子女转移足够的财产，这种类型的父母常常会减少子女生育数量；就非利他倾向的父母而言，子女的重要性逐渐降低，在这种主观感受的支配下，此类父母会觉得养育子女的费用在增大进而选择减少生育子女的数量（贝克尔，1994）[①]。

第四，社会保障对劳动力起到保护、修复作用，而这种制度安排本身也会对劳动者产生激励作用，有利于增加劳动力供给。如果仅从理论上分析，根据理性经济人假设，人们总是在效用最大化的目标下根据外部经济条件的变化来调整自己的行为。以养老保险制度为例，养老保险制度及与之相关的变量成为劳动者的预算约束条件，从而改变劳动供给行为。一般来说，养老保险制度对劳动力再生产会产生积极效应，而劳动力再生产又是社会再生产得以延续的基本条件，养老保险制度能满足社会生产活动对劳动力的连续需求。人的生命周期经历了养育、使用和逐渐丧失劳动力三个阶段。其中，只有劳动力使用时期才能与生产活动发生直接联系，创造价值，其他两个阶段都属于纯粹的消费时期，但是这三个阶段是密不可分的，受人的自然成长规律支配。人只有在年少和老年时得到生活保障，才能使劳动力不断延续，而且拥有养老保险可以免除后顾之忧，有利于激发劳动者的生产积极性和创造性，增加劳动供给。由此可见，农业转移人口社会保障制度的完善和发展有助于维系劳动力资源的生存和再生产，社会保障通过收入补偿、支出补偿和互助共济，提供最基本的生活、医疗、安全、子女教育、住房、就业等保障，使暂时处于竞争弱势地位的农业转移人口和家庭成员的劳动能力得以维护和提高，为未来经济发展和产业结构调整提供长远的人力资源保障。社会保障还可以给低收入水平的农业转移人口提供最低生活保障，赋予农业转移人口及其家庭成员接受医疗和受教育的权利，从而提高劳动者

---

① 贝克尔著，赵思新译：《家庭经济学与宏观行为（上）》，载于《现代外国哲学社会科学文摘》1994 年第 12 期，第 18 ~ 21 页。

素质，减少劳动力市场结构性失业，也可以减少失业人员的再就业障碍。完善的农业转移人口社会保障制度有助于稳定农业转移人口的消费预期和参与经济活动的积极性，鼓励农业转移人口参与竞争，最大限度发挥农业转移人口的个人能力和才智。即使竞争失败，农业转移人口仍然有最基本的保障，此时，心理压力和成本随之降低，就业积极性不断提高，进而可以提升农业转移人口就业质量和生产效率，综上所述，这些都有助于增加劳动供给、提高劳动参与率。

综合上述农业转移人口社会保障劳动供给效应的分析后可知，社会保障对劳动力的保护、修复作用以及这种制度安排对劳动者的激励作用，有利于增加劳动力供给。如果考虑到社保的收入效应与替代效应的作用方向相反，以及社会保障制度的具体安排对保障对象的劳动供给行为的不同影响，社会保障对农业转移人口个人劳动供给的影响是不确定的。

2. 人力资本效应的理论分析

劳动供给质量的提升主要是通过人力资本投资活动实现的，而人力资本投资又主要体现在教育、健康、培训和干中学等方面。农业转移人口社会保障和相关公共服务体系的完善与发展有助于农业转移人口自身人力资本的积累，促进农业转移人口职业素质的提升。更为重要的是，农业转移人口社会保障制度有助于消除农业转移人口及其家庭成员的后顾之忧，可以通过影响农业转移人口群体总预期收入和当期实际收入来影响社会总体消费水平，增加农业转移人口群体对未来预期的乐观性，农业转移人口及其家庭成员就可以把更多的收入用于人力资本投资，而不是用于防范未来风险。因此，随着社会保障覆盖面的扩大，农业转移人口及家庭成员会增加保健、子女教育、在职培训等方面的自主性投资，这也将有利于人力资本的形成和积累。

例如，为农业转移人口提供健康保障，不仅使患病中的农业转移人口尽快恢复健康，而且在一定程度上解决了农业转移人口后顾之忧，有利于人力资本的恢复与再生产，进而促进生产效率的提高，对经济和社会发展有着极其重要的作用。再如，职业伤害所造成的直接后果是伤害农业转移人口生命健康，并由此造成农业转移人口及家庭成员的精神痛苦和经济损失。因此，为农业转移人口提供安全保障，可以使工伤农业转移人口最大限度地恢复劳动能力（在生命延续的前提下），尽快重返工作岗位，而在此时，安全保障制度起到了农业转移人口人力资本修复的功能。此外，农业转移人口社会保障制度的完善对农村生育质量产生一定的影响，进而对提高劳动力供给质量产生积极作用。农业转移人口社会保障制度可以影响农业转移人口家庭在生育时间上的决策。由于健全的农业转移人口社会保障体系可以解决农业转移人口及家庭成员养老、医疗、教育、住房等方面的后顾之忧，使农业转移人口有更多时间进行教育、健康、培训等方面的人力资本投资，提高身体素质和身心素质，特别是新生代农业转移人口更有机会、有时间和有精力通过正规学校教育、在职职业技能培训等途径增进人力资本积累，适应劳动力市场需求变化，为实现向上流动和代际转换奠定基础。农业转移人口子女教育、再就业与创业培训等公共服务政策对农业转移人口职业能力建设意义重大，完善相关公共服务政策可以促进农业转移人口合理流动、提高就业质量并且有助于顺利实现职业转换。

农业转移人口社会保障制度的完善有助于提升城市地区的拉力，有助于促进农业转移人口及其家庭成员实现永久性乡城迁移，而乡城迁移活动本身又会带来农业转移人口及其家庭成员实现人力资本增值，产生人力资本效应。主要表现在：第一，从低收入的农村地区向高收入的城市地区迁移，从农业向非农产业迁移，从人力资本水平要求较低的行业向人力资本水平要求较高的行业迁移，一般需要劳动力在迁移之前必须先进行一定的知识准备和技能培训，迁移后还要根据输入地生产经营实际需要进行在职培训，因此，农业转移人口乡城迁移有利于激发农业转移人口特别是新生代农业转移人口学习热情，增加知识储备，掌握符合实际需要的工作技能。第二，农业转移人口及其家庭成员从农村地区迁入城镇，能够接触到迁入地的优秀文化传统、工作作风、先进思想和理念，有助于提高农业转移人口及其家庭成员的自身素质，进而有利于人力资本实现增值。异地就业和生活，逐步锻炼了农业转移人口的社会适应能力和自我管理能力及心理素质，也将有利于农业转移人口自我成长和发展。第三，农业转移人口迁移所获得的经验、技术和资金对反哺流出地农村经济产生了积极作用，极大地促进了流出地农村人力资本的开发和积累，产生了显著的人力资本效应。

3. 迁移效应的理论分析

农民选择迁移还是不迁移，选择永久性迁移还是非永久性迁移，取决于农民对迁移成本与收益的权衡。作为理性的经济人，农业转移人口通常是依据迁移前后净收益的大小来决定是否继续留城打工还是返乡就业或创业。因此，迁移净收益是农业转移人口迁移决策微观机理的逻辑起点。

（1）农业转移人口社会保障有助于提高乡城迁移收益。农业转移人口社会保障制度的完善有助于提高乡城迁移收益，提升城市拉力，进而推动农业转移人口及其家庭成员实现永久性乡城迁移。首先，农业转移人口社会保障可以促进人力资本积累，进而可以提高农业转移人口及其家庭成员的就业竞争力和就业质量，实现向更高层次的就业岗位移动，晋升机会的增加又可以带来工资性收入等直接收益的上升，进而提高迁移净收益，有利于实现永久性乡城迁移。其次，农业转移人口社会保障制度本身可以增加农业转移人口及其家庭成员的间接收益，提升城市拉力，有利于永久性乡城迁移的实现。最后，农业转移人口社会保障可以增加农业转移人口及其家庭成员迁移所带来的非经济效用，提高心理收益，进而提高迁移净收益，有利于实现永久性乡城迁移。

（2）农业转移人口社会保障有助于降低乡城迁移成本。农业转移人口社会保障有助于降低迁移成本，进而提高迁移净收益，促进农业转移人口及家庭成员实现永久性乡城迁移。其理由主要包括：

首先，农业转移人口社会保障制度的完善和发展有助于分散和化解农业转移人口在城市就业和生活中所面临的风险，而风险成本的降低有利于提高农业转移人口乡城迁移的净收益，进而促进农业转移人口及其家庭成员由非永久性乡城迁移向永久性乡城迁移转变。一般来说，相对于农村户籍地人口来说，农业转移人口在城市工作和生活意味着缺少了土地、家庭和农村社区等最基本的保障因素；相对于流入地户籍人口而言，农业转移人口很可能会由于社会保障制度和城市社区组织互助机制的缺失而使乡城迁移风险放大。农业转移人口在新的环境、新的职业上带有更大的探索性，必将面临更多的不确定因素。农业转移人口在与城市新环境和社会群体的接触中可能会发生更多的摩擦，这些将导致乡城迁移的风险成本偏高。主要表现在：①相对于迁入地户籍劳动力而言，农业转移人口失业风险偏高，更需要失业救济等保障制度分散失业风险。在进城务工之前，农村户籍劳动力在输出地从事传统农业劳动，务工收益可能很低，也很有可能处于隐性失业状态，但基本不存在就业压力，而进城务工以后，农业转移人口乡城迁移过程中的失业风险显性化，而且会威胁到农业转移人口及随迁家庭成员的基本生活保障。同样是处于失业状态，迁入地户籍劳动力可以通过城镇失业保障制度和再就业促进机制渡过难关，再就业机会和失业保障程度会比农业转移人口大得多，因此，失业保障制度完善会有助于农业转移人口乡城迁移风险成本的降低，提高城市的拉力。②健康风险放大而引发的风险成本增加。如果没有固定的居住场所且居住环境较差，生活没有规律，加上大多农业转移人口从事脏重苦累等工作，生理上、心理上受到的损害比不迁移者或流入地户籍人口大得多，很容易引发农业转移人口健康问题，因此，在这种情况下，向农业转移人口提供健康保障有助于降低伤病风险和风险成本。③相对于从事农业生产活动而言，农业转移人口进入非农产业就业将使劳动过程的安全风险放大，从而引发风险成本增加。农业转移人口转移就业前，在户籍地从事农业生产活动，主要面临的是自然风险，而从事简单体力劳动所引发的安全生产风险出现的概率比较低；转移就业后，农业转移人口主要从事机械加工制造、建筑施工、采掘等重体力劳动，出现安全生产风险的概率较高，造成的后果相对严重。因此，在这种情况下，向农业转移人口提供安全保障有助于降低工伤风险和风险成本。

其次，农业转移人口社会保障制度的完善和发展有助于降低农业转移人口乡城迁移所带来的心理成本，而心理成本的降低有利于提高农业转移人口乡城迁移的净收益，进而促进农业转移人口及其家庭成员由非永久性乡城迁移向永久性乡城迁移转变。例如，住房保障制度的完善不仅有利于降低农业转移人口及其家庭成员迁移、居住的显性支出，而且更有助于改变农业转移人口与家人聚少离多的局面，降低农业转移人口孤单的感受和各种不适应，而且，农业转移人口住房的适度保障可以为农业转移人口做长期居住的打算和安排提供可能的便利条件，这也将有益于农业转移人口及其家庭成员妥善处理婚姻、子女教育和老人赡养等事宜，稳定农业转移人口永久性乡城迁移的预期，增强了农业转移人口及其家庭成员对城市融入的期待和信心。再如，子女教育保障和相关公共服务政策的完善有助于农业转移人口家庭整体迁移，降低家庭成员分离所带来的心理成本，提高乡城迁移净收益，加快市民化进程。此外，农业转移人口社会保障制度的完善有助于实现社会保障国民待遇，消除福利歧视，使农业转移人口及其家庭成员享受到与迁入地户籍居民同等水平的福利待遇，这将利于改变传统的、对外来务工人员歧视的观念，降低农业转移人口及其家庭成员由于心理上与城市居民存在隔阂、冲突而带来的心理负担和不适应性，进而降低了心理成本，提高了迁移净收益。

再次，农业转移人口社会保障制度的完善和发展有助于降低农业转移人口乡城迁移所带来的机会成本，而机会成本的降低有利于提高农业转移人口乡城迁移的净收益，进而促进农业转移人口及其家庭成员由非永久性乡城迁移向永久性乡城迁移转变。以失业保障为例，农业转移人口失业保障制度和就业促进机制的完善有助于降低农业转移人口乡城迁移过程中由于就业岗位变动和搜寻工作而没有收入的机会成本，进而利于提高迁移净收益，有助于实现永久性乡城迁移。

最后，流入地社会保障等公共服务政策的完善提升了城市的制度拉力，可以吸引农业转移人口家庭成员迁移到城市学习和生活，这有利于降低交通成本、沟通成本等显性支出，进而利于提高迁移净收益，有助于实现永久性乡城迁移。

7.1.2.3　结论

农业转移人口社会保障对劳动力需求的影响表现为：在短期来看，通过规模效应的作用会减少对劳动力的需求；而从长期来看，则通过规模效应和替代效应的双重作用会强化对劳动力需求的减少。但是如果考虑到社会保障对农业转移人口激励作用，以及由此带来的劳动生产率的提高、技术进步所带来的新产品的需求等因素的影响，对农业转移人口提供社会保障又会有利于扩大对劳动力的需求。根据发达国家对劳动者提供社会保障的经验，适度的社会保障水平从长期来看，不仅不会减少对劳动力的需求，还会由于这种制度安排对经济增长与社会稳定的促进作用，扩大对劳动力的需求。

农业转移人口社会保障对劳动供给的影响，从替代效应角度分析会减少个人的劳动供给；从收入效应的角度则会增加劳动供给；然而考虑到社会保障会增加农业转移人口整个生命周期内个人财富的现值，收入效应又会减少农业转移人口对劳动的供给。再考虑到社会保障制度的不同安排会对农业转移人口劳动供给行为产生不同影响，社会保障通过生育率的变动以及对劳动力所产生的修复作用，社会保障对农业转移人口劳动供给数量的影响也是不确定的。但是从社会保障对劳动供给所产生的人力资本效应和迁移效应相关分析可知，为农业转移人口提供适度社会保障有利于农业转移人口的人力资本积累，从而提高劳动力的供给质量，推进农业转移人口市民化进程。

综上所述，我们认为：从长期来看，农业转移人口社会保障制度有利于扩大劳动力需求，提高劳动力的供给质量，不仅有利于优化劳动力市场运行的制度环境，还有利于推进中国工业化与城镇化进程。

7.2 农业转移人口社会保障存在的主要问题

7.2.1 保障覆盖面窄

近年来，各级政府为加快建立覆盖城乡的社会保障制度，陆续出台了一系列措施办法，为广大农业转移人口享有社会保障提供了政策依据。但许多企业尤其是私营企业在农业转移人口的参保上，大多以新农保、新农合为主，不愿参加城镇职工的养老、医疗、工伤保险，以致农业转移人口在城镇务工中一旦发生工伤事故和生病治疗等，享受不到相应的待遇。

根据《2014 全国农民工监测调查报告》，农业转移人口"五险一金"的参保率分别为：工伤保险 26.2%、医疗保险 17.6%、养老保险 16.7%、失业保险 10.5%、生育保险 7.8%，制造业参保率最高，建筑业参保率最低，从事不同行业农业转移人口参保率差距明显[①]。根据《2016 年度人力资源和社会保障事业发展统计公报》的数据可知，2016 年农业转移人口参加工伤保险、医疗保险、养老保险、失业保险的比率分别为：26.7%、17.1%、21.1%、16.5%[②]。从数据可知，医疗保险和养老保险的参保比率略有下降，工伤保险和失业保险的参保比率略有上升，但总体而言，农业转移人口社会保险的参保率较低。

总体来看，农业转移人口社会保险参保率低，社会保险覆盖面狭窄，抵御风险的能力较脆弱。城市为农业转移人口提供的社会保障公共服务还有很大的缺口，社会保障问题是新生代农业转移人口最关心的问题，对农业转移人口来说，与城镇居民同等接受社会保障公共服务是顺利融入城市的重要影响因素。

7.2.2 保障水平低

以农业转移人口养老保障待遇为例来分析。我国的养老保障水平已经远远低于世界上绝大多数国家。有关资料显示，国际劳工组织《社会保障最低标准公约》目前规定，养老金的最低替代率为 55%。78% 的国家已超过 60%，低于 40% 的只有海地（33%）一个国家，替代率在 40% 的也仅有 6 个国家。这说明我国养老金替代率远低于《社会保障最低标准公约》规定的 55% 的最低替代率。以安徽省新农保为例，2015

---

① 国家统计局：《2014 年全国农民工监测调查报告》，http：//www. stats. gov. cn/tjsj/zxfb/201504/t20150429_797821. html，2015 年 4 月 29 日。

② 根据《2016 年度人力资源和社会保障事业发展统计公报》：2016 年全国农民工总量 28171 万人，年末参加城镇职工基本养老保险的农民工人数为 5940 万人，比 2015 年末增加 355 万人；参加工伤保险的农民工人数为 7510 万人，比 2015 年末增加 21 万人；参加失业保险的农民工人数为 4659 万人，比 2015 年末增加 440 万人；参加城镇基本医疗保险的农民工人数为 4825 万人，比 2015 年末减少 340 万人。

年，全国农村居民年人均纯收入为 10772 元，安徽省 2015 年农村居民年人均纯收入 10821 元，年人均生活消费支出 8957 元。安徽省缴费标准设为每年 100 元、200 元、300 元、400 元、500 元、600 元、700 元、800 元、900 元、1000 元、1500 元、2000 元和 3000 元 13 个档次。每人每年最低缴费补贴标准的设置具体是：缴费在 100 元~400 元之间的补贴额分别为 30 元、35 元、40 元、50 元，当缴费在 500 元及以上时，补贴额为 60 元。从 2014 年 7 月 1 日起，安徽省城乡居民基本养老保险基础养老金最低标准提高到每人每月 70 元。（数据来源于安徽省人力资源和社会保障厅）。按照国家规定，"可领取的月养老金 = （缴费档次 × 缴费年限 + 地方补贴 × 缴费年限）÷ 139 + 基本养老金"。这里的缴费年限一致设为 15 年。当缴费档次为 3000 元时，年养老金为 4803 元，养老金替代率为 44.39%，远远低于国际经验 70% 的养老金替代率，国际经验表明当养老金替代率低于 50% 时，就会降低职工退休后的生活水平。对于原本生活水平就不高的农村居民而言，如此低的替代率水平几乎是不能保障基本生活需要的。从养老金替代率角度可以看出我国农村的养老保障水平总体还是偏低的①。

再以失业保险为例，相对于城镇职工而言，农业转移人口失业保障水平也是比较低的，农业转移人口与城镇职工失业保障待遇之间仍存在显著的差异性。按照《失业保险条例》的规定，农民合同工按累计缴费时间每满 1 年只能发 1 个月的生活补助金，且补助的标准由省、自治区、直辖市人民政府规定。而城镇职工却按累计缴费时间领取，累计缴费时间满 1 年不足 5 年的，领取失业保险金的期限最长为 12 个月；累计缴费时间满 5 年不足 10 年的，领取失业保险金的期限最长为 18 个月；累计缴费时间 10 年以上的，领取失业保险金的期限最长为 24 个月②。

---

① 徐亚丽：《安徽省新农保的保障水平及其对消费的影响》，安徽财经大学硕士学位论文，2016 年，第 17~18 页。
② 李迎生、袁小平：《新型城镇化进程中社会保障制度的因应——以农民工为例》，载于《社会科学》2013 年第 11 期，第 76~85 页。

7.2.3　保障体系中的各制度之间衔接性差

碎片化的养老保险制度不利于农业转移人口参与养老保障，带来了养老保障体系内各制度之间衔接性较差等问题。针对不同身份的群体设立不同的养老保险模式，这是我国养老保险制度碎片化特征的集中体现。20世纪90年代，我国建立了城镇企业职工基本养老保险制度，2009年开展新型农村社会养老保险制度试点，2011年又启动城镇居民社会养老保险试点，而国家机关事业单位养老保险制度自成一体。此外，如前所述，针对农业转移人口的特点，一些地区相继建立了农业转移人口养老保险制度。至此，我国养老保险制度就呈现出了"碎片化"格局。"碎片化"的养老保险是基于身份属性的保障制度，而不同层次的养老保险制度在保障对象、缴费标准、受益水平、资金来源构成等方面都存在着很大差异。"碎片化"养老保险制度会严重阻碍不同身份人群之间养老保险关系的转移接续，会对劳动力市场制度性分割格局产生固化效应，不利于劳动力合理流动和二元经济转换。

2011年7月1日正式实施的《社会保险法》从法律层面进一步明确了跨地区就业的劳动者的基本养老保险关系转接的原则与办法。该法律的实施标志着农业转移人口跨统筹区变换工作岗位时，养老保险关系转移接续的制度障碍已经破除。今后一段时期内，随着新农保试点的推进，城保与新农保之间的转移衔接问题，已经成为影响我国养老保障制度改革和发展的主要瓶颈。由于新生代农业转移人口比较频繁地在城镇和农村流动，为保障其养老保险权益，迫切需要解决这一问题。城乡养老制度分割带来的制度衔接问题成为农业转移人口社会保障扩面工作的关键环节。

医疗保障体系中的各制度之间衔接性也较差。现阶段农业转移人口参加城镇职工医疗保险的比例较低的另一个原因是大多数农业转移人口在流出地（户籍所在地）参加了新型农村合作医疗，由于制度设计、参保对象等方面的差异，城镇医疗职保、新农合和城镇居民医保三大制度之间存在衔接困难、转移接续不畅等问题，这在一定程度上制约了农业转移人口在流入地享受所在地区基本公共医疗服务。以筹资模式为例，新农合采用"财政＋个人"的筹资模式，财政负担相对较大，筹资水平偏低，相应地保障水平偏低；城镇职工基本医疗保险采用"企业＋个人"的筹资模式，财政不参与筹资，企业负担大部分，相比之下，保障水平高于其他两种医保制度。在流出地参加"新农合"而在流入地就业，农业转移人口必然面对诸如异地就医、异地转诊、异地结算等问题，产生了诸多不便。例如，目前很多地区省内异地就医信息系统尚未建立，无法实现就医地和参保地的数据共享，结算办法地区间差异很大，医保管理实效大打折扣。从政策层面上看，我国医疗保险统筹层次过低，很多地区还没有实现市级统筹，各地区医疗待遇、基本药品等目录、基金管理等不统一，这些都是制约扩大农业转移人口医疗保障覆盖面的主要障碍和深层次原因。

7.2.4　主要保障项目缺失

主要保障项目缺失集中体现在：现阶段，农业转移人口社会保障公共服务供给单一化，无法适应农业转移人口保障需求多样性的现实状况，供给与需求存在严重偏差，农业转移人口社会保障制度适应性差。从现有颁布的与农业转移人口社会保障相关的各项法规、政策来看，农业转移人口社会保障制度建设偏重于社会保险，忽视了社会救助和社会福利。农业转移人口子女教育保障、住房保障和社会救助这三个比较急需的保障项目存在制度供给的缺失，因此，农业转移人口社会保障制度供给结构具有单一化、非均衡特征。而且，社会保险项目是基于具有稳定劳动关系就业特点的雇员而设计的，属于缴费类社会保障项目，比较适合农业转移人口群体中在正规部门稳定就业的一部分人。社会救助、农业转移人口子女教育和住房保障制度等具有政府转移支付性质，是具有单方向、非缴费性质的救济或福利类保障项目。农业转移人口社会救助和子女教育、住房福利等项目是不需要资助对象承担缴费义务，很适合向灵活就业或在非正规部门就业的农业转移人口及其家庭成员提供保障。由此可见，农业转移人口社会保障制度在缴费性社会保障项目和非缴费性社会保障项目之间的供给非均衡特征直接导致多数处于灵活就业或非正规就业状态的农业转移人口无法获得社会保障。

目前，很多城市已经建立起以经济适用房、廉租住房主要内容的住房保障体系。但目前大部分城市的住房保障体系尚未将多数农业转移人口纳入住房保障体系的范围。

当前农业转移人口子女教育保障存在的主要问题是：适龄儿童不能适时进入学校读书、超龄入学现象相对严重，进入城市公办学校就学难，上学费用高、入学难等问题没有得到根本解决等。《2016 中国流动人口发展报告》调研信息显示，农业转移人口子女的教育问题越发突出，他们在城市很难得到公平的教育机会，尤其是流动人口集聚的特大城市。数据显示，目前仍有 2.94% 的适龄流动儿童没有按照规定接受义务教育，低龄流动儿童入学晚的问题比较普遍。大龄流动儿童接受高中教育的比例偏低而且存在教育延迟现象。特别是跨省流动的高中在校流动儿童还面临着异地高考问题①。

在目前城市发展条件下农业转移人口随迁子女入学是有"门槛"的，一是"经济门槛"二是"非经济门槛"。如果将上学费用视为"经济门槛"，新生代农业转移人口随迁子女在城市上学或参加中、高考所需的手续和证明则是一种"非经济门槛"。高昂的借读费、赞助费等成为目前农业转移人口子女随迁最大的困扰和经济压力。2014 年国家统计局西安调查队公布的问卷调查显示，近半数农业转移人口随迁子女入学有高额门槛费，平均金额已超万元②，此外，农业转移人口随迁子女入学在城市上学也面临着其他困难（见图 7 - 3）。

随着农业转移人口总量的提高，农业转移人口子女义务教育规模非常巨大。以北京市为例，城镇中流动儿童占比为 36.28%，这意味着，在北京城镇中，每 10 个儿童中就有近 4 个儿童是流动儿童，在全国的

---

① 国家卫生和计划生育委员会流动人口司：《2016 中国流动人口发展报告》，中国人口出版社 2016 年版，第 12~13 页。
② 《农民工随迁子女西安入学，近半要交万元门槛费》，载于《西安晚报》2014 年 10 月 15 日。

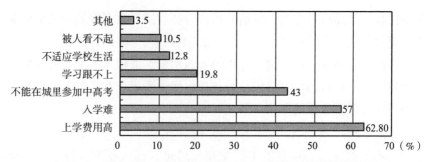

图 7 - 3　新生代农业转移人口随迁子女在城市上学面临的困难

城市中属于流动儿童比例较高的城市[1]。在北京，流动儿童要想进入公立学校学习需要办齐 5 证，即北京暂住证、在北京实际居住证明、务工证明、户籍所在乡镇政府出具的当地没有监护条件的证明、全家户口簿。从 2004 年以来公办学校接收流动儿童的准入条件一直没有松动，加之北京在 2015 年又出台了关于"教育控人"的一系列相关政策，导致近年来北京市公办学校接收流动儿童的能力没有增加，反而下降[2]。由于收入低、入学限定条件少，民办农业转移人口子女学校受到了低收入阶层农业转移人口的欢迎，大部分农业转移人口随迁子女选择"农民工子弟学校"接受教育。在缓解城市教育供求矛盾，满足农业转移人口子女入学需求等方面发挥了重要作用。但同时由于缺少相关政策和办学资金的支持，农民工子弟学校存在场地简陋、教学设施不健全、教师素质参差不齐以及教师队伍流动性大等问题。以北京市一个无证打工子弟学校的个案为例，校区是租用的，随着学生数量的增加，现在小学一个班学生在 80 人左右，班级规模太大导致教学质量没有办法保障。学校房租、水电等开支很大。学校学费每学期大约 450 元/人，书本费小学60 元 ~ 70 元、初中 100 元，校车费 200 元（需要校车早晚接送的孩子占学校学生总数的 2/3），校服费 50 元。为了保障教学质量，学校采用

---

① 北京市社科院：《北京社会治理发展报告 2014 ~ 2015》，社会科学文献出版社 2015 年版。

② 张绘：《流动儿童就读无证打工子弟学校的质性研究——基于北京一所无证打工子弟学校的个案分析》，载于《北京教育学院学报》2017 年第 31 卷第 1 期，第 20 页。

的办法是两个老师负责一个班，一个语文老师，一个数学老师。一个英语老师负责三个班。另外音乐、美术、体育等课程由中国政法大学的学生作为教学实践基地来负责讲授①。

社会救助是最低层次的社会保障，也是农业转移人口自身的一项基本权利。在现代社会中，尤其是在经济、社会转型的变革时期，造成贫困、权益缺失的原因中社会因素大于个人因素，而且农业转移人口是城市中的弱势群体，国家和社会理应向农业转移人口尽社会义务，实施社会救助是政府的职能之一。尽管 1999 年起实施的《城市居民最低生活保障条例》就城市居民最低生活保障的范围、保障的标准、资金来源、配套政策和管理体制等作出了规定，但只有拥有城镇户籍的居民，才有资格在生活困难时向政府申请援助并获得救助。农业转移人口由于没有城镇户籍，而无法享受最低生活保障及相关的社会救助。直到现在，城市和农村最低生活保障仍都是按属地管理原则审批低保对象，农业转移人口难以在经济困难时获得流入地政府救助政策的支持，尚没有纳入到城市的低保范围。因此，需要进行制度创新，对户籍制度和依附于户籍制度上的福利体制进行改革，适应农业转移人口自身特点对社会救助、养老、工伤等社会保障项目进行设计，将农业转移人口纳入到城乡统一的社会保障体系中来，维护农业转移人口的基本权益。

7.2.5 一些保障制度安排不符合农业转移人口就业特点

非正规就业农业转移人口涉及的行业和职业类别广泛多样，包括钟点工、保姆、水电维修、家电修理、保安、保洁、绿化、医疗陪护等社区服务业从业人员，还包括机关企事业单位使用的临时性、突击性劳务人员，还有个体户等自由职业者。由于这些人员构成复杂，且无固定联系方式，流动性很强，要摸清他们的参保信息等基本情况十分困难。这些都对社会保障运行机制的优化提出了新要求，迫切需要加快社会保障

---

① 张绘：《流动儿童就读无证打工子弟学校的质性研究——基于北京一所无证打工子弟学校的个案分析》，载于《北京教育学院学报》2017 年第 31 卷第 1 期，第 22 页。

信息化建设、完善社会保障关系转移接续机制，适应农业转移人口就业流动性和非正规性的趋势。主要问题集中在：社会保障关系转接程序复杂、成本高，增加经办机构工作量；信息系统建设滞后，导致部分地区不能按要求时限完成关系转接。人力资源和社会保障部 2012 年专项调研资料显示，养老保险转移接续政策出台之初，业务量全面大幅增长，在办公条件、人员配备和信息系统不变的情况下，新的转移程序增加了经办机构的工作量。一些地区的人力资源和社会保障管理部门反映转移接续的业务量确实很大，还需要与其他地区进行电话协调沟通，时间成本和财力成本均较高。以南京市为例①，南京市征缴中心转移接续科负责全市养老保险关系的转接，有 6 个工作人员，据介绍，每办理 1 人次接续账户手续需要 30～40 分钟的时间，由于人手少，任务难以完成。因此，南京市采取业务下沉的方式，将任务分解下放到区县一级经办机构，参保人到就近经办机构办理手续，市里只负责基金划转和信息表邮寄；委托邮寄信息表则集中办理、统一寄出，并通过短信服务告知转移人员；基金则需要一笔笔划拨，市里的工作量仍然很大。安徽省养老保险经办机构也反映②养老保险关系转移程序较多，需要网络传输信息表、打印并邮寄信息表、通过银行一笔笔汇款，还有电话沟通协调，在经办条件不变的情况下，增加了经办机构的工作量，提高了经办成本。据该省测算，跨省转接养老保险关系，一般一个参保人就需要 60 多元的成本费用，一个县如果 1 年有 1000 人转移，则其工作经费就有可能全部花完，县区一级社保经办机构难以承受。此外，统筹地区之间的协调难度大，也是转移接续办理中的突出问题。在转接信息传递过程中，地区之间存在沟通少、理解不一致、协调意识不强等问题，常常造成邮寄丢失、接收扯皮和推诿，争议无法有效解决，导致业务难以在规定时间内办结。

收入不稳定且总体水平较低造成社会保险关系难建立，社会保险缴费周期也不适应非正规就业农业转移人口工资支付方式。非正规就业农

---

① ② 国务院农民工办课题组：《中国农民工发展研究》，中国劳动社会保障出版社 2013 年版，第 267～283 页。

业转移人口基本报酬形式一般采取计时工资（如按天、按小时等），少数情况下采取计件工资（如零星劳务承包、产品推销等），一般不遵循正规就业单位的薪酬确定机制。通常，正规部门社会保险缴费按月进行。许多农业转移人口是在完成某项工作后，集中获得一笔劳务报酬，而且，劳务报酬的取得时间具有很大的不确定性，因此，按月缴费方式往往使农业转移人口不能够按时、正常缴费，导致参保不连续、参保率低等问题。

再如，城镇职工基本医疗保险制度不能够适应劳动力市场灵活就业现状。根据《国务院关于建立城镇职工基本医疗保险制度的决定》，城镇医疗职保覆盖范围涉及城镇所有用人单位及其职工，但对于乡镇企业及其职工、城镇个体经济组织业主及其从业人员是否愿意参加城镇医疗职保，由各省级行政区人民政府决定。现阶段劳动力市场具有用工形式多元化趋势，灵活性日渐增强，在这种背景下，农业转移人口中的大多数人属于非正规就业且就业领域为中小企业，较高的员工流动性和人力成本节约特性使得部分中小企业不给所辖员工按时足额缴纳医疗保险费，产生了制度真空。

7.2.6　一些保障制度安排激励效应差

在对农业转移人口的激励方面，现行养老保障制度的激励功能尚未得到有效发挥，从而难以在真正意义上解除农业转移人口的后顾之忧，农业转移人口对未来缺乏稳定的安全预期，从而不利于调动农业转移人口参保积极性。以城镇职工基本养老保险为例，城保单位费率为20%，全部计入统筹基金。个人缴纳8%，计入个人账户。统筹账户资金实行现收现付制度，用于养老金代际分配，属于待遇确定型缴费模式，该账户体现社会保障收入再分配功能，注重公平；个人账户资金实行累积制，该账户资金属于强制储蓄性质，体现多缴多得，注重市场效率。如果农业转移人口直接按照现行城镇职工养老保险制度进行参保，用人单位缴费部分计入统筹账户比例过高，个人账户激励功能发挥必然受到限制，农业转移人口养老金收益与在岗工作期间个人努力的关联性较差，因此，需要适当提高养老金缴费计入农业转移人口个人账户的份额，发挥个人账户参保激励功能。

7.3 主要问题的制度关联性成图分析

7.3.1 城乡二元福利体制的历时关联分析

7.3.1.1 从初始制度安排角度分析

新中国成立之前，我国经历了漫长的封建社会与半殖民地、半封建社会两个历史阶段，自然经济在广大农村地区分布，而城市工业部门的物质基础十分薄弱，城乡二元经济社会结构问题已经凸显。中国城乡社会保障制度基本处于空白状态。农村居民主要依赖土地保障和家庭保障两种保障形式以应对乡村社会发展过程中的养老、医疗等风险。

从新中国成立到1978年中国的改革开放之前，为了满足重工业优先发展经济战略的需要，服务于城市发展和现代工业体系的建设，就业和社会保障制度设计几乎完全是以城镇居民为对象，因此，正式的社会保障制度在农村几乎没有实施的土壤，我国农村地区居民事实上仍然以土地作为基本保障手段，以家庭为基本保障单位，非正式保障方式在农村地区承担着保障功能。而在本质上，土地保障和家庭保障并非完全意义上的社会保障，而是适应自然经济发展的个体保障。因此，新中国成立后相当长一段时期内，城市偏向的社会保障制度与农村传统保障制度共同构成了中国社会保障基本格局，具有城乡二元分割基本特征。城市偏向的社会保障制度使城镇居民在养老、医疗、工伤、社会救济、住房和教育等福利方面享受较高程度的保障待遇，而农村保障水平偏低，我国农民长期被排斥在社会保障体系之外。二元社会保障制度对我国社会保障制度变迁产生了强大的惯性，路径依赖由此产生。

7.3.1.2 从利益集团驱动的角度分析

城乡二元社会保障体制在既得利益集团的推动下会产生自我强化机制，而相关利益集团则是保持社会保障体制变迁持续下去的推动力，因为相关利益集团与现存二元社会保障体制是共存共荣的，而在各种利益的博弈中处于主导地位，只有巩固和强化现有二元社会保障体制才能保证既得利益集团持续获得利益，从而促进社会保障制度变迁保持原有的惯性、按照原有的方向持续发展下去。由于这些既得利益集团并不在乎现有社会保障制度安排是否能够实现资源配置的帕累托最优，他们更关心的是：制度变迁能否提高他们在新增收益中所占份额，即通过新的社会保障制度安排实现既得利益集团社会福利的增加，但是，如果社会保障制度变迁意味着既得利益集团的原有利益减少或社会保障优势的失去，他们就会阻碍新制度的形成，维护旧的社会保障制度安排。

农业转移人口社会保障制度的相关利益集团包括了中央政府、地方政府、城镇居民和农业转移人口及其家庭成员。中央政府作为社会保障等公共服务的制度供给者和管理者，更加关注的是全体社会成员的生存和发展质量，但是，由于管辖范围大、财力有限，因而只能是量力而行地去解决农业转移人口社会保障问题。农业转移人口社会保障制度设计与实施更多地依赖于条例政策，高层次立法保障不足，缺乏全国范围内针对农业转移人口社会保障问题的整体解决方案等都是二元社会保障分割体制路径依赖的直接体现，也是中央政府在农业转移人口社会保障制度转型过程中协调城乡利益集团、各地区比较利益后现实选择的结果。由此可见，农业转移人口社会保障制度的改革和发展必然会涉及一些利益集团的既得利益，如果没有全国性、权威性和强制性的法制约束，制度改革和发展容易受到阻挠甚至停滞不前，因此，立法先行、制度保障是有效解决农业转移人口社会保障与永久性乡城迁移问题的重要前提。

地方政府是在中央政府领导下、因地制宜地管理本行政区域内的经济社会发展相关事务，在实践中，地方政府会更多地考虑本地区居民的生活质量和发展空间，更在乎本地区居民公共服务方面的利益诉求和社会保障权益实现状况，因此，一般来说，相对于外来人口和务工人员，本地区居民往往能够享受到比较好的社会保障等公共服务。进一步来看，尽管外来务工人员对流入地区经济社会发展做出了积极贡献，地方政府也会在制度设计时考虑外来人口和务工人员的生活质量和发展空间，但是，由于地方政府经济人本性，加之区域经济发展的非均衡性和地方政府财力的制约，外来人口和务工人员的社会保障等公共服务供给水平和质量仍然是比较低的，基本公共服务供给格局具有非均等化的显著特征。目前，我国很多地方政府过分重视 GDP 指标，将该指标作为政绩考核和职务晋升的主要依据，因而会诱使地方政府忽视外来人口和务工人员在就业、养老、医疗、子女教育、住房保障等方面的公益性指标，也容易造成农业转移人口社会保障制度变迁陷入低成本路径依赖的陷阱。按照制度经济学原理，农业转移人口社会保障制度建设无论是遵循原福利体制发展路径还是进行制度创新都必然带来一定成本。农业转移人口社会保障制度创新往往需要投入较高的成本，也会面临创新风险。如果沿袭原有的二元福利体制发展路径进行改革，制度变迁的成本较小、风险较低。农业转移人口社会保障制度变迁过程中相关群体之间的利益冲突和较量、既得利益群体对制度变迁的反对和阻挠也都会增添制度变迁的压力和成本。可见，地方政府的有限理性、政绩偏好及农业转移人口社会保障制度创新可能会带来的成本、风险和压力都会影响地方政府对农业转移人口社会保障制度进行创新的动力。路径依赖的低成本陷阱往往导致农业转移人口社会保障制度沿袭原有路径变迁，实现制度创新和突破也是比较困难的。

城市居民和农业转移人口等外来人口之间的利益博弈也会产生农业转移人口社会保障制度变迁的路径依赖效应。前已述及，城乡二元分割的社会保障体制适应了重工业优先发展经济战略的实施，促进了新中国工业体系的建设，维护了城市地区居民的利益。现阶段，"工业反哺农业、以城带乡共同发展"的理念日益迫切，要实现农业转移人口和城市居民社会保障等公共服务均等化、加快农业转移人口市民化进程，必然要求中央政府和地方政府通过财政投入、转移支付等机制来予以实现，而这无疑会损害长期获利的城市居民，特别是城镇职工的既得利益。在城市居民和农业转移人口群体的利益博弈过程中，农业转移人口群体在社会经济地位、利益诉求途径和利益诉求机会等方面处于相对弱势地位，加之地方政府相关利益集团的经济人本性，农业转移人口群体很难在博弈中取得理想效果。农业转移人口社会保障制度供给不足和制度适应性差的问题在短期内也很难得到有效解决，这正是农业转移人口社会保障相关利益集团博弈后所产生的路径依赖效应。

农业转移人口社会保障制度设计要适应农业转移人口流动性大等就业特点，这就意味着：社会保障关系转移接续不应该存在障碍，要有助于劳动力流动和劳动力市场一体化发展。因此，提高社会保障基金的统筹层次成为必然选择。但是，提高社会保障基金的统筹层次又意味着社会经济发展水平高的地区要将本地区的部分发展成果与其他地区之间进行分享，在这种情况下，社会保障基金统筹层次的提升将会带来不同地区之间的利益冲突，会遭遇到部分地方政府和相关利益集团的阻力，因而，从这个角度来看，农业转移人口社会保障制度改革难度大、制度变迁成本高，原有统筹层次比较低的社会保障资金筹资体制便能够得以沿袭，路径依赖效果显现出来。

通过上述分析可知，制度供给者在制度变迁过程中会权衡制度创新的成本和收益，对他们来说，创新路径的成本会明显高于遵循原有制度路径所付出的代价，而制度创新收益又具有很大的不确定性，因此，经过权衡之后，制度供给者大多偏好于稳妥地执行旧有制度，除非改革的力量已经势不可挡，一般情况下，这些制度供给者不会冒险创新。因此，社会保障制度变迁具有路径依赖一般特点，社会保障制度设计不可避免会受到原有制度格局强大惯性力的作用。另外，原有制度产生的路径依赖特性和强大惯性力还表现在：原有制度既得利益集团的存在会对制度变迁路径选择产生影响，变迁可能向好的方向发展，也可能向不好的方向发展，甚至在有些情况下，即使某项制度安排会有利于提高经济社会运行的整体效率，然而由于既得利益集团的存在，制度创新和演进仍然是举步维艰，进展缓慢。目前，我国农业转移人口社会保障制度供给与需求的失衡，从客观上来讲，是我国城乡二元社会保障制度非均衡制度变迁路径依赖和制度惯性不断强化作用的结果。由于地方政府的经济人本性和有限理性，大部分地区将城镇职工社会保障基本制度和政策直接套用在农业转移人口身上，缺乏制度适应性，农业转移人口的制度响应性和参与积极性严重不足也就成为必然。例如，我国现行的城镇职工养老保险和医疗保险制度是保障待遇与就业和个人收入紧密挂钩的缴费型社会保险，该制度模式主要适用于具有稳定劳动关系的从业人员，而相对于农业转移人口经济承受能力而言，费率水平的适应性较差，制度设计也主要是考虑城镇职工承受力。针对农业转移人口参保，我国许多地区是直接将农业转移人口纳入到现行城镇职工社会保障体系，实际政策效果不理想。客观上讲，直接纳入城保解决农业转移人口社会保障问题是一条可以降低建制成本的路径，但制度适应性大打折扣，该做法忽视了农业转移人口就业特点和制度选择偏好。大多数地区选择城保模式的制度变迁路径主要说明两点：一是政府作为制度变迁主体，其在制度设计时不可避免地具有城市偏向特征，路径依赖明显；二是尽可能降低制度变迁成本，提高制度变迁收益。相比之下，大部分农业转移人口（尤其是返乡意愿强烈的农业转移人口）偏好于按照低缴费、低保障待遇原则设计的新农保、新农合等保障制度，而对城保制度积极性不高。

总之，制度向量之间具有相互关联特性，这种关联网络会产生规模报酬递增效应。递增的报酬又会使制度沿着特定轨迹发展下去，从而对经济长期运行的轨迹产生决定性影响。也就是说，路径依赖仍然起着作用。社会演化到今天，文化传统、信仰体系，这一切都是根本性的制约因素，我们仍必须考虑这些制约因素[①]。初始的二元社会保障模式的选择对现存的农业转移人口社会保障政策和措施产生了刺激和惯性，沿着原有二元社会保障制度变迁的路径和既定方向前进，总比另辟蹊径要来得方便一些。正如前文所分析的，路径依赖形成的深层次原因就是利益因素，而低成本陷阱和风险规避的经济偏好使得农业转移人口社会保障制度难以实现创新，反映出规模报酬递增和自我强化机制在农业转移人口社会保障制度变迁中所起的重要作用。

---

① 卢现祥：《西方新制度经济学（修订版）》，中国发展出版社2003年版，第90~91页。

7.3.2　非正式约束驱动的历时关联分析

制度化的规则通常由社会认可的非正式约束、国家规定的正式约束和实施机制共同组成。所谓非正式约束，是指人们在长期交往过程中无意识形成的、具有持久的生命力，并构成代代相传的文化的一部分。从历史发展的角度来看，在正式约束得到确立之前，人们之间的交往主要靠非正式约束来维系，即使在现代社会，正式规则也只占整个制度体系的很少一部分，人们生活的大部分空间仍然由一系列非正式规则来加以规范。非正式约束主要包括价值信念、伦理规范、道德观念、风俗习性、意识形态等因素。

由于非正式约束一般是通过长期历史的累积而逐步形成的，有些因素已经内化于人的思维中，与正式制度相比较，非正式约束在短时间内更难以改变，这些非正式约束所形成的规则潜移默化地对制度演进产生影响，而非正式约束的更替和变迁过程是缓慢的和渐进的。在小生产条件下，劳动力的再生产，对劳动力的保护以及对丧失劳动能力者的赡养，是以家庭为单位，由家庭亲属给予。由于它建立在生产力水平低下的小生产基础上，保障能力很弱，难以抵御严重的风险。家庭的这种社会定位，造就了家庭成员之间的相互依赖和相互照顾的机制，加重了人们对于家庭的依赖，而大家庭便成为传统社会的一种常见的现象，这种依靠血缘关系由分散的家庭或家族提供的对其家庭成员的生活保障就是家庭保障。在我国，由于许多农村地区长期处于相对封闭的状态，农村户籍人口受到我国传统家庭保障和孝文化观念的影响，通常认为，家庭是分散农业生产经营风险的主要载体，也是农村养老、医疗等最可靠的保障方式。越是贫苦边远、远离中心城镇的农村地区，建立大家庭和生育较多子女的观念更甚。此外，这种传统的以家庭为中心的保障制度既可以弥补农村地区保障社会化程度较低的局限，同时也形成了社会保障制度发展自我否定的对抗力量，对社会保障扩面的进度和保障水平的提高都产生阻力。

尽管农业转移人口进入城市工作后，生活空间逐步开放，传统的家庭保障观念的影响会随着时间推移而逐渐弱化，但农村家庭保障思想不可能很快消失，因此，农业转移人口对社会保障制度的了解、熟悉和认同需要一个过程，而且与城市居民相比较，在原有计划经济体制下，农村居民的既得利益可以说是非常少的，从就业到医疗、住房、子女教育、养老等，农村居民主要靠家庭自己解决，因此，他们对初始制度安排的依赖程度较低。

"效率优先，兼顾公平"的发展理念也对农业转移人口社会保障制度变迁的路径依赖产生了一定的驱动作用。实现公平分配，是社会保障追求的目标。社会保障的公平性主要体现在社会成员享受社会保障待遇的权利和机会是均等的。包括农业转移人口在内的任何一位社会成员，当其基本生活发生危机时，都能均等地获得社会保障的机会和权利。而社会保障的目标和作用最终也在于促进社会公平目标的实现。然而，如何能够正确处理公平和效率的关系是实现改革、发展和稳定目标过程中不可回避的重大问题之一，它既涉及理论问题，也涉及实践问题；既涉及公民经济权利的实现，也涉及公民政治权利的维护。因此，在我国经济社会发展过程中，政府对于公平和效率二者关系的认知将直接影响着政府决策。在改革开放初期，经济效率问题逐渐得到重视，因此，效率问题被提高到优先考虑的地位。中共十四届三中全会做出的《关于建立社会主义市场经济体制若干问题的决定》首次把"效率优先、兼顾公平"作为社会主义初级阶段经济领域里处理效率和公平关系的基本原则。社会保障制度具有收入再分配功能，在"效率优先、兼顾公平"原则的指导下，政府必然遵循城乡社会保障非均衡发展的制度设计思路，为突出效率，社会保障资源更多地流向了城市地区、经济条件较好的地区，而制度建设更加强调"要与经济社会发展水平相适应"，从而导致城乡社会保障发展水平仍然是存在显著差异。"效率优先、兼顾公平"的制度设计理念为社会保障制度的城乡二元分割、农业转移人口与城镇居民社会保障待遇差别化和社会保障制度建设的分类分层推进等方面提供了理论上的支持，而这些因素都使得农业转移人口社会保障制度在地区之间的差异性逐渐显现出来，农业转移人口社会保障制度变迁的路径依赖进一步突出、固化。

7.3.3　户籍制度的共时关联分析

为了保证重工业优先发展战略的实施，中国政府在新中国成立之初决定实行户籍制度，以及与其配套的城市劳动就业制度、城市偏向的社会保障制度、基本消费品供应的票证制度和排他性的城市福利体制等，有效地阻碍了劳动力在部门间、乡城间和所有制之间的自由流动。随着农村生产经营体制改革，农村大量隐性失业显性化，出现了农业转移人口乡城迁移这一历史现象，尽管农业转移人口乡城迁移带动了农村地区居民工资性收入的增长和经济发展水平的提高，但是，转移到城市就业的农业转移人口在就业岗位、工资收入水平和社会保障等方面都与拥有城市户籍的本地居民存在较大差异，其深层次原因在于：农业转移人口不具有城市本地户口。1958年的《中华人民共和国户口登记条例》确定了全国实行户籍管理制度的法律基础，该条例以国家法律的形式，对户籍管理的宗旨、主管户口登记的机关、户口簿的作用、户口登记的范围、户口申报与注销、户口迁移及手续、常住人口与暂住登记等方面都作了明确规定，从而形成了阻碍人口迁移和劳动力自由流动的初始制度安排和框架。户籍制度原本只是政府对其居民的基本情况进行登记和相关管理的一项国家行政制度，目的是提供人口统计资料和加强社会治安管理。然而，我国实行的户籍管理制度所实现的功能已经远远超过上述两项基本功能，因为有了城市本地居民户口就意味着能够享受当地政府所提供的一系列福利待遇，诸如就业、住房、医疗、教育、托幼、养老等一系列排他性社会保障和福利，虽然户籍制度保证了城市劳动力充分就业和享有排他性的福利待遇，但户籍制度固化了城乡二元就业和社会保障制度，造成了资源配置扭曲和低效率。

以户籍制度为基础的二元社会保障制度、就业制度、土地制度和财税体制等具有较强的共时关联特性，这些具有二元特征的管理体制嵌入到户籍制度中，并以户籍制度为基础运行、产生相应的制度效果。也正是由于户籍制度改革进展缓慢，加之制度间产生共时关联效应，使得二元社会保障体制低效率性和耐久性增强。尽管随着农业转移人口数量的日益增加，城乡分割维度由二元变为三元，但归根结底城乡二元结构的整体框架和制度相互嵌入方式都没有发生根本性变化。

现阶段，社会保障制度仍以户籍制度为依托，有些城市还没有采取有效措施将农业转移人口的住房、子女教育、医疗卫生、妇幼保健等需求纳入公共设施发展规划和服务之中；农业转移人口的其他社保制度安排也有别于城镇居民，例如，从城市社会救济制度来看，城市最低生活保障制度与本地户口密切关联，只针对城市本地非农户口的家庭提供生活困难救助，进城务工人员家庭即使生活再困难也不可能享受到最低生活保障待遇。此外，城市经济适用房、保障性住房等福利制度也仅针对本地城市非农户口人员提供，农业转移人口也就无缘享受相关福利待遇。城镇居民基本医疗保险和城镇居民基本养老保险制度本身也是针对城镇居民进行制度设计的，这些制度的适用群体也与户籍制度相关联，农业转移人口及其他城市外来人口又一次被排除在城市社会保障体系之外。受户籍制度限制，大部分农业转移人口缺乏参与社会管理的权利和表达利益要求的渠道。

7.3.4　就业制度的共时关联分析

现阶段，我国劳动力市场呈现出城乡分割、部门分割、体制分割和行业分割的并存格局。尽管随着就业和社会保障体制改革不断深入，城乡分割、部门分割、体制分割有所弱化，但城市劳动力市场存在正规部门劳动力市场和非正规部门劳动力市场之分，正规部门就业特征表现在：工作比较稳定、工资收入相对较高、内部晋升制度、福利制度也比较完善。因此，正规部门劳动力市场具有内部劳动力市场特性。而非正规部门通常是中小型企业或资本有机构成较低的劳动密集型企业，非正规部门劳动力市场是通过竞争机制实现劳动力资源的配置，工资和就业由市场力量决定。由于非正规部门就业劳动者流动性大、工作方式灵活，一般来说，形成劳动关系三方协商机制比较困难，加之就业竞争激烈，非正规部门劳动者对企业的工资定价权往往无力抗衡。因此，为了使利润最大化，企业尽可能降低成本，缺乏为雇用人员缴纳社会保障费的积极性，尽管有时为了挽留住人才，通常给一些技术或经营骨干缴纳社会保障费，但很多一线务工人员或缺乏技能人员仍然没有享受应有的社会保障待遇。结合上述分析可知，受农业转移人口人力资本水平和二元就业制度的影响，农业转移人口基本上都是在非正规部门就业，从而形成了城市内部的二元劳动力市场。这种就业制度与二元劳动力市场对农业转移人口社会保障制度的影响主要有：

第一，非正规部门企业利润水平低、寿命期短，不愿也无力承担高水平的社会保障缴费。非正规部门企业往往由于规模小、利润薄和融资渠道狭窄等原因难以在短时间内发展壮大，也较难抓住市场商机进而提高经营效益。低成本运营对处于高度竞争市场环境下的小微企业生存与发展显得尤为迫切，因此，非正规部门企业不愿也无力承担高水平的社会保障缴费。

第二，非正规部门企业小而分散，对其监督与管理的成本过高，导致许多企业不为农业转移人口缴纳社会保障费。非正规部门就业通常指发展中国家城市地区那些低报酬、无组织、无结构的很小规模的生产或服务单位。按照经济活动的组织形式不同，一般包括三种类型：微型企业、家庭企业和独立的服务者。现阶段，企业组织形式非正规化较普遍，行业分布较广，业务类型具有显著差异性，这给社会保障政策法规的执行与监管带来较大的难度。集中表现在：（1）社会保障管理分散、政出多门、各自为政，难以形成监管合力，尤其是在企业组织非正规化趋势加强的现实情况下，必然存在监管真空和漏洞。（2）农业转移人口高度流动性和自雇型就业日益普遍化，缺乏有效的社会保障信息数据和地区间信息资源共享机制也是导致监管成本高的重要原因。（3）非正规就业部门中的许多小型企业、微型企业生命周期短，经营范围、经营场所经常发生变动，这给社会保障执法和农业转移人口社会保障维权带来了较大麻烦，不利于农业转移人口社会保障权益实现。

第三，非正规部门就业稳定性差，加之公共服务属地化原则，导致农业转移人口社保制度的接续性更加困难。主要表现在：（1）劳动关系不规范导致社会保险关系不健全，社会保险关系难管理。非正规就业农业转移人口与用人单位的劳动关系一般都比较松散。如非正规单位使用的临时工、季节工、小时工多数都没有签订正规的劳动合同，处于随时可能被中止的状态。有些非正规就业农业转移人口存在多重劳动关系，如自雇类灵活就业人员（个体户、自由职业者），没有劳动关系权利义务相对人，因而不能形成劳动关系。因此，灵活就业对现行劳动关系制度和观念提出了挑战。这一特点为灵活就业农业转移人口社会保险关系管理正常化、规范化带来了很大困难。（2）工作岗位不固定造成农业转移人口社会保险关系难接续。部分非正规就业农业转移人口是与欠费企业解除劳动关系后自谋职业的，还有一些没有与企业解除劳动关系，处于企业和个人"两不找"的状态。对于原企业欠缴的保险费，有的非正规就业农业转移人口等待企业补缴欠费，持观望态度，影响了社会保险关系的接续。在劳动力供需矛盾十分突出的情况下，部分农业转移人口急于就业，担心不被录用，一般很少提出参保要求。相当一部分非正规就业农业转移人口需要变换工作单位和工作地点，但从目前社会保险关系转移接续政策实施的实际效果来看，社会保险制度还没有很好地解决农业转移人口在流动就业中社会保险关系的转移问题，影响非正规就业农业转移人口参保积极性。

第四，农业转移人口就业稳定性差，工资水平低，使得农业转移人口本人也不愿为不确定的风险而减少即期收入。农业转移人口社会保障从整体上说仍处于缺位状态，其主要原因之一是：务工企业作为劳动关系的主体一方常常为了降低企业运营成本有意规避社会保障缴费或纳税义务；农业转移人口作为劳动关系主体的另一方，大部分人没有能力或没有意愿将他们较低工资收入中的一部分用来缴纳他们眼下并不急需的社会保障福利。大部分农业转移人口通常情况下更关注当前的消费需求，例如，家庭成员的食品需求、住房需求、子女教育需求和门诊医疗需求等。从消费心理角度来看，农业转移人口更关注如何满足当前的个人生计问题，以致于非正规就业农业转移人口不太关心或不太积极为争取社会保障权益而努力，也无法抵御可能发生的各种经济社会风险。

7.3.5　公共服务属地化财政投入体制的共时关联分析

我国现行财税管理体制形成于 1994 年的分税制改革，改革的一项基本内容是：合理划分中央与地方的财政事权和财权，增加对地方的转移支付，均衡地方间的公共服务水平。根据现行中央政府与地方政府事权的划分，中央财政主要承担国家安全、外交、全国性基础设施和公共设施、中央国家机关运转所需经费，调整国民经济结构、协调地区发展、实施宏观调控所必需的支出以及由中央直接管理的事业发展支出。地方财政主要承担本地区政权机关运转所需支出以及本地区经济、事业发展所需支出，两者收入与支出所占比重如表 7－6 所示。从目前来看，公共服务属地化投入决定了地方政府要承担较重的支出责任。虽然中央政府也通过转移支付方式对带有全国性公共产品性质的社会福利救济、社会保障补助等事项给予支持，但地方政府以自身资源解决农业转移人口等流动人口的公共服务供给仍然具有较大压力。

表 7－6　　　　中央政府与地方政府财政收入与支出所占比重

年份	收入比重（％）		支出比重（％）	
	中央政府	地方政府	中央政府	地方政府
1994	55.7	44.3	30.3	69.7
1995	52.2	47.8	29.2	70.8
1996	49.4	50.6	27.1	72.9
1997	48.9	51.1	27.4	72.6
1998	49.5	50.5	28.9	71.1
1999	51.1	48.9	31.5	68.5
2000	52.2	47.8	34.7	65.3
2001	52.4	47.6	30.5	69.5
2002	55.0	45.0	30.7	69.3
2003	54.6	45.4	30.1	69.9

年份	收入比重（%）		支出比重（%）	
	中央政府	地方政府	中央政府	地方政府
2004	54.9	45.1	27.7	72.3
2005	52.3	47.7	25.9	74.1
2006	52.8	47.2	24.7	75.3
2007	54.1	45.9	23.0	77.0
2008	53.3	46.7	21.3	78.7
2009	52.4	47.6	20.0	80.0
2010	51.1	48.9	17.8	82.2
2011	49.4	50.6	15.1	84.9
2012	47.9	52.1	14.9	85.1
2013	46.6	53.4	14.6	85.4
2014	46.0	54.0	14.9	85.1
2015	45.5	54.5	14.5	85.5
2016	45.3	54.7	14.6	85.4

资料来源：历年《中国统计年鉴》；2016 年数据由财政部网站数据计算所得。

以 2009～2010 年中央、地方财政收支结构为例，地方政府用不到全国财政收入的一半支付了全国财政支出的近八成，事权与财权不对等问题严重。因此，现有财税体制对地方政府为农业转移人口提供社会保障服务缺乏激励效果，地方政府进行农业转移人口社会保障管理体制创新动力不足，这是农业转移人口社会保障权缺失的重要原因之一。

7.3.6 社会保障资金统筹体制的共时关联分析

解决农业转移人口社会保障问题需要构建应对地区间利益冲突的协调机制。社会保障资金的统筹层次决定了动员社会保障资金的伸缩能力，统筹层次越高，动员社会保障资金的伸缩能力越强；相反，统筹层次越低，动员社会保障资金的伸缩能力越弱。从制度关联角度讲，社会保障统筹层次较低是劳动力市场区域分割的重要表现，也是造成农业转移人口输出地和输入地政府社会保障利益冲突的制度根源。社会保障资金低统筹层次还会导致区域间保障资金缺乏互助共济功能，而地方政府出于地区利益博弈考虑会制定有利于自身的社会保障政策，人为设定严格的参保条件，目的是限制资金流出本区域，这就使农业转移人口社会保障制度设计无法适应农业转移人口流动就业的特点，体现出制度适应性较差。根据南京财经大学曹信邦教授（2007）的研究成果，在现有社会保障体制下，农业转移人口输出地政府社会保障基金与农业转移人口输入地政府社会保障资金难以调剂使用，输入地政府可以获得跨统筹区域流动农业转移人口的养老基金贡献，而输出地政府养老保险基金会出现隐性损失。从理论上看，输入地政府有动机通过制度设计强制留存农业转移人口养老保险缴费统筹部分的基金。如表7-7和表7-8所示的数据可以验证上述结论。

表7-7　　跨省流动农业转移人口对输入地政府养老保险基金贡献情况

省份	占农业转移人口跨省输入比例（%）	农业转移人口输入人数（万人）	月平均工资（元）	社会统筹账户缴费率（%）	输入地社会统筹年贡献（亿元）	人均财政收入及全国排位（元）
广东	46.7	2802	798	20	402.48	1968/5
浙江	9.8	588	798	20	84.46	2179/4
上海	6.9	414	798	20	59.47	7972/1
北京	6.9	414	798	20	59.47	5984/2
江苏	5.3	318	798	20	45.68	1772/6
福建	3.9	234	798	20	33.61	1225/8
天津	2.3	138	798	20	19.82	3182/3
其他省份	18.2	1092	798	20	156.85	—
合计	100	6000	—	—	861.84	—

资料来源：曹信邦：《农民工流动条件下地区间社会保障利益冲突研究》，中国劳动社会保障出版社2007年版，第1101～1105页。

表 7 - 8   跨省流动农业转移人口输出地政府养老保险基金隐性损失情况

省份	占农业转移人口跨省输出比例（%）	农业转移人口输出人数（万人）	月平均工资（元）	社会统筹账户缴费率（%）	输出地社会统筹年隐性损失（亿元）	人均财政收入及全国排位（元）
安徽	13.6	816	798	20	117.21	546/28
江西	11.1	666	798	20	95.66	587/25
四川	10.7	642	798	20	92.22	584/26
湖南	10.0	600	798	20	86.18	625/22
湖北	10.1	606	798	20	87.05	658/21
河南	7.7	462	798	20	66.36	574/27
广西	6.9	414	798	20	59.47	608/24
重庆	5.7	342	798	20	49.12	918/12
贵州	5.1	306	798	20	43.95	490/29
其他省份	19.1	1146	798	20	164.62	—
合计	100	6000	—	—	861.84	—

资料来源：曹信邦：《农民工流动条件下地区间社会保障利益冲突研究》，中国劳动社会保障出版社 2007 年版，第 1101~1105 页。

7.4　农业转移人口社会保障问题的破解路径

7.4.1　深化二元体制改革，促进相关制度安排的协调性

7.4.1.1　构建科学的农业转移人口社会保障财政投入制度

构建科学的农业转移人口社会保障财政投入机制是避免输入地政府对农业转移人口社会保障财政责任缺位的重要举措。由于农业转移人口大多不是本地居民，地方政府大多不愿意承担其社会保障责任。从一些地方政策实践来看，地方政府不仅没有承担对农业转移人口社会保险的补助和兜底责任，相反，甚至还从农业转移人口有限的社会保险缴费中

获得收益。有些地区虽未将农业转移人口社会保险打入另册，但在政策中允许退保，实际上不仅没有为农业转移人口社会保险承担财政责任，反倒侵占了农业转移人口养老、医疗等社会保险的社会统筹权益。因此，要建立政府对农业转移人口社会保障的正常投入机制和各级政府的分担机制，各级政府应加大对农业转移人口就业促进和社会保障的专项资金投入，将其列入公共财政支出的重点领域，保障农业转移人口人力资源开发和社会保障重大项目的实施。应加大财政对农业转移人口专项资金的投入力度，逐步提高社会保障支出占财政支出的比重，推进公共服务均等化，促进农业转移人口在城镇稳定就业。还应将农业转移人口纳入城市公共服务体系，积极推进基本公共服务均等化，逐步使农业转移人口享有与城镇居民同等待遇，采取有效措施，因地制宜，分步推进，把符合落户条件的农业转移人口逐步转为城镇居民。对暂不具备落户条件的农业转移人口从制度上逐步解决他们在劳动报酬、子女就学、公共卫生、住房租购、社会保障等方面的实际问题，使他们逐渐融入城市生活，实现由农民向市民的嬗变。

7.4.1.2　消除劳动用工的制度性歧视

社会公平是以社会成员收益分配和生活状况的公平性为标志，是社会保障发展的重要内容。社会公平包括起点公平、过程公平（机会公平）和结果公平。

首先，建立城乡统一、平等竞争的劳动力市场，逐步消除农业转移人口就业歧视、改善农业转移人口就业环境，这是保障农业转移人口的"起点公平"，使其具有公平的生存与发展权利，并能够消除贫困、疾病、灾祸带来的社会不公平的前提和基础。鉴于农业转移人口社会保障制度建设的主体内容是与就业相关联的养老保险、工伤保险、失业保险、住房保障等项目，因此，完善农业转移人口社会保障制度、改变农业转移人口社会保障权益缺失的现状最为关键和基础性的应对之策在于：要树立就业优先的原则，彻底改变重城镇、轻农村，重市民、轻农民的就业观念和相关政策，把农业内部、农村区域和农民进城就业一并纳入国家就业计划，分类实施。

其次，农业转移人口社会保障项目的实施要有助于农业转移人口及子女人力资本积累和提升，要有助于转移就业能力的增强，要有助于提高农业转移人口自身素质，加快农业转移人口市民化进程。农业转移人口转移就业过程中的权益保障缺失是农村劳动力实现永久性乡城迁移问题的症结所在。最后，为了实现社会保障过程公平、降低农业转移人口市民化成本，要进一步清理和废止对农业转移人口的各项歧视和限制政策，坚决制止向农业转移人口的收费和变相收费。尽快出台保护农业转移人口权益的政策，重点解决农业转移人口最低生活保障制度、廉租房安排、子女在城市公立学校的平等入学权利等问题。此外，保障农业转移人口参与劳动力市场竞争，实现农业转移人口社会保障的"过程公平"还表现在：不断为农业转移人口提供失业救济、教育及就业培训等保障措施，缓解或消除因产业结构调整、经济周期导致失去工作从而造成生活危机的风险，使社会成员平等地参与社会的竞争。

7.4.1.3 深化城乡二元户籍制度改革

城乡二元户籍制度与农村土地制度改革滞后为我国农业转移人口实现永久性乡城迁移设置了诸多障碍，把城乡人口进行制度性分割的户籍制度形成于我国的计划经济时期，尽管改革开放近40年以来的制度变迁，特别是2002年以来的二元经济体制的深化改革，城乡分割的户籍制度有所松动，但户籍制度改革在我国二元经济体制变革中仍属于薄弱环节，至今仍处于政策的局部调整与修改阶段，依附于户籍制度上的劳动就业、社会保障、居住权利、子女教育等城乡福利差异还严重存在，因此，上述由于户籍制度的存在而产生的城乡福利差异使农业转移人口的迁移成本上升，降低了迁移的预期收益，在一定程度上对农业转移人口参保产生了负激励，延缓了社会保障制度一元化进程。

改革户籍制度必须首先剥离户口附加利益。要打破城乡身份、户籍限制，消除城乡不同户籍在就业、教育、社保等方面的权利差异，走城乡一体的城镇化道路。一方面，在制定政策时不能再把社会保障和户籍制度捆绑在一起；另一方面，对已经捆绑在一起的制度中，应该想办法把它从户籍制度中分离出来，让户籍制度仅仅承担一个人口管理的职能，而不让它承担更多的公共服务等功能。

改革户籍制度就是要逐步开放落户政策，有序接纳农业转移人口成为城市居民。逐步建立统一、开放的人口管理机制，尽快改变进城务工人员身份转换滞后于职业转换的状况。目前，东部地区特别是珠江三角洲、长江三角洲地区的中等以上城市落户"门槛"仍然较高，一些中部地区中等城市也有投资数额、纳税数额等过严的条件限制。因此，要综合考虑农业转移人口的就业能力和所在城市的人口密度、环境承载力、合法稳定职业的从业经历情况、居住年限等因素，合理确定农业转移人口市民化标准，逐步推进户籍制度改革。

加快建立居住证制度，为暂时不具备落户条件的农业转移人口提供基本公共服务。与摆脱贫穷为根本动因的第一代农业转移人口相比，20世纪80年代出生的第二代农业转移人口到城市务工经商的目的是为了改变生活方式和寻求更好的发展机会，也是为了融入城市的主流社会。因此在城镇化的进程中，要充分考虑在城镇长期居住的农村流动人口，特别是新生代农业转移人口的需求，促进农村居民有序进城落户，积极探索户籍、土地、就业、住房、社会保障联动的改革措施。

7.4.1.4　加强农业转移人口社会保障的法制建设

立法滞后是制约农业转移人口社会保障权益实现的重要原因之一。目前，《社会保险法》已经实施，尽管该法首次以人大立法形式确立了社会保险制度的总体框架，并对城乡居民的养老、医疗、工伤、失业和生育等保险项目作出了详细的规定，但涉及农业转移人口社会保障权益的内容仅仅是原则性的规定，这些内容对各地区农业转移人口社会保障工作的指导作用不强。因此，要在各地区农业转移人口社会保障实践经验的基础之上，科学分析农业转移人口社会保障探索中的新问题、新情况，认真梳理这些经验、问题和具体措施，尽快推进原有法规的修订与完善，例如，《农民工参加基本养老保险办法》等已经实施的法规，还要尽早在国家层面上制定适合农业转移人口特点的住房保障、社会救济、子女教育福利等方面的法律和法规，这样可以通过法制环境优化产生稳定农业转移人口政策预期的效果，有力地推进农业转移人口社会保障深入发展。在推进农业转移人口社会保障法制建设的过程中要特别注意与国家层面其他法律法规的衔接，以农业转移人口社会保障法制建设为契机，构建比较完善的人力资源和社会保障法律法规体系。要继续全面贯彻实施劳动法、劳动合同法、就业促进法、劳动争议调解仲裁法、社会保险法，制定与社会保险法配套的农业转移人口社会保障法律法规，特别是要制定农业转移人口人力资源开发促进等方面的法律；各地区要着手制定或完善农业转移人口职业技能培训和鉴定条例、集体协商和集体合同条例、企业工资条例、失业保险条例（修订）、基本医疗保险条例、社会保险基金监督管理条例等行政法规。建立和完善农业转移人口社会保障行政执法责任制和评议考核制度，强化行政监督和问责制度，规范行政执法行为，不断提高依法行政意识和能力。

7.4.2 有效解决保障供给单一化与保障需求多样性的矛盾

7.4.2.1 逐步完善社会保险体系

建立符合农业转移人口社会保障需求特点的制度体系应坚持重点突破、稳步推进原则。根据农业转移人口职业特点、收入状况、流动程度、市民化意愿和就业环境等特征，采取分层、分类的措施实现农业转移人口的社会保障权益。当前，应优先发展农业转移人口工伤保险和医疗保险，积极落实农业转移人口参加工伤、医疗保险政策，解决农业转移人口最急需的权益保障问题。这就是重点突破，即重点保障项目要突破、重点工作环节要突破、重点行业领域要突破。以农业转移人口工伤保险为例，需要建立重点行业农业转移人口安全生产培训示范工程，将工伤保险和风险防范有机结合，提高农业转移人口安全保障意识，促进企业积极采取安全保障措施，降低和化解潜在安全风险。在农业转移人口就业比例较大、风险较高的矿山、危险化学品、烟花爆竹、涂装等重点行业，通过企业申请的方式，选取一些大型企业、大型工业园区、中小型企业聚集地等开展农业转移人口安全生产培训示范工程。对于小矿山、小化工、手工作坊等小企业较为集中、农业转移人口就业人数较多的地区，应引导有关培训机构或企业设立联合培训基地。在增强农业转移人口自我保护意识的同时，要加强工伤保险参保监管、督查，及时向用人单位发出参保通知及限期参保通知，形成农业转移人口工伤保险参保监管的常态化机制。在重点领域加强监管的同时，要制定灵活多样的参保办法，便于农业转移人口参保。例如，第三产业是农业转移人口就业的主要领域，在这个领域中，中小服务企业较多，很多农业转移人口都在中小服务业企业工作，针对第三产业中许多企业缴费工资难确定、参保人数难确定的问题，可以采取灵活多样的参保办法，如按营业面积核定参保人数、采取定额费等，以便于这些行业农业转移人口参保。

由于农业转移人口群体具有复杂性和日渐分化的趋势，采取分层、分类的措施实现农业转移人口社会保障权益是理性的选择，也是逐步将农业转移人口纳入到一体化社会保障体系的现实要求，因此，农业转移人口社会保障过渡性制度安排的设计要坚持制度需求和供给的有效匹配。以农业转移人口医疗保险为例，根据农业转移人口职业特点、市民化意愿等特征，有的农业转移人口在城镇工作时间较长、工作关系稳定并且市民化意愿较强，对于这样的农业转移人口，由于已经与用人单位签订劳动合同并实现稳定就业，要求随单位参加"统账结合"的城镇职工基本医疗保险。对于流动性较强的农业转移人口，尽管这类农业转移人口可能与用人单位签订劳动合同，但劳动关系不稳定，因此，对这类农业转移人口应实行农业转移人口医疗保险。通过实行低费率、保当期、保大病为主、雇主缴费，将农业转移人口纳入基本医疗保险，如果有条件的话，可以加上保门诊待遇，目的是提高政策的参保激励效果。对于自雇或灵活就业农业转移人口，可以由本人自愿选择参加务工所在地的灵活就业人员的医疗保险或城镇居民基本医疗保险，也可以自愿选择参加户籍所在地的新型农村合作医疗。

还要对社会保险管理方式进行创新，适应劳动力市场灵活性要求。针对农业转移人口中许多人员收入相对不稳定、流动性强、经济承受能力低、难以按时交纳与城镇职工同额的个人缴费、企业缴费难处理等困难，严格按照《社会保险法》规定与城镇职工采取一个模式缴费存在较大的困难。各级政府应当探索农业转移人口的社会保险缴费模式，创新管理方式，例如，针对建筑业社会保险的缴费问题，可以要求城乡建设部门给予配合，施工单位在招投标中，需要把农业转移人口的社会保险费纳入招投标预算，减轻施工单位资金压力。

7.4.2.2 建立适合农业转移人口的社会救助制度

现有的社会救助制度尚未涵盖进城务工人员，当出现经济困难或因大病、重病导致家庭无力承担高额的医疗救治费用等情况时，农业转移人口必然承担很大的生活或精神压力，会严重影响农业转移人口就业稳定性，因此，要在现有城市救助制度基础之上，扩大救助范围、提高救助水平，将农业转移人口纳入到城市社会救助网络，实现社会保障体系的无缝衔接，为保障处于困难阶段的农业转移人口正常生活而构筑最后一道安全防线，这是输入地政府对农业转移人口履行最基本民生保障责任的重要体现。随着城市居民最低生活保障制度在全国的建立和实施，一个作为社会保障体系基础部分、同其他层次社会保障制度相互配套、相互衔接的城市居民最低生活保障制度网已初步形成。这个保障网由一条经科学测定后确定的最低生活保障线、一个稳定的来自政府财政的资金渠道、一系列与之配套的保障手段、一整套规范的操作程序、一个相对严密的管理体制和以社会化、规范化、科学化为特征的运行机制构成。完善农业转移人口社会救助制度最重要的一点就是逐步提高农业转移人口社会救助的覆盖率。有步骤地推进农业转移人口的社会救助，逐步将符合条件的农业转移人口纳入城镇基本生活救助范围，通过完善最低生活保障制度为他们提供必要的社会最低生活保障，以维持基本生活条件，帮助他们渡过困难期。除此之外，还要探索农业转移人口医疗社会救助、失业社会救助和法律社会救助等方面的新途径，完善农业转移人口救助体系，加强整体推进。

7.4.2.3 强化农业转移人口住房和子女教育保障机制

逐步将农业转移人口家庭纳入到输入地廉租房范围。目前许多城市的廉租房的适用对象是城市的双困难家庭，覆盖面较小。而农业转移人口群体中的很大一部分人符合所在地区廉租房的适用标准，有必要将其纳入到廉租房保障范围内。只要将农业转移人口纳入到廉租房保障体系中去，农业转移人口就会享受到政府的财政补贴，从一定程度可以解决农业转移人口的住房问题。因此，在完善农业转移人口廉租房保障政策时可以参考当前城镇廉租房的相关规定，根据农业转移人口的特点，进行相关细则的调整与修改，建立起一套符合所在地区实际情况的审查、进入、轮后及退出机制。

城乡教育制度问题由于城市教育经费的投入和教育水平远比农村高，很多转移就业劳动者都希望子女能够享受城市教育。然而优质教育资源有限，一部分农业转移人口子女不能享受公平均等的教育机会。因此，加大教育资源的统筹力度，保障农业转移人口子女接受义务教育的权利，将农业转移人口子女义务教育纳入到城市公共教育体系。

7.4.3　健全适应农业转移人口就业特点的社会保障运行机制

7.4.3.1　完善社会保障信息化管理机制

农业转移人口社会保障是一项牵涉面广、影响深远和带有全局性的复杂系统工程，涉及农业转移人口职业能力建设、劳动管理、工资支付保障、养老保障、医疗保障、职业安全保障、住房保障、公共服务均等化、子女教育和文化生活等诸多方面，政策性极强，制度建设和实施的任务十分艰巨。由于农业转移人口群体具有规模大、分布广、流动性强等特点，如果缺乏有效的信息化手段对当前农业转移人口的规模、结构、分布、素质、就业和社会保障情况、居住条件、子女教育和户籍状态等方面进行科学分析和评价，政策制定的效率和制度实施的效果将受到负面影响。因此，加快推进农业转移人口社会保障信息化建设，提升对农业转移人口社会保障各项事业的支撑能力，就显得尤为必要和十分紧迫。

建议加强基层平台信息化建设，提升基层平台服务能力。一是要扩大联网数据应用，要逐步扩大应用范围、提高应用层次，要尽快将应用范围扩大到就业、失业、医疗、基金监管、异地业务协同管理等方面；二是要把面向社会为公众服务放在信息化建设的重要位置，树立以人为本的观念，面向农业转移人口提供更多更便利的服务；三是要积极推进信息网络建设，构建国家、省、市、县、乡镇（街道）各级广覆盖、全畅通、高效率的城乡一体化的人力资源和社会保障信息服务网络；四是要按照数据向上集中、服务向下延伸的要求，由人力资源和社会保障部统一领导和协调、组织开发基层公共服务应用软件，将政策咨询、人力资源信息、就业创业服务、技能培训、社会保险服务、劳动监察和劳动人事争议调解等纳入基层公共服务信息化建设内容，实现基础台账电子化、业务经办网络化，切实提高工作效率和服务能力。

加快推进各省级行政区域社会保障"一卡通"建设进程，逐步将各省级行政区域内农业转移人口就业和社会保障信息纳入到社会保险管理信息系统内进行集中管理，实现资源共享。

在各省级行政区域内，以地市为中心的管理形式要逐步变为全省贯通的"大社保"模式，实现业务管理现代化，业务流程规范化，业务办公自动化，公众服务的多样化。以社保卡为载体，建成面向城乡参保人员、技术标准统一、多领域广泛使用的社保卡服务体系与运行管理机制。促进社保卡在人力资源和社会保障业务领域的广泛应用，在各省级行政区域范围实现社保卡的联网应用，逐步实现"一卡多用、一卡通用"，更好地为城镇居民、农村居民、农业转移人口等提供方便、快捷、高效的服务。"一卡通"就业和社会保障信息管理系统简要流程如图 7-4 所示。

7.4.3.2 完善社会保障关系的有序转移机制

逐步提高养老、医疗保险统筹层次，尽快实现基本养老保险全国统筹，建立医疗保险跨行政区域的经办网络。目前，我国基本养老保险为省级统筹，基本医疗保险为地方级统筹。由于统筹层次低，对流动就业人员尤其是农业转移人口的社会保险关系转移接续带来障碍。为此，要尽快提高社会保险统筹层次，建议在继续推进完善省级统筹的基础上，加快基本养老保险全国统筹的步伐并尽早实现基本医疗保险省级统筹，从根本上解决农业转移人口养老保险转移难的问题，缓解农业转移人口医疗保险转移接续等问题。

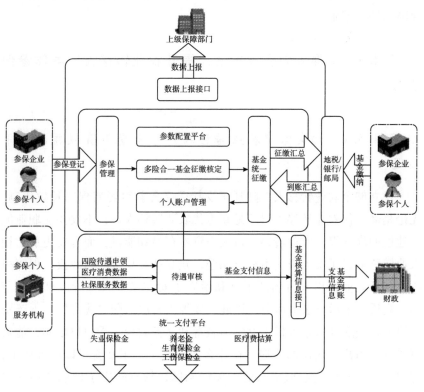

图7-4　"一卡通"就业和社会保障信息管理系统

7.4.4　完善社会保障的资金筹措机制

　　进一步完善传统的由用人单位和劳动者共同缴费而形成社会保险基金的筹资机制，逐步调整、提高农业转移人口个人账户积累基金比例，尤其是对工作稳定性差、流动频繁和回流倾向高的农业转移人口参加养老保险进行有益探索，实行完全累积制，发挥参保激励效应，促进农业转移人口人力资本投资。多渠道补充社会保障资金，如发行债券和彩票、调整财政支出结构、开征社会保障税、接受社会捐资、以提高社会保障基金运营效率为抓手实现保值增值等方式，国家通过多渠道筹集资金，不仅可以解决政府的隐性负债问题，还有助于夯实城乡一体化社会保障的经济基础。

7.4.5 加强人力资本投资，提升农业转移人口群体参保能力

7.4.5.1 切实保障农业转移人口子女受教育权益的公平实现

建立健全农业转移人口随迁子女接受义务教育经费保障长效机制。无论是老一代农业转移人口还是新生代农业转移人口，不仅要从职业能力建设的高度提升农业转移人口人力资本存量和质量，而且要更加重视农业转移人口子女人力资本积累问题，建立持续稳定的财政投入保障机制，保证农业转移人口随迁子女和留守子女在义务教育阶段享有规范的、高质量的教育公共服务。因此，要加大解决后顾之忧力度，保障资金投入，使农业转移人口子女学前教育和义务教育不受户口限制，能够享受到城市户口居民的待遇，在什么地方打工，子女就可以就近读书，这也是解决农民安心城市从业的关键问题，只有解决了他们的后顾之忧，他们才能更好地安心工作，为国家建设发挥光和热。资金缺口问题是制约教育发展、制约解决农业转移人口子女教育问题的重要因素。教育的公益性决定着教育经费保障的政府责任，解决问题必然通过落实相关教育经费保障机制来施行，包括公用教育经费保障和农业转移人口子女就读专项经费保障。可以借鉴国外颁发教育券的经验和思路，有效解决流动人口子女异地接受教育的财政资金投入责任分配问题。

农业转移人口输入地各级政府要统筹本地区居民子女和进城务工人员子女接受学前教育的需求，按照逐步推进"托幼一体化"的需要，以标准化幼儿园为主，以小规模幼儿园和幼儿看护点为补充，合理布局、科学规划幼儿园建设。各级政府要将学前教育经费列入财政预算，

新增教育经费要向学前教育倾斜，加大学前教育投入，确保财政性学前教育经费在财政性教育经费中占合理比例，并逐年提高。对提供普惠性服务的公办和民办幼儿园实施奖补，逐步建立政府投入、社会举办者投入、家庭合理负担的投入机制。引导民办幼儿园提供普惠性服务。鼓励社会力量以多种形式举办幼儿园。研究制定普惠性民办幼儿园扶持政策，通过采取政府购买服务、减免租金、以奖代补、派驻公办教师等方式引导和支持民办幼儿园提供面向广大农业转移人口、办园规范、收费较低的普惠性学前教育服务。

7.4.5.2 重视新生代农业转移人口职业能力建设

农业转移人口社会保障是国家抵御工业化、城市化和市场化进程中农业转移人口群体所面临社会风险的一种制度安排，对保护和促进就业有着重大作用。市场经济是优胜劣汰规律作用下的竞争经济，必然会造成部分农业转移人口及其家属因失去收入而陷入困境，影响劳动力的再生产。目前，为了应对失业和收入波动风险，各国普遍建立了就业保障制度，具体包括：失业预防、失业救济和失业保险三方面内容。失业预防和失业救济制度越来越强调对失业者进行就业激励，并通过有效实施教育、培训计划促进劳动力市场边缘群体人力资本存量的提升，目的是解决长期失业所带来的劳动技能退化和再就业困难问题。失业预防和失业救济制度主要包括失业预警制度、职业教育与培训和劳动力市场信息服务等。可见，农业转移人口就业保障制度建设的重心应从单纯救济模式向失业预防和职业能力建设转变，从根本上解决失业所带来的劳动技能退化和再就业困难问题。

农业转移人口职业能力建设有助于提升农业转移人口人力资本存量水平，有助于异质性人力资本的形成，有助于实现高质量的就业，这些都从根本上保证了农业转移人口就业关系和收入的稳定性，进而会提高农业转移人口参保能力和就业关联式社会保障制度的覆盖面。因此，应着重从以下四个方面加强农业转移人口职业能力建设：

第一，整合培训资源，提高培训效率。农业转移人口的职业技能培训办法、政策等政府有关部门近几年出台了不少，也取得了一些效果，但距离社会和谐发展、市场的要求、农业转移人口的期盼还有较大差距，本书认为目前比较迫切的是：（1）要"整合培训资源，提高培训效率"。有关部门应进一步明确分工，理顺培训体制，整合现有培训资源；（2）要"进一步加大农业转移人口就业培训的财政支持力度"；（3）要建立有效的"鼓励用人单位、个人合理分担培训投入"的机制，调动各方积极性。

第二，健全农村劳动力转移机制，实施职业技能培训工程。无论是流入城市、流向乡镇企业打工，还是从事交通运输、服务等行业，农业转移人口向非农产业流动基本上都是依托传统的血缘、地缘、人际关系网络，缺乏有组织、有规模、有计划的有序转移，可以说是属于农村劳动力自发的转移，带有很强的盲目性和无序性。一些转移劳动力人员的权益不能得到保障，而且绝大多数转移劳动力仍然保留着农民身份，职业稳定性差，缺乏可持续性和确定性，没有在真正意义上实现农村劳动力的转移，进而职业能力建设不能够制度化、经常化，在很大程度上制约了农业转移人口人力资本存量的提升。因此，要抓好劳务输出、输入对接机制建设，稳步推进农业转移人口职业技能培训工程。

第三，构建科学、合理的农业转移人口职业培训质量控制机制。作为农业转移人口培训的两个最为重要的主体，企业和包括技工学校在内的教育培训机构日益成为农业转移人口培训规范化、常态化最为重要的载体。从我国各地区的实际情况来看，企业和技工学校在农业转移人口培训中的作用发挥得充分与否，在很大程度上决定着农业转移人口培训的质量和效果。各地区要不断完善农业转移人口职业培训质量控制和考核机制，将培训质量作为培训补贴资金使用效益评价的主要依据。

对职业培训机构进行定期综合评估，以技工院校等农业转移人口定点培训机构为重点评估对象。采用直接补贴方式，加大对企业培训工作的资金支持力度，重点建设一批运作规范、质量一流的农业转移人口劳动就业培训基地，由各地区政府统一挂牌，采取政府购买培训成果的方式，建立起社会化的培训体系。各地区还应该探索建立农业转移人口劳动技能培训质量控制的长效机制，形成一整套反映农业转移人口自身职业技能水平的培训、考核、评定制度，颁发职业技能等级证书，有助于劳动力市场根据农业转移人口自身技能状况确定合理的工资收入水平。

第四，有效确定农业转移人口培训需求导向，加强公共就业服务信息网络平台建设。从各地区农业转移人口培训实践上来看，农业转移人口培训计划没有建立在对农业转移人口培训需求的准确把握上。从上级向下级主管部门层层下达指标的做法比较普遍，导致低水平重复培训、部分培训项目的设计不适应农业转移人口实际的需要、少数培训项目短期化和形式化等问题的出现。因此，建议各地区适当延长新生代农业转移人口接受培训的时间，让农村新生劳动力接受更多的教育和专业技术培训，这既有利于提高农村劳动力的整体素质和新生代农业转移人口人力资本的积累，又可以实现高质量的就业，加快农业转移人口市民化的进程。

总之，在当前的形势下，要真正维护农业转移人口权益，与其限制企业裁员不如帮助农业转移人口升级，提高其就业竞争力。根据农业转移人口自身需求和不同特点，开展有针对性的培训将有助于取得实际效果。对回乡创业，有培训需求的，重点开展创业培训，提升创业能力；对暂时回乡的，重点培训专业技能；对无一技之长的，进行职业教育，重树其就业观念，真正拥有一技之长后，可以造就一批懂技术、会经营、能管理的农业产业"蓝领"。还可以根据企业需求"量体裁衣"培训具有技能的人才。

7.4.5.3　鼓励农业转移人口多渠道创业，提升自身经济地位

农业转移人口创业是通过自主创办生产服务项目、企业或从事个体经营实现市场就业的重要形式。由于是自己寻找项目、自筹资金、自主经营、自负盈亏、自担风险这样的机制，农业转移人口创业有利于最大限度调动农业转移人口个人的积极性、创造性来拓展新的就业空间，创造新的就业机会，也可以分散和化解失业风险，提高农业转移人口自我保障能力。因此，农业转移人口自谋职业和自主创业是实现高质量就业、提升自身经济地位的重要途径，也是主动适应就业格局和就业方式转变的重要体现。受我国经济社会不断发展的影响，农业转移人口自主

创业意识越来越强，但受自身素质和条件的制约，农业转移人口创业能力有限，加之当前农业转移人口创业服务机制并不完善，不能为农业转移人口创业提供行之有效的服务，农业转移人口创业困难重重，迫切需要给予帮助。

支持农业转移人口创业，就是要在信贷、税收等方面实施更加优惠的措施，就是要在生产技术方面、信息咨询、法律服务、产品销售等方面给予相应的帮助，就是要积极扶持农业转移人口返乡创业，以创业促就业。主要建议包括：

第一，创新政策扶持机制。落实各项补贴和税费减免政策，扩大小额担保贷款扶持范围，并适度提高贷款额度，满足农业转移人口返乡创业资金需求。积极探索实践多种形式担保模式，助力农业转移人口返乡创业。针对农业转移人口缺乏有效抵押或质押的现实状况，在法律允许、财产权益归属清晰的前提下积极探索，有效扩大抵押担保范围，推行存货、应收账款、仓单、动产浮动质押等多种形式的抵（质）押贷款品种。各金融机构要继续大力开发信贷产品，不断完善"农业转移人口小额担保贷款""农业转移人口返乡创业贷款"等已有信贷品种，提升服务质量，有效缓解农业转移人口创业融资难的问题。不断加大"三农"经济、县域经济、劳动密集型小企业和农业产业化龙头企业的信贷支持，增加涉农贷款，支持县域产业结构调整，为农业转移人口提供更广阔的就业空间，以增收带动农业转移人口就业和社会保障能力的提升。

第二，创新工作推进机制。通过建立健全创业指导服务中心、创业孵化基地、小额担保贷款中心等，形成政策扶持、创业培训、创业服务"三位一体"的工作机制。要重视农业转移人口强化创业培训指导服务工作机制的建设。组建农业转移人口创业培训师资力量，积极开发具有针对性和实用性的创业项目资料，使更多有创业意愿的农业转移人口通过系统培训掌握创业知识和技能。同时，从各行各业选取专家组成创业指导专家志愿团，为农业转移人口创业者提供创业指导、项目推介、政策咨询、小额担保贷款、开业指导和创业后续跟踪帮扶等服务，着力提升创业成功率。

　　第三，实现农业转移人口创业项目推介常态化。定期举办大规模农业转移人口创业项目推介会。建立每半个月举办一次为主、年度大规模推介为辅的农业转移人口创业项目推介长效机制，面向农业转移人口创业者免费发放创业项目指导手册和刊登创业项目信息，为农业转移人口创业者搭建政策咨询和项目推介平台。

第 8 章

农业转移人口市民化的
土地问题及其解决对策

党的十八大首次提出"有序推进农业转移人口市民化"。党的十八届三中全会提出"推进农业转移人口市民化，逐步把符合条件的农业转移人口转为城镇居民"。可见有序推进农业转移人口市民化是当前和今后一个时期我国经济社会发展的一项重要工作。虽然前文已经详细阐述了解决农业转移人口的就业歧视问题和社会保障问题及其解决对策，但这还远不能从根本上解决农业转移人口的市民化问题，因为这些农民虽然在城市就业、工作和生活，但是他们的家还在农村，拥有自己的承包地、宅基地、房屋以及留守儿童、"空巢"老人，这些农民为了生计还长期处于城乡的"两栖"流动状态中。这就迫切要求我们探索如何解决农业转移人口的土地问题，如何保障农民的土地财产权。本章将重点围绕农业转移人口市民化的土地问题展开研究，提出切实可行的有效对策，以促进农业转移人口市民化，推进城镇化进程，从而实现城乡二元经济转型，使我国成为市场经济条件下真正的现代化国家。

8.1 农业转移人口市民化的土地问题

我国现行的土地制度依然是以家庭联产承包责任制为主的土地制度，从 20 世纪 90 年代开始，随着我国工业化、城镇化进程的加快，这一土地制度已经越来越不适应农村生产力的发展，局限性逐渐显现出来，其直接表现就是使农民在向城市化道路迈进中缩手缩脚，患得患失，无法真正融入城市社会成为市民，究其根源是因为我国现行的土地制度改革滞后，现行的土地制度还不能让农民彻底从土地中解放出来，所以农民不得不长期处于这种城乡的"两栖"流动状态中，并由此引发一系列社会问题。

8.1.1　农村土地制度改革滞后

农业转移人口市民化的过程也是农业转移人口脱离土地与工业资本相结合的过程。农业剩余劳动力向城市非农产业转移的速度与规模，不仅取决于城市现代工业的发展，还与农村土地制度有较大的相关性。然而我国现行的以家庭联产承包责任制为主的土地制度虽然使广大农民拥有了承包土地的使用权和一定程度的剩余索取权，但现行的土地制度改革还远滞后于工业化和城镇化的发展，现行的土地产权制度还远未完善，土地所有权主体虽然在法律上是明确的，但在事实上又是模糊的，农民虽然承包了土地但还不能享有对所承包土地的永久性使用权和完整的财产权，这是导致农业转移人口难以成为市民的核心因素，也是阻碍我国城乡二元经济转型的关键所在。

8.1.1.1　农民土地产权结构模糊

土地产权是指存在于土地之中的排他性完全权利，是有关土地财产的一切权利的总和，是一个权利束，包括土地所有权、土地承包权、土地使用权、租赁权、抵押权、继承权、地役权等[①]。根据我国《物权法》和《农村土地承包法》的规定，农村土地产权主体包括土地所有者、土地使用者、土地管理者三个方面。作为一种典型物权，所有者所享有的属于自物权，是最完整意义的土地产权。

从所有权看，土地集体所有制赋予每个集体组织成员平等拥有土地

---

① 陆红生：《土地管理学总论》，中国农业出版社 2011 年版。

的权利，名义上归集体所有，但是集体所有权的界定过于抽象化，农村土地所有权究竟归属于我国当前农村"集体"的哪一级，法律规定并不明确，从而导致了集体土地所有权主体的虚化。所以实际上土地所有权却是每个集体组织成员都无份，从而严重背离了产权的排他性原则，即所有权缺位，农民土地所有权模糊。为此，农民很少愿意对土地长期投资并进行掠夺式经营，导致农业资源无序配置。由于所有权主体及权能的不明确直接导致了土地承包权经营权的不稳定，在土地流转过程中，往往不尊重土地承包合同，村委会乃至村长、组长擅自撕毁承包合同，擅自决定承包权的归属，擅自调整，这些做法直接影响了广大农民的积极性，诱发土地流转的短期行为。

从占有权看，由于集体土地所有权主体虚化，集体土地所有权占有权能的实现方式也与一般动产及其他不动产所有权权能有所不同。由于"集体所有"的"集体"是谁都不明确，流转参与各方的权利、义务如何界定，流转中涉及的利益关系如何协调这些具体细节，在现行法律规定中也不可能做出明确规定。集体土地所有权的虚化和不明晰，致使在农村土地流转过程中，常常出现集体土地多元主体之间的权利之争，加大了农村土地流转的交易成本，影响了农村土地资源的配置效率。而且各地与土地流转相关的地方性法规及政策在一些细节上大相径庭，很多实际操作中的流转方式和流转程序尚未上升到法律文件的层面予以肯定，超越试点范围违法违规操作的土地流转活动屡见不鲜，给农村土地流转规范化运作带来很大困难。

从使用权看，土地使用权是指全民所有制单位、集体所有制单位、其他组织或个人依照法律规定，对国家所有的或集体所有的土地、森林、草原进行占有、使用、收益的权利。按其使用目的的不同，可划分为城镇国有土地使用权、国有耕地、林地、草原的使用权、承包地使用权、宅基地使用权等。国家法律对承包地使用权和宅基地使用权的规定是完整的权利，体现了农民是土地的真正主人。但是土地使用权的基础是土地所有权，是土地所有权派生的权利，两者关系密不可分，前文已经论述过，由于目前我国土地所有权模糊，这就导致农民土地使用权成了模糊残缺的权利。从立法意图来看，农民土地使用权要体现农民土地所有者权利，土地使用权应包含所有者的部分权能。但现实却是基层政府及乡（镇）、村干部掌握了绝大部分的土地处置权，农民失去了土地所有者的权利，农民与土地的关系仅剩法律意义上的承租关系。

从处分权看，集体土地所有权人无"主动处分权能"，只有"被动处分权能"。土地的处分权指土地所有人依法处置土地的权利。包括土地的租赁权、抵押权、继承权、地役权等，它决定土地的最终归属，是土地所有权的核心。我国土地所有权只有两种形态——国家所有和集体所有。而《土地管理法》等现行法律只允许集体所有权通过"征地"被动地单向转让给国家，农村和农村集体没有自由处分土地的权利，这就导致在我国现行土地制度下，土地处分权残缺。我国农村土地产权关系并非由市场作用形成的，而是国家权力确认的、自上而下的制度安排，具有强烈的行政性，土地的处分和收益受到国家控制。在集体所有、家庭承包、国家实际控制的体制下，虽然允许土地自由流转，但是土地的最终处分权仍然为政府及其代理机构所控制，土地自由和公平的流转仍然面临很多障碍。无论是集体还是农户都无法拥有土地的最终处分权。比如，虽然《中华人民共和国农村土地承包法》规定，"承包方全家迁入小城镇落户的，应当按照承包方的意愿，保留其土地承包经营权或者允许其依法进行土地承包经营权流转"，但同时又规定，"承包方全家迁入设区的市，转为非农业户口的，应当将承包的耕地和草地交回发包方"。这使进城农民以往在土地上的投资无法通过土地流转收回，也使尚未进城的农民失去在土地上投资的意愿。更重要的是，这是对土地转让权利的限制，将剥夺农业转移人口土地流转的合法权益，阻碍了其市民化的进程。

8.1.1.2 农民没有土地的"退出权"

一直以来，我国农村土地制度没有赋予农民土地的"退出权"，这是因为，在相当长的时期，农民不需要土地的"退出权"。在计划经济年代，城乡人口隔绝，农村劳动力务农，农民不需要土地的"退出权"，改革初期，农村劳动力基本务农，农民也不需要土地的"退出权"。随着工业化的发展和城镇化进程的加快，大量农业剩余劳动力转移进城务工经商，但是，由于城乡二元制度改革滞后，农业剩余劳动力进城只能在城市打工挣钱，未能成为真正的城市居民，如果进城农民归宿在农村，土地就是他们最后的保障，他们也就不需要土地的"退出权"。然而，在当前农业转移人口市民化的背景下，农民进城后将融入城市成为市民，将彻底从土地中解放出来，这时，土地的"退出权"就成为农民一个迫切的产权诉求。"退出权"是农业转移人口市民化不可回避的问题，所谓"退出权"，即农民退出农村集体和土地，有权获得经济补偿，其核心是农业转移人口退出土地应该自愿，而不是强迫。而现行农村土地制度规定，"承包期内，承包方全家迁入小城镇落户的，应当按照承包方的意愿，保留其土地承包经营权或者允许其依法进行土地承包经营权流转。承包期内，承包方全家迁入设区的市，转为非农业户口的，应当将承包的耕地和草地交回发包方。承包方不交回的，发包方可以收回承包的耕地和草地。承包期内，承包方交回承包地或者发包方依法收回承包地时，承包方对其在承包地上投入而提高土地生产能力的，有权获得相应的补偿"。根据这一规定，农业转移人口市民化落户大中城市必须无偿退出承包地，不能得到经济补偿，实质上剥夺了农民的土地财产权利，农民没有土地的"退出权"，这使得农民当自身的权利受到严重伤害时，无法通过"退出权"的实施来保护自己的权利免受进一步的伤害，大大增加了其市民化的成本，这使得他们不能舍弃土地，从而不能彻底转化为市民。

8.1.2　农业转移人口的承包地流转不畅

尽管近几年随着工业化、城镇化进程的加快，农业劳动力转移的数量与日俱增，土地流转的面积也伴随着国家先后出台的相关政策逐年扩大，尤其是在一些经济比较发达的地区，农村土地流转规模有所扩大，速度有所加快，但是土地流转并不是在所有的农村都一帆风顺，土地流转的面积占家庭承包耕地总面积的比重依然很低，由于各地发展不平衡，也造成了在土地流转中出现信息不对称，成本高，不规范、期限短、农民权益受损等诸多问题，农户自发流转很难达成农业规模经营，尤其是成片经营，所以政策的实施效果并没有达到政策制定的初衷，农村仍然没有摆脱分散化的小规模兼业经营模式，农业生产率极低。

8.1.2.1　土地流转总体不够规范

农村土地流转过程的市场化，必然要求各级地方政府和村集体提高农村土地流转的谈判、协调以及合同签订工作的规范化程度，并为流转后土地的使用、合同履行提供良好的制度保障。但我国大部分地区的土地流转多发生在亲戚及邻居之间，属于自发性流转，土地流转也因此呈现出随意性和不稳定性的特征。

总体来说，在农村土地流转过程中，流转手续和流转运作程序都不够规范，虽然我国相关法律法规规定，进行农村土地流转时应签订书面合同，但是现实中大多数农户并没有签订土地流转的书面合同，只有口头约定协议，随意性较大。即便是签订了书面流转合同，多数合同基本都存在内容不完整、条款不齐全、标准不明确、流转双方权利义务制定不规范等问题，更没有经合同管理机构审查、鉴证或公证机关公证。实际上农户之间私下对土地进行"交易"，并没有按照法律规定的程序先是向集体申请，并得到允许后签订合同。这种流转行为一般由于流转手续不规范，特别是在长期的土地流转中，缺乏利益协调机制，这些不规范的行为极易为日后土地流转埋下纠纷隐患，并带来一些遗留问题。尤其是随着农业负担的减少、农业补贴的增加、农地价值的上升，农民、集体、经营主体之间很容易就地块边界、流转价格、利益分配等问题产生纠纷，影响土地流转工作的顺利进行。

全国农村土地承包经营纠纷受理中纠纷调处率和流转纠纷比重持续上升，截至 2014 年底，30 个省、区、市村民委员会、乡镇人民政府和农村土地承包仲裁委员会共受理纠纷 25.4 万件，比 2013 年增长 14.1%。通过调解仲裁方式化解纠纷 22.6 万件，占受理纠纷总量的 89.1%，比 2013 年上升 1.7 个百分点。受理纠纷中涉及土地承包的纠纷有 14.84 万件，占纠纷总量的 58.5%，比 2013 年下降 2.0 个百分点；土地流转纠纷 9.17 万件，占纠纷总量的 36.1%，比 2013 年上升 2.7 个百分点①。

8.1.2.2 土地流转中农民权益受损

目前，由于我国缺少覆盖广大农村地区的社会保障制度，多数农民依然把土地作为自己的生存保障，把土地收入视为家庭收入的主要来源，依靠土地解决其家庭成员的看病、子女上学和自身养老的问题。所以现实中农民参与土地流转的积极性并不高，他们对土地流转还存在后顾之忧，担心自己手中的土地一旦转出去后，如果收不回来，自己的就业与生存会失去保障。虽然国家规定农民是土地流转的主体，土地流转应遵循"依法、自愿、有偿的原则"进行，但从实际情况看，由于农民在经济、政治上的弱势地位，一些基层干部却无视这一原则，不顾农民意愿，强制土地流转，使农民权益往往受到多方面侵害。

一是农民土地流转意愿受到干涉。对农民土地承包经营权流转意愿的干涉主要来自发包方——村集体经济组织和地方政府。现实中，农民土地流转中的权益经常被村集体经济组织以所有者身份侵占，甚至有部分村委会干部违背农民意愿，未经农户同意，私下与企业签订土地包租合同，并代企业先行垫付土地租金，然后强行流转农户的土地承包经营权；有的村庄违背农户意愿，以土地规模经营为借口，无偿收回、非法转让、出租农民承包的土地，随意终止承包合同；有些地方政府在利益的驱使下，无视法律规定，或迫使农民低价流转土地，或强迫农民以土地换社保、换住房，以获得更多的土地财政收入。上述情况表明，一些农村的土地流转，事实上已成为以村集体或地方政府为主导的土地兼并。

二是农民难以获得土地增值收益。在农民普遍缺乏资金和技术的背景下，分散的小规模农户在与工商企业的对话中处于弱势地位，难以获得与工商企业平等谈判的权利，农户一般只能从土地承包经营权的转让中获得一个较低的固定收益，而不能参照产业发展、土地经营效益提高

---

① 农经统计：《2014 年中国农村经营管理情况统计总报告及解析》，载于《农村经营管理》2015 年第 6 期，第 39 页。

和物价上涨分享土地增值收益。

三是农民难以获得土地流转中利益损失的风险补偿。很多农户在土地流转中没有签订书面流转合同，或合同内容不完备、不规范，容易引发纠纷。尤其是那些将整村的土地进行成片流转的地区，其实有些农民实际上并不愿意参与土地流转，但迫于村里人情、舆论或因为村干部做工作的压力而不得不流转，在土地经营和收益分配上更容易产生纠纷，而且由于缺乏利益协调机制，所以农户很难通过法律诉讼的渠道维护自己的正常利益，从而使农户土地流转面临较大的风险。这种由于制度不健全，流转不规范所产生的风险损失，在现有的制度安排下农民很难获得相应的补偿。租用土地的农业企业、经营大户、专业合作社普遍缺乏风险意识，加之农业经营保险、担保制度也不健全，一旦遭遇自然灾害则会发生较大损失，这种情况下，农民不仅无法取得应得的土地流转收益，甚至要为土地上的部分农业设施的损毁而买单。土地流转中因此而导致的纠纷甚至激烈冲突的群体性事件并不罕见。

8.1.2.3　土地流转期限比较短

项目组在 2014 年 10 月～2015 年 10 月间对全国东中西部 20 个省市就征地制度、土地流转，以及宅基地制度改革问题开展的问卷调查。调查结果显示，农民流转的土地期限比较短，土地流转租期 1～2年的农户所占比重为 21.53%，其中东部地区该项比重为 14.68%，中部地区比重为 45.59%，西部地区比重为 24.24%；2～3 年的为17.56%，其中东部地区该项比重为 14.29%，中部地区比重为20.59%，西部地区为 36.36%；3～5 年的为 23.51%，其中东部地区该项比重为 24.60%，中部地区该项比重 16.18%，西部地区该项比重为30.30%；5～7 年的为 16.15%，7～10 年的为 5.10%，10 年以上的仅为 16.15%，如表 8－1 和图 8－1 所示。这是因为大部分流转的土地都是农民 1988 年第二轮联产承包签订的承包协议，30 年承包期限到期后，村民承包到期对国家是否延长土地承包具有不确定性，这也给转入土地的农业企业的生产与投入带来很多风险。一方面，转出土地的农户担心将土地长期转出去会随着粮食价格的上涨而利益受损；另一方面，转入土地的农户无论是农业企业还是种田能手，由于担心国家的土地承包政策变化和市场风险，多数采取短期承包的保守方式。

表8-1   被调查农户土地转出租期的占比情况

承包地转出租期	东部		中部		西部		合计	
	人数	占比（%）	人数	占比（%）	人数	占比（%）	人数	占比（%）
1~2年	37	14.68	31	45.59	8	24.24	76	21.53
2~3年	36	14.29	14	20.59	12	36.36	62	17.56
3~5年	62	24.60	11	16.18	10	30.30	83	23.51
5~7年	47	18.65	7	10.29	3	9.09	57	16.15
7~10年	15	5.95	3	4.41	0	0	18	5.10
10年以上	55	21.83	2	2.94	0	0	57	16.15

资料来源：项目组通过调查问卷进行整理得出（2015年）。

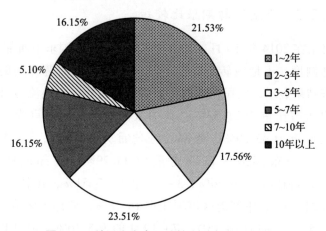

图8-1 被调查农户土地转出租期的占比情况

外界环境的不确定性使农民们普遍担心政策有变化，普遍不愿意签长久合同，增加了土地流转的短期行为和随意性。由于租期短，所以转入户对土地的投入很少，对土地粗放经营，掠夺性使用，使土地肥力严重下降；有些转入土地的工商企业受利益驱动甚至违规使用高毒残留农药，致使农产品质量安全问题十分突出。

8.1.2.4　土地流转在农户之间依然占有很大的比重

根据项目组在 2014 年 10 月~2015 年 10 月间对全国东中西部 20 个省市就土地流转问题开展的问卷调查。数据结果虽然相比较农村固定观察点提供的 2009 年的数据①土地流转发生在农户之间的比重有所下降，有 31.28% 的农户将土地转给了种植大户，20.39% 的农户将土地转给农业企业，5.59% 的农户将土地转给土地股份合作社，3.91% 的农户将土地转给农业合作社的农户，还有 5.31% 的农户将土地转给其他。这也说明随着时间的推移，农户的土地流转对象已经发生了很大的变化，不再仅局限于亲戚朋友之间。但土地流转发生在农户之间依然占有很大的比重，从调查数据结果显示，有 33.52% 的农户将土地转给亲戚朋友，其中东部地区该项比重为 28.91%，中部地区该项比重为 39.13%，西部地区该项比重相对较大为 57.58%。如表 8-2 所示。

表 8-2　　被调查农户土地转出给哪些人或组织的占比情况

土地转出给哪些人或组织	东部		中部		西部		合计	
	人数	占比(%)	人数	占比(%)	人数	占比(%)	人数	占比(%)
种植大户	80	31.25	20	28.99	12	36.36	112	31.28
农业企业	66	25.78	7	10.14	0	0	73	20.39
亲戚朋友	74	28.91	27	39.13	19	57.58	120	33.52
土地股份合作社	10	3.91	10	5.80	0	0	20	5.59
农业合作社	8	3.13	4	14.49	2	6.06	14	3.91
其他	18	7.03	1	1.45	0	0	19	5.31

资料来源：项目组通过调查问卷进行整理得出（2015 年）。

---

①　2009 年全国流转耕地面积中，有 69.8% 的耕地流转给了农户，有 13.7% 的耕地由农户直接流转给公司或合作社等非农户主体。

8.1.2.5 农业转移人口的宅基地无法获得财产性收入

宅基地使用权是农民另外一种重要权利。目前我国宅基地在性质上是农村集体建设用地，农村集体经济组织以户为单位分配给其成员以满足其生活居住和从事副业生产需要。对于宅基地使用权的权能，相关法律规定了农民具有占有权、使用权。《物权法》把农民宅基地使用权与土地承包权同样作为一种用益物权，规定"宅基地使用权人依法对集体所有的土地享有占有和使用的权利，有权依法利用该土地建造住宅及其附属设施"。同时我国法律未限制农村宅基地使用权的期限。从这一角度看，宅基地使用权具有排他性，直接支配的占有权，是具有占有性质的物权。

然而，按照相关法律规定，宅基地使用权在流转方面上受到严格限制甚至禁止，即对宅基地使用权的出卖、出租、抵押、赠与等流转行为基本上被禁止。《土地管理法》第62条规定"宅基地使用权利人不得买卖或者变相买卖宅基地"；《担保法》第37条规定"耕地、宅基地、自留地、自留山等集体所有的土地使用权不得抵押"。同时，国家有关政策也规定"农民住宅不得向城市居民出售，也不得批准城市居民占用农民集体土地建住宅，有关部门不得为违法建造和购买的住宅发放土地使用权证和房产证"[1]。"禁止城镇居民在农村购置宅基地"[2]。由此可见，我国现行法律只允许宅基地使用权在本集体经济组织内部进行流转，农民如果因为进城不需要宅基地时并不能对宅基地使用权进行转让和处分，这就使农民的宅基地使用权的财产权能无从体现，更确切地说，宅基地使用权对农民而言事实上只是一种没有实现途径的虚置财产权。

---

[1] 张林山：《农民市民化过程中土地财产权的保护和实现》，载于《宏观经济研究》2011年第2期，第13～17页。

[2] 胡宏伟：《对土地承包经营权的解析和讨论》，载于《农村经济》2006年第10期，第9～16页。

8.2 现行土地制度对农业转移人口市民化的影响分析

由于农业转移人口市民化属于人口的永久性迁移过程，农业转移人口是选择非永久性迁移还是选择永久性迁移，是农业转移人口在现有制度约束条件下对迁移成本与收益权衡的结果。现行的土地制度增加了农业转移人口市民化的成本，减少了农业转移人口市民化的收益，所以现行土地制度成为制约农业转移人口市民化的核心因素。

8.2.1 增加了农业转移人口市民化的成本

将农业转移人口非永久性迁移的成本和永久性迁移的成本进行比较，不难发现正是现行土地制度的相关规定增加了农业转移人口市民化的成本，所以使得农业转移人口无法舍弃土地的承包经营权和宅基地使用权，降低了其融入城市成为市民的能力。

8.2.1.1 农业转移人口非永久性迁移的成本分析

农业转移人口非永久性迁移的成本主要包括在就业成本（用 C_1 表示），是指农村居民转移至城市非农产业就业所需支付的费用，主要包括为寻找工作所支付的搜寻成本和农业转移人口在城市务工之前所需接受培训的成本；生活成本（用 C_2 表示），是指农业转移人口迁入城市后在衣食住用行等日常生活费用方面的额外支出；农业转移人口在城乡之间做候鸟式流动的交通成本（用 C_3 表示），农业转移人口打电话与家人沟通的成本（用 C_4 表示）；机会成本（用 C_5 表示），是指农业转移人口进城务工所减少的农业收入；其他成本（用 C_6 表示），包括：农业转移人口与其家庭成员因不能经常相聚而承受的痛苦、农业转移人口常年不在家给家庭其他成员增添的劳务负担和精神负担、农业转移人口子女的教育缺失和家庭亲情缺失等。农业转移人口非永久性迁移的总成本用 C_a 表示，因此，有：

$$C_a = C_1 + C_2 + C_3 + C_4 + C_5 + C_6 \qquad (8.1)$$

8.2.1.2 农业转移人口永久性迁移的成本分析

在现有的制度条件下，农业转移人口举家进城定居，转为城市居民需要放弃其所拥有的承包地和宅基地的使用权，因此，农业转移人口市民化的成本（用 C_b 表示）包括三部分：就业的成本（用 $C_{1.1}$ 表示）、在举家进城定居所增加的生活费用支出，即生活成本（用 $C_{2.1}$ 表示）、机会成本（用 $C_{5.1}$ 表示），即放弃承包地和宅基地所失去的与土地相关的收益。因此，有：

$$C_b = C_{1.1} + C_{2.1} + C_{5.1} \qquad (8.2)$$

与非永久性迁移相比，永久性迁移少了往返于城乡的交通成本；与家人沟通的通信成本；以及农业转移人口与其家庭成员分离而承受的痛苦、农业转移人口常年不在家给家庭其他成员增添的劳务负担和精神负担、农业转移人口子女的教育缺失和家庭亲情缺失等其他成本。但由于农业转移人口永久性迁移，其家属也会在城市就业，其就业成本会相应增加，因此，$C_{1.1} > C_1$；农业转移人口举家在城市定居，其生活费用成本要远高于农业转移人口自己在城市的生活成本，这不仅体现在由于居住城市的人口增多所增加的非居住性生活费用上，更体现在住房性支出的大幅度增长上。农业转移人口自己在城市打工，通常居住在单位提供的集体宿舍，或与他人合租于城中村的蜗居之所，前者住房性支出为零，后者的支出也非常有限。一旦举家迁入城市，无论是买房还是租房，都是一笔不菲的支出。可见，$C_{2.1} > C_2$；由于农业转移人口市民化过程中失去了承包地与宅基地，农业转移人口市民化的机会成本不仅包括土地给农民带来的农业收入，还包括未来土地增值的预期性收益，显然永久性迁移的机会成本远大于非永久性迁移的机会成本，即 $C_{5.1} > C_5$。

综合来看，非永久性迁移的条件下，农业转移人口往返于城乡的交通费用和与家人沟通的通信成本都非常有限；农业转移人口与其家庭成员分离所承受的痛苦、农业转移人口常年不在家给家庭其他成员增添的劳务负担和精神负担、农业转移人口子女的教育缺失和家庭亲情缺失等其他成本虽无法用货币来度量,但农业转移人口举家迁入城市的居住所带来的居住成本的压力,特别是农业转移人口失去土地意味着失去了退回农村的最后生存保障,也会带来无法用货币度量的心理压力;加之永久性迁移所增加的就业成本和生活成本,特别失去土地所增加的机会成本,我们有充分的理由推论,在现行土地制度约束条件下,农业转移人口永久性迁移的总成本要大于非永久性迁移的成本。即:$C_b > C_a$

8.2.2 减少了农业转移人口市民化的收益

将农业转移人口非永久性迁移的收益和永久性迁移的收益进行比较,也不难发现正是现行土地制度的相关规定减少了农业转移人口市民化的收益,同样降低了其融入城市成为市民的能力。

8.2.2.1 农业转移人口非永久性迁移的收益分析

农业转移人口在城乡之间的非永久性迁移的收益用 R_a 表示,具体包括农业转移人口在城市务工的收益(用 R_1 表示)主要指农业转移人口在城市务工所获得的工资;农业转移人口农村土地的收益(用 R_2 表示)可能是土地出租的收益,也可能是自己耕种土地的收益,还包括土地增殖的预期收益和拥有土地所带来的心理与精神层面的收益。因此,有:

$$R_a = R_1 + R_2 \tag{8.3}$$

因此,农业转移人口非永久性迁移的净收益用 NR_a 表示,则:

$$NR_a = R_a - C_a = (R_1 + R_2) - (C_1 + C_2 + C_3 + C_4 + C_5 + C_6) \tag{8.4}$$

很显然,农业转移人口之所以选择在城乡之间做候鸟式非永久性迁移,正是因为非永久性迁移的净收益大于零。只有这样,农民才会放弃在农村务农的传统习惯,主动进行劳动力转移,才使我国出现了非永久性迁移这一特殊的人口迁移模式。

8.2.2.2 农业转移人口永久性迁移的收益分析

农业转移人口永久性迁移，在现行土地制度下就意味着失去土地后成为市民，其收益（用 R_b 表示）主要包括两大部分：一是夫妻双方在城市就业的工资性收入（用 $R_{1.1}$ 表示）；二是发展收益（用 R_3 表示），包括夫妻双方职业生涯规划所带来的经济收入与社会地位提高和子女受教育条件改善所带来的预期收益。即：

$$R_b = R_{1.1} + R_3 \qquad (8.5)$$

与非永久性迁移相比，由于永久性迁移夫妻双方就业的就业收益要大于农业转移人口自己在城市就业的收益，即 $R_{1.1} > R_1$；但却少了与土地相关的经济收益，增加了由于夫妻双方职业生涯规划所带来的经济收入与社会地位提高和子女受教育条件改善所带来的预期收益。我们很难判断与土地相关的经济收益与农民市民化的发展收益相比，哪一个价值更大，但对于农业转移人口来说，与土地相关的经济收益是一种风险很小的确定性收益，发展收益则是一种不确定的具有较大风险的不确定性收益。因此，短期来看，农业转移人口市民化的发展收益要远小于与土地相关的经济收益与非经济收益，即便考虑到就业收益的增加也抵不上失去土地收益所带来的损失。这也正是为什么目前我国80%的农业转移人口宁愿不要城镇户籍也不愿意退出其在农村承包地和宅基地的使用权的真正原因。由此可见，在农业转移人口的眼里，永久性迁移的收益也要低于非永久性迁移的收益。即：

$$R_b < R_a \qquad (8.6)$$

综上所述，在现有的制度条件下与非永久性迁移相比，永久性迁移的成本高，收益低，从经济理性出发，农业转移人口当然会继续选择这一非永久性迁移模式，而不会在城市定居下来，成为城市居民。

进一步分析非永久性迁移与永久性迁移的成本与收益，我们不难发现之所以后者的成本高、收益低，最主要的原因是前者的收益中包括了与土地相关的经济与非经济收益，而机会成本仅是由于青壮年劳动力减少所带来的农业收入的减少；而后者的成本中增加了因失去土地所带来的机会成本，这一机会成本就是非永久性迁移中农业转移人口由于保留了承包地和宅基地所获得的经济与非经济收益。随着工业化与城市化进程的推进，土地对于农民来说不只是就业与生存的安身立命之本，更是能获得增值性预期收益的重要财产，在农业转移人口市民化过程中只要农业转移人口及其家庭对失去土地所带来的机会成本的估价，高于其在城市定居的收益减去其他定居成本的余额，农业转移人口就不可能以放弃土地为条件进行永久性迁移。

8.3　促进土地流转推进农业转移人口市民化的对策建议

通过上一节分析现行土地制度对农业转移人口市民化的影响，我们已经很清楚，在农业转移人口市民化过程中只要农业转移人口及其家庭对失去土地所带来的机会成本的估价，高于其在城市定居的收益减去其他定居成本的余额，农业转移人口就不可能以放弃土地为条件进行永久性迁移。因此，只有尽快完善现行土地制度，赋予农民完整的土地财产权，农民可以将闲置的宅基地和荒芜的承包地按照市场的价格进行流转，从而补偿其失去土地所带来的机会成本，农民才能够在城里买得起住房，享受到与城市居民相同的公共服务，才能推进农业转移人口市民化进程，从而实现城乡二元经济转型。

8.3.1　建立三层次土地产权关系，强化农民的土地承包权

2014 年中央一号文件发布，正式提出农村土地三权分置思想，强化土地承包经营权最主要的是应该给予农民长期并且有保障的土地使用权，拥有部分对土地使用权的处置权利以及收益的权利，唯有这样才能让农民拥有承包地的权能更加完整充分，从而有利于进一步完善农民同土地的关系，有利于维护农民土地权益，有利于保护土地使用权作为农民的用益物权，有利于扩展农地的生产经营功能，有利于促进农业农村发展。

8.3.1.1 明确土地所有权、土地承包权与土地经营权的相互关系

在我国现行以家庭联产承包制为主的土地制度框架下，农村集体土地产权结构被分解为三种权利，土地所有权、土地承包权和土地使用权或经营权。由于我国现行法律制度不够完善，所以导致农地所有权和产权结构模糊，既不利于土地流转，也阻碍了农业转移人口市民化的进程，因此，应尽快出台相关法律法规，进一步明确所有权，稳定承包权，搞活使用权。

农村土地的所有权、承包权、经营权既紧密相连，又可相分。2014年中央一号文件正式提出了农村土地三权分置的新政策，三权分置的提出主要是为了稳定农村土地承包关系，并且保持长久不变，同时赋予农民多项权利。土地所有权就是农村土地归农民集体所有，农民在法律范围内占有、使用和处分土地，并从土地上获得利益的权利。所以要坚持维护所有权，严禁强行改变土地权属关系，集体经济组织作为所有者，对经营权流转有最终决定权；承包权就是农村集体在拥有所有权的前提下出现的，由农民对部分土地进行承包经营的一种权利。农民有承包集体所有的土地的权利，并且依照承包合同，进行农业生产经营。要保障好农民的承包权，通过法律来保护农村土地承包这种关系能够长久稳定存在，通过承包地确权登记颁证这样的一个办法，来完善承包合同，加强对承包权的保护。农村土地经营权是农民依照法律的规定对集体所有的土地承包后，有经营、使用和收益的权利。在维护所有权、稳定承包权的前提下，放活土地经营权，也就是农民可以把自己的承包地转让给别人经营，如果需要还可以拿回来。三权分置的实质就是在坚持农村土地集体所有的前提下，让承包权和经营权分置，形成所有权、承包权、经营权三权都分开，经营权可以进行流转这样的一个新局面。

实行三权分置将不断增加农民收入、促进整个经济结构的战略性调整，同样也具有重大而深远的意义。首先，三权分置将鼓励农业转移人口将自己的承包地转让出去，这样就使农民解放出来。农民通过农村土地经营权转让可以获得长期稳定的租金，全家可以进入城市安心打工赚

钱，无疑家庭收入相比土地流转之前要增加，同时也免去了农民的后顾之忧。其次，三权分置还可以解决农民贷款难的问题。承包权和经营权分离之后，原来承包土地的农民仍然有长期稳定的承包权，能够一直收取转包费，获得比较稳定的收入，而经营土地的人则可以用他的经营权来设定抵押。经营权抵押给金融机构或者其他债权人，但这并不影响农民作为承包农户和集体的土地承包关系，经营的人到期不能偿还他用作抵押所欠的钱，金融机构或其他债权人也不能取得农民作为土地承包人的地位，只能以土地经营获得农产品收入或者地租收入先进行偿还而已。过去由于农民无法拿出有效的抵押物进行抵押而无法获得贷款投入生产，所以也使得农民无法获得更大的农业收入。如今农民有了承包经营权抵押、担保权能，农民可以拿上宅基地使用权、土地承包经营权证到银行抵押就能在银行贷款了，农民祖祖辈辈积累的家产，可以抵押变现，这既有利于农民进行更大规模的投入生产，获得更大的收益，也有利于提高农业转移人口市民化的能力。

土地问题历来都是农民最大的问题，土地制度改革是农村各项改革的最重要的部分，所以国家要谨慎稳妥的，循序渐进的，在好的政策下进行有效的改革，提高农业的劳动效率，增加农民的收入，更加快速推动农村发展。明确土地三权关系，实行土地三权分置政策，不仅让农民能够放心地将土地转包出去，还有利于经营的人用经营权的收益权作为抵押和担保，获得金融上的支持，从而得到更好的发展。还会使一些人拥有大量的土地使用权，形成农业大户，他们的形成必将使生产方式变得更规范，从而形成规模经营，提高土地资源的利用效率，既解决了粮食安全问题，又能推动整个农业的现代化步伐。

8.3.1.2 推进土地的确权登记工作，明晰农村的土地产权

开展农村土地和房屋确权登记颁证，是建立归属清晰、权能完整、流转顺畅、保护严格的农村集体产权制度的基本前提。农民的土地承包经营权、宅基地使用权、集体收益分配权，是农民完整的财产权利，必须依法保障。在长期的土地承包经营过程中，政府相关部门既没有书面的土地承包合同，也没有相应的备案和登记程序，更勿谈让农民拥有相

关的产权证件。这使得农民的土地承包经营权缺乏合同保障和产权保障，在流转过程中农民的利益经常受损。由于外界环境的不确定性使农民们普遍担心政策有变化，普遍不愿意签长久合同，有些甚至没有书面合同只有口头协议，增加了土地流转的短期行为和随意性。由于租期短，所以转入户对土地的投入很少，对土地粗放经营，掠夺性使用，使土地肥力严重下降。有些转入土地的工商企业受利益驱动甚至违规使用高毒残留农药，致使农产品质量安全问题十分突出。

2014年中央一号文件政府要求用5年左右时间基本完成土地承包经营权确权登记颁证工作，尽管近年来一些试点地区已经进行了土地确权登记工作，但由于涉及面广、工作量大，目前大多数地区没有完成这项任务，项目组在2014年10月~2015年10月间对全国东中西部20个省市就征地制度、土地流转以及宅基地制度改革问题开展了问卷调查。调查发现有些地区实际上根本无法开展这项工作，主要阻力来自农户，农户担心自己的地块亩数重新确权后发生误差，农民的积极性普遍不高。所以各地地方政府应尽快认真学习农业部、国家档案局组织制定的《农村土地承包经营权确权登记颁证档案管理办法》，切实做好农村土地承包经营权确权登记颁证档案工作，建立健全承包合同取得权利、登记记载权利、证书证明权利的土地承包经营权登记制度。

各地在开展土地确权工作时一定要保持承包关系稳定，以现有承包台账、合同、证书为依据确认承包地归属，完善土地承包合同，健全登记簿，颁发权属证书，强化土地承包经营权物权保护，依照法律手段对权属变更进行认证，为开展土地流转、调处土地纠纷、完善补贴政策、进行征地补偿和抵押担保提供重要依据。各级地方政府相关职能部门要坚持依法规范操作，严格执行政策，按照规定内容和程序开展工作；将土地承包经营权登记原则上确权到户到地，在尊重农民意愿的前提下，也可以确权确股不确地，要充分调动农民群众的积极性，依靠村民民主协商，自主解决矛盾纠纷；从实际出发，以农村集体土地所有权为基础，以第二次全国土地调查成果为依据，采用符合标准规范、农民群众认可的技术方法；坚持分级负责，强化县乡两级的责任，建立健全党委和政府统一领导、部门密切协作、群众广泛参与的工作机制；建立健全土地承包经营权信息应用平台，方便群众查询，利于服务管理，从根本上维护土地交易市场的良好秩序。通过发放具有法律效应的农村集体土地承包经营权证书，建立起完善的农村土地登记制度，一是进一步强化农户的土地用益物权，可以有效提高国家保护农民权利的力度，切实维护农民尤其是妇女的土地承包权益。二是通过规范土地档案，做到地块、合同、证书、台账"四相符"和"四到户"，从而使农户的土地成为农民可以拥有的永久性财产。只有当土地成为农民永久性财产时，农民的土地权益才能得到有效保护，农民才能形成对土地流转的长期稳定预期，才能增强农民对政府的信任和进行土地流转的信心从而有利于促进土地流转。三是农民拥有土地使用权确权证书，可以为农民降低土地交易成本，增加土地收益，从而有利于农业转移人口转化为市民。

8.3.2　创新土地流转制度，促进农业转移人口的土地流转

创新农村土地流转制度，制定土地流转专项法规，完善现有土地流转的相关法规，开展多种形式的土地流转，完善农村土地股份合作制，量化农村集体土地和集体资产，能够让农民持股进城，保障农民承包地、房屋、经济收益等财产权利，充分尊重农民意愿，有序引导农业转移人口自愿退出农村。

8.3.2.1　制定土地流转的专项法规

我国目前现有的相关法律，无论是《土地承包法》还是《宪法》和《民法》都没有具体明确规定有关土地流转的内容和程序，缺乏可操作性。尽管我国从 2003 年 1 月起执行的《农村土地承包法》规定，"承包方有权依法自主决定土地承包经营权是否流转和流转方式"，明确赋予了农民流转土地使用权的权利，但也只是作出一般性的规定，在土地流转实践中遇到具体问题时，处理措施往往无法可依，也给实际土地流转的管理工作增加了难度。

显然，为了更好地规范土地流转，我们需要深入推进农村土地产权制度改革，在法律和实践上予以规范。唯有制定完备的法律法规政策，

制定土地流转的专项法规，使土地拥有明晰的产权，经营权长期而稳定，才能有利于推进土地规模化经营。为此，要着重做好以下工作：第一，在完成农民土地确权颁证工作的基础上，制定土地流转的专项法规，包括在现有《物权法》基础上，制定土地流转的专项物权法，使农民真正可以享有土地的使用权、转让权、继承权和抵押权。第二，应制定专项土地合同法和土地登记法，运用法律手段保障农民在土地流转中的合法权益。第三，为了克服农户的短期化行为和粗放经营的惯性，应对农民使用、保护土地给予一定的奖励，以保障农业的可持续发展。

8.3.2.2　完善现有与土地流转相关的法规

一是完善《农村土地承包法》。我国现行的《农村土地承包法》是2003年正式实施的，该法规定："稳定和完善农村基本经营制度，坚持以家庭承包经营为基础、统分结合的双层经营体制，赋予农民更加充分而稳定的经营权，保持现有土地承包关系稳定并长久不变。"这是农村土地流转的基础，也是维护农民土地流转权益的保证。但是随着经济体制改革的不断深入，在解决农村土地流转实践中遇到各种各样的具体问题时，发现现行的《农村土地承包法》还有很多需要完善的地方。因此，在严格执行现行《农村土地承包法》的同时，还要不断完善《农村土地承包法》以适应土地流转制度改革的需要。

在修订中要重点保护农民的合法权益不受侵害，保护集体土地所有权，明确界定国家、集体和农户对农村土地权利的边界；还要充分顾及农民土地承包经营权利束的完整，赋予农民更充分的土地使用权，进一步拓展土地承包经营权的内涵，将土地的转让权、处分权、抵押权、继承权等与土地的使用权合并，使土地承包法与物权法对农民土地权利的规定相一致。要保障农民土地承包经营权具有排他性占有权，禁止以任何理由或借口侵犯农户在承包期内的土地使用权；收益权，既包括农户土地产出应得的收益，又包括因使用土地投入资本和劳动改良土地而增加的改良收入；处置权，农户可以在不改变土地用途的前提下，自我决定使用土地的方案以及优化土地配置，处置权应包括土地转让权、租赁权、入股权、抵押权和继承权等。

二是完善《土地管理法》。我国现行的《土地管理法》是在 1986 年 6 月通过并于 1987 年 1 月正式实施的，是一部以国家如何加强对土地管理为主要内容的法律，其主要目的就是加强对土地管理，属于行政法的范畴。尽管至今国家已经进行过三次修改，但是依然带有计划配置土地资源的特征，这无法适应市场经济发展的要求，更不利于推动土地流转。应该本着以维系社会公正、维护农民的权益为目标，按照市场经济的方向修订和完善《土地管理法》。

尽快修改与《物权法》相冲突的条例。《物权法》明确规定只有经依法登记，不动产物权的变动才能具有法律效力。而现行《土地管理法》并没有对此作出任何明确规定，因此在修改中应予以细化，使农民真正获取土地使用权的资本性收益；《土地管理法》应明确农民宅基地使用权期间届满后地上物的归属问题，因为《物权法》第 149 条规定"住宅建设用地使用权期间届满的，自动续期。"隐含规定了宅基地使用权到期后依然归农民；要保障农户宅基地用益物权，应该允许农民住房财产权抵押、担保、转让、赋予农户承包地及宅基地更多的财产权利；《土地管理法》应进一步强化农民土地承包经营权的财产属性和物权性质，明确农民土地承包经营权永佃化的方向；应以建立城乡统一的建设用地市场为目标，改变我国目前国有土地供给的单轨制，以公开规范的方式流转土地使用权，允许农民通过市场交易自主完成土地流转。

三是完善《基本农田保护条例》。由于我国人多地少，可用作耕地的面积有限，尤其是人均占有可耕地面积就更低。因此，国家一直十分重视对土地尤其是耕地的保护，也制定了一些措施来限制农地改变用途。但有些基层政府，尤其是经济较发达、地理条件较好的地区，一方面，由于受到土地流转中潜在利益的驱动，以土地流转为借口大量占用耕地，不顾实际情况发展农业观光园区，休闲园区等，实际上是绕过国家有关法规，从根本上改变了土地的农业用途；另一方面，基于传统的粮食价格比较低，许多经营主体将转入的土地用于种植蔬菜、水果、花卉等，发展高效农业、设施农业等。特别是近年来，流转农地"非粮化"和"非农化"倾向明显。据农业部农村经济体制与经营管理司对全国 30 个省、区、市（不含西藏）农村经营管理情况统计年报数据汇总，2012 年农村流转耕地用于种植非粮食作物的比重占 44.2%①。这种情况显然对于从总体上保证我国粮食安全是一个不利的影响。

为了解决我国土地流转中农业用地转变用途而导致的耕地数量减少问题，有必要提高《基本农田保护条例》的法律约束力，逐步将其上升为法律。根据基本农田保护的法律法规，既要做好土地流转的规范管理工作，又要做好土地流转后的监督管理工作，增加土地流转过程中占用基本农田的制度成本，以保护耕地不被工业化、城市化过度侵蚀，从法律制度层面解决城市化、工业化与农业争地的矛盾，以从根本上保护我国的粮食安全。

目前我国耕地数量减少的问题日益突出，需要及时修订和完善《基本农田保护条例》，一是有必要进一步科学划分耕地的类别。对基本农田的划分应建立在对农用地等级评价的基础之上，要以自然质量等级为基础，数量指标为限制，等级高低为依据，采用由乡镇到县、区，再到市逐级确定方法，把质量高、条件优越的地块纳入基本农田保护范围，避免以劣充优、盲目划定。二是要做到对耕地保护的充分补偿。土地种植效益的相对低下是农民对耕地保护缺乏主动性与积极性的主要原因，在修订《基本农田保护条例》时，可以增加对农户保护农田的补贴，以提高土地种植的比较效益。应在充分考虑农民利用和保护耕地成本的基础上，着力于补偿农民利用保护耕地的社会价值与生态价值。要充分考虑各地自然、社会、经济条件的产业，采取科学的方法计算和制定耕地保护的补贴标准，实现对耕地保护的充分补偿。

8.3.2.3 开展多种形式的土地流转

随着工业化、城镇化进程的加快，我国目前在实践中探索农村土地流转的模式主要有以土地承包经营权合作经营为特征的土地流转模式、宅基地置换房屋、土地承包经营权换社保模式和城镇建设用地增减挂钩流转模式。在土地流转过程中，只要尊重农民意愿，保障农民权益，有

---

① 《农村土地流转中出现的新情况新问题及应对建议》，http：//bbs1. people. com. cn/post/2/1/1/142954520. html。

利于发展农业规模经营，都是有效的和应当鼓励的。

对于土地承包经营权的流转，各地在实践中探索出转让、抵押和互换等物权性质的流转，出租和托管等债权性质的流转，入股、股份合作等股权性质的流转等多种模式①。物权性质和债权性质的流转的共同特点是，流转受到局限，无法在城乡之间形成资金、技术等生产要素互动，更多的是农户之间自发的流转，无法形成土地规模经营，流转期限相对比较短，无法保障长期稳定的收益来源，缺乏法制观念，容易产生矛盾纠纷。而股权性质的流转突破了土地流转范围，实现了农村土地的集中、连片、统一流转，更容易产生规模经济效应，形成了资源要素互动，保障长期稳定的收益。所以，今后应该因地区的不同而选择适合的土地流转模式，以促进农村土地流转。

我国宅基地流转依然处于试点探索阶段，由于农村土地产权的多层次性和各地经济发展水平、地理条件的差异性，形成了多种多样的流转模式。按主导方式划分有三种，一是以政府主导、征地方式，这种方式是地方政府基于工业园区建设、交通设施建设和房地产开发对土地的需求，主动采取征地换保障的方法，促使分散农民集中居住，比较适合距离城镇较近的农村，解决了征地农民的社会保障，但是却容易导致政府与农民之间的利益博弈和产生矛盾。二是以市场主导、出租方式，这种方式由于市场经济发展的需要，非农行业对土地资源的需求加大，使得周边农民找到了商机。比较适合距离城镇较近、非农行业对土地的需求强烈、但又不具备征地条件的农村。这种方式是最自然的、农民集中居住的方式，不容易产生尖锐矛盾，但由此产生的就业机会难以完全吸纳农村富余劳动力，农民的经济保障受到市场的影响，社会保障有隐患。三是以农民主导、农业产业化方式，这种方式是农民通过土地承包经营权的流转，促使农业规模化经营和产业化经营，由此获取更多的土地收益，使农民在改善原有居住条件的过程中置换房屋、自愿逐步集中居住。比较适合距离城镇较远的农村，受城市化和工业的辐射较小。但这

---

① 郭晓鸣、张克俊：《让农民带着"土地财产权"进城》，载于《农业经济》2013年第7期，第9~10页。

种方式对农业生产与管理的要求比较高，处理不好容易导致农民的收入渠道受限，社会保障难以保证，宅基地置换难以保证，宅基地置换就变得比较困难①。

针对不同的群体可以采取货币置换、异地房产置换和异地宅基地置换。货币置换主要是针对已搬入城市居住和就业的农业转移人口，这样可以增加他们的经济收益，将原本死的宅基地变成活的资本，可以自由购买城镇房产，落户城镇户籍，享受城镇生活品质。但必须将其宅基地交还村镇集体，由村镇集体集中后流转形成规模经营。异地房产置换主要针对有进城就业和居住愿望的农民、农村剩余劳动力。这样可以保障了农民对不动产权的自由处置权力，使其在城镇能够享受城镇的硬件设施，居住和生活环境，获得更多的就业机会，从而改善其家庭经济条件。异地宅基地置换主要针对那些希望依然从事农业的、习惯居住在农村的人群。这样既可以集中住宅区的建设，改善农民的生活环境，又保留农民的承包地，农民的生活成本不会有太大的变化，可以根据农民意愿继续从事农业劳动。

城乡建设用地增减挂钩的流转模式主要是依据 2008 年 6 月国土资源部发布的《城乡建设用地增减挂钩试点管理办法》，该办法规定在符合土地利用总体规划的前提下，将若干拟整理复垦为耕地的农村建设用地地块（即拆旧地块）和拟用于城镇建设的地块（即建新地块）等面积共同组成建新拆旧项目区，通过建新拆旧和土地整理复垦等措施，在保证项目区内各类土地面积平衡的基础上，最终实现增加耕地有效面积，提高耕地质量，节约集约利用建设用地，城乡用地布局更合理的目标。目前主要在山东省、重庆市等地展开。这一模式主要是保证了耕地保护红线不被突破的前提下，减少农民用地，增加城市开发用地。虽然推动了宅基地等农村建设用地的流转，解决了城镇建设用地不足，改善了农民居住环境，但这种模式没有真正解决农民深层次的生存就业问题。重庆市主要采取"地票制"将土地的交易转化为票据化交易的模

---

① 杨建军、软丽芬：《农村宅基地置换模式比较与分析——以上海佘山镇、天津华明镇、重庆九龙坡区为例》，载于《华中建筑》2011 年第 2 期，第 112～115 页。

式，把挂钩指标票据化，改变了土地从空间上不可转移的实物形态，使固化的土地资源转化为可流动的资产。大大提高了农村集体建设用地的价值，保护了农村集体在建设用地流转的收益，不仅有利于形成农业的规模经营，而且为农民进入城镇生活提供了可靠的资金保障。提高了农民进入城镇生活和发展的能力，有利于农业转移人口市民化，今后在条件具备的各地区可以尝试"重庆模式"，支持和引导这些地区的农民依法有偿转让土地承包经营权、宅基地使用权、集体收益分配权。

但是由于重庆市采取"地票制"模式时没有可以借鉴的成功经验，只能在摸索中不断进行完善。通过几年的探索与实践，这种模式在施行的各个环节以及利益分配方面还是存在着一些不容忽视的问题。比如在地票交易环节，价格大幅度波动，如果地票交易价格过高，产生大量地票落地时无法冲抵的支出，从而导致房地产的开发成本加大，这部分加大的成本最终必然会转嫁到房价上，高房价必然会让那些农业转移人口对解决城镇永久性居住的房屋望尘莫及，从而阻碍了农业转移人口市民化的步伐。这就需要给地票确定一个合理的价格区间，实行重庆市"地票制"模式的各级地方政府必须考虑如何提高农民在这一过程中的经济效益，如何让农民获得更多的实惠，以保护农民的利益不受损害。

8.3.2.4　完善农村土地股份合作制

农村土地股份合作制是农村土地制度改革的重要创新，但是，其制度设计还不是很成熟，比较适合于经济比较发达的地区，从农业转移人口市民化的角度来看，农村土地股份合作制应进一步完善。

第一，应减少并逐步取消集体股。我国的集体土地所有权在现实操作过程中的主体是虚置的、模糊的，乡村干部实际上成为集体所有的控制者、占有者和代表者，由此在土地流转中引发诸多矛盾。应通过土地股份合作制把农民集体所有的土地量化给每一个农户，对每一个农户颁发具有法律效力的土地所有股权证，尽量设置农民成员个人的股权，达到明细产权的目的，实现由农民和集体"共同共有"向"按股共有"转变。这样，按份共有人对共有的土地按照其份额享有所有权，并可以转让其享有的共有的土地所有权份额。集体股的减少就意味着农民个人股份的增加，这样就为农业转移人口进入城市实现市民化增加土地股份财产，从而提高其市民化的能力。

第二，完善个人股份的产权权利。个人股份产权完善的核心是赋予更加充分的产权权利，赋予股东继承、买卖、转让和抵押股份的权利，允许在社区外合理流动，盘活和实现农业转移人口的土地股份财产与产权。

第三，规范股红分配。股红分配要与股份合作组织的发展联系起来，克服股东分红与承担风险不对称，防止少积累多分配，杜绝福利主义倾向。规范股红分配有利于农村集体经济发展壮大，为农业转移人口市民化提供更加强大的经济能力，降低其市民化的一部分成本，提高其融入城市的能力。

8.3.3 建立城乡统一市场，确保农业转移人口的土地财产性权益

建立和完善农村土地产权交易市场，让农民带着土地财产权进城，确保农业转移人口的土地财产性权益。建立和完善农村土地金融制度，开办转移人口的产权抵押金融业务，充分确保农民对土地的占有、使用、收益、处置权利，推动城乡土地要素平等交易。

8.3.3.1 允许农业转移人口带着自己的土地财产权进城

推进农业转移人口市民化的核心问题是农民能不能带着土地财产权进城以及如何带着土地财产权进城。目前农民的土地承包经营权、宅基地使用权、集体收益分配权具有财产权属性，但权能不完整、具有脆弱性，所以只有从根本上改革农村土地产权制度和征地制度、消除制度上的障碍，才能使农民的土地承包经营权、宅基地使用权、集体收益分配权真正成为农民的财产权，赋予农民完整的财产权才可能使农民在土地流转的过程中带着土地的财产权进城，增加农业转移人口的土地收益，补偿农民在城镇购买住房的成本或者在城镇换取一定比例的房屋居住权，从而有利于其融入城市成为市民，实现城乡二元

经济转型。

让农民带着土地财产权进城，是因为随着工业化、城镇化的发展，农地与非农地的级差土地收入十分悬殊，如果农民只是拥有在农地用途范围内的占有、使用、收益和流转的权利而没有向非农用地的转用权，这种财产权不会给农民带来多少实质性的财产收入，无法使其顺利实现市民化。若想让农民带着土地财产权进城，首先，农民必须拥有完整的土地财产权，而前文中已经阐述了现实中农民拥有土地财产权既不完整又脆弱，这不仅制约了农民增加土地的财产性收入，而且也使农民无法带着土地的财产权进城。所以必须改革农村土地产权制度，明晰农民土地财产权、完善土地财产权的权能、规范农村土地管理、充分保障农民的权益，从根本上消除城乡土地产权的差异，实现城乡土地产权的"同地、同权、同价"，真正发挥市场对城乡土地要素的配置作用，最大限度地发挥土地的财产功能。其次，对农民的土地承包经营权在时间上要使其永久性，彻底打消农民担心政策有变而不敢长期流转土地的顾虑，以促进土地长期流转，也有利于土地转入者的长期投资行为。再次，确立土地承包经营权具有可以抵押的权能。农民的宅基地不属于农用地而属于集体建设用地，具有较大的财产增值空间，尤其在城郊更是如此，而目前法律规定宅基地使用权不能流转、转让、买卖、交易，严重限制了进城农业转移人口把其变为现实财产的可能性，农业转移人口在其市民化的过程中始终担心会失去宅基地的使用权，从而大大降低了其市民化的能力。党的十八届三中全会已经提出"建立城乡统一的建设用地市场。在符合规划和用途管制前提下，允许农村集体经营性建设用地出让、租赁、入股，实行与国有土地同等入市、同权同价。"最后，在城乡统筹的背景下，应该在政策法律上破除宅基地不能流转、转让、买卖、交易的限制，赋予其转让权、收益权、买卖权、抵押权，使农民的宅基地和住房具有与城市居民私宅同样的财产权利，唯有这样才能确保农民带着土地财产进城。

农民仅拥有比较完整的土地财产权还不能确保农民的土地财产权利能够得到完全实现，因为农民土地财产实现过程中还有一个政府行政征用权问题。我国法律明确规定了政府为了公共利益的需要可以动用征用权征用农民的土地。当政府的土地征用权与农民的土地财产权发生矛盾甚至冲突时，农民的土地财产权在政府强大的征用权面前是很脆弱的，受到侵害是必然的，那么就无从谈起农民带着土地财产权进城问题了，所以必须改革我土地征用制度，应将界定征地范围与实行市场化补偿机制结合起来。由于我国正处于工业化、城镇化的实现过程中，在相应的财税体制还没有变革的情况下，补偿标准按市场价格一步到位还有相当难度，应采取逐步向市场化价格推进的办法。当前应扩大征地补偿范围和大幅度提高补偿标准，除现行法律规定的土地补偿费、安置补助费及地上附着物和青苗补偿费要大幅度提高外，还应把土地承包经营权损失、土地未来升值空间损失、转换就业的机会成本等都包括其中，对被征收土地农民的直接损失与间接损失均给予补偿，同时，要依据土地类型、区位、产出、等级、供需关系、人均占有耕地面积、当前经济发展水平及城镇居民最低生活保障水平的动态变化等因素划分区片来测算征地综合补偿标准，并采用货币补偿、实物补偿、股权补偿、就业安置补偿、留地补偿、社会保险补偿和职业培训补偿等多元化的补偿方式，做到短期补偿与长期补偿有机结合、统筹兼顾。为使土地征用真正公开、透明、规范，避免行政征用权滥用，迫切需要制定一部操作性强的《土地征收法》，明确公共利益的内涵、非公益性用地的取得方式、集体土地使用权的流转、补偿项目和标准、补偿的分配方式、安置方式及征收程序等，用法律手段切实保护农民的土地权益。

8.3.3.2 建立和完善农村产权交易市场

通过土地产权制度和征地制度改革，虽然可以使农民拥有比较完整的土地财产权能，但如果土地财产权的流转渠道没有打开、流转机制不健全、流转市场不完善、缺乏流转平台，那么农业转移人口很难通过财产权流转实现土地增值，也难以为农业转移人口实现永久性城乡迁移积累一笔原始资本。所以必须建立和完善农村产权交易市场，使农民的土地财产权真正流转起来，才能实现土地财产的最大价值，为农民土地承包经营权流转提供更多的法律法规服务、合同服务、仲裁服务、土地价值评估服务，完善土地交易平台，防止农民因对未来承包地价值把握不准而出现后悔、违规收回承包权的现象。应打破政府垄断土地征用一级市场的做法，对于经营性农地转用应逐步建立土地发展权转让制度和规划待转用农地直接入市制度，使经营性的农地转用通过公开的市场交易实现转让。应制定和颁布专门的农地转用法规，严格约束地方政府滥用公权力侵害农民土地财产权行为，保障农民参与分享农地转用过程中的土地保护规划的双重严格约束，必须承担不能随意改变土地用途的基本责任①。

宅基地的使用权是农民的重要财产，在工业化、城镇化加速发展中蕴含巨大的财产值，是农民的重要财产，目前限制宅基地流转的制度已经成为实现其价值的最大障碍，是对农民财产权利的不合理限制。党的十八届三中全会已经提出建立城乡统一用地市场，各地政府根据统筹城乡发展的需要已创造了宅基地流转的各种模式。因此，必须强化顶层设计，因势利导，把宅基地纳入生产要素市场的统一体系中，加强宅基地使用权流转的有关制度建设和立法工作，积极探索农民宅基地使用权流转的有效方式。此外，由于农民大部分都是跨区域流动的，而当前地区与地区之间的城市化建设用地指标的分割，外地农业转移人口退出的宅基地所增加的建设用地指标并不为流入地城市所有，所以应逐步推进农民宅基地、农村集体建设用地跨省、跨市交易，建立转入城市与农业转移人口户籍所在地宅基地挂钩的交易机制，为农业转移人口市民化提供可靠的原始资本积累。

8.3.3.3　建立和完善农村土地金融制度

作为土地转入方的种田大户和企业想要发展农业生产，必须有雄厚的资金作为支持。由于我国目前缺少完善的信用体系，农村土地流转还无法获得强有力的金融支持，银行系统和信用社尚不能及时向那些自有资金不足的种田大户和企业提供抵押贷款和信用贷款。在一定程度上会制约土地的市场化流转，也制约了农地的规模化经营。

---

① 郭晓鸣、张克俊：《让农民带着"土地财产权"进城》，载于《农业经济》2013 年第 7 期，第 4～10 页。

　　规模经营相对传统农业生产需要更多的资金，因为农民必须具有购买农业机械设备和进行一些必要的农业基础设施建设。然而，一方面，由于金融机构一般规定农村贷款期限比较短、贷款规模也比较小，所以，农业贷款数量难以有效满足农业生产投资的需要；另一方面，由于大多数农民可供抵押的财产少，又难以符合当前农村放贷机构严格的抵押担保条件，所以，难以通过投资转入更多土地，扩大经营规模。

　　为了促进土地流转，实现农业规模经营，我们可以借鉴国外的土地金融制度，设立土地银行。农村土地银行，是指相应政府机构建立的主要负责存贷农村土地及与经营土地有关的长期信用业务的金融机构。国外很多政府把土地银行作为土地开发利用的一种有效工具，我国也完全可以借鉴国外的经验尝试建立农村土地银行。土地银行的基本业务就是吸收和放贷农民承包期内的土地使用权，农民在外出打工或无力耕种土地之时，可以将土地使用权存入农村土地银行，土地银行根据土地的市场价值和年收益情况作出评估，支付给存入土地使用权的农户一定的土地利息。银行再把这些零碎的土地进行重新规划整理，根据市场情况再将土地使用权贷给土地需求者，可以是种植大户，也可以是农业企业法人。银行有权根据实际情况办理土地开发、改良、购买和抵押等贷款业务。

　　根据我国人多地少的特殊国情，国家应加大保险、金融业对农村土地流转的支持。各地应根据实际情况，及时改革信贷管理制度，增加农业信贷投入；基层金融机构的单笔审批限额应根据各地区农户进行农业生产的需求、种植大户的农业生产资金需求和农业种植作物的生产周期做出适当调整，切实解决农民贷款难的问题；要根据实际需要不断完善贷款方式，扩大信用放款额度，降低利率水平，力争减轻农民负担；同时，国家可以对农村金融机构在税收、融资等方面给予一定的优惠，间接降低农业贷款利率和农村金融机构的资金成本；建议有条件的地区农村信用社、农业银行等机构可以综合利用财政贴息、农业保险、农业担保等政策，探索建立专门针对土地规模经营的贷款品种，以加快培育农业规模经营主体，推进土地资源的合理利用和高效流转。

8.3.3.4　开办农业转移人口的产权抵押融资业务

目前制约农村产权抵押贷款的主要原因是农村产权改革不到位、产权交易市场不完善、资产处置变现困难和确权颁证滞后。耕地承包经营权、宅基地和集体建设用地确权登记都处于试点阶段，目前大多数地区没有完成这项工作，甚至有些地区实际上根本无法开展这项工作，农民没有土地确权证，农村金融机构就无法对其办理农村土地产权抵押贷款业务。所以要推进土地确权登记工作，明晰土地产权，唯有农民拥有明晰的土地产权，农村金融机构才可以为其办理抵押融资业务，只有推动农村产权直接抵押融资、才能促进农村房屋和土地实现其资产属性和效益最大化，才能更加有效地促进土地规模化经营和农业现代化，才能更加有效地推进城镇化和化解城乡二元结构矛盾。

伴随农村土地确权登记工作的开展和逐步完善的农村产权交易市场，在法律上将逐步消除对农村土地、房屋等农村产权抵押融资的法律障碍，赋予农村、农民经济自主权和平等的发展权。所以应逐步扩大农村土地产权抵押贷款覆盖范围，围绕农村产权抵押创新金融产品，推动各银行机构开展农村产权抵押融资业务。由于农村集体建设用地使用权、农村房屋、农村土地承包股权的内在价值是不一样的，抵押融资的风险也不同，所以农村金融制度改革要循序渐进，有所侧重。由于城镇化推进和城乡建设用地增减挂钩政策，农村集体建设用地使用权价值得到极大提升，农村土地承包经营权由于集中了农民流转的大量土地，价值也会比较高。这两项产权抵押融资与城镇化、农业产业化直接相关，可以重点推进。而农村房屋受地理位置影响，价值差异较大，边缘地区的房屋不好处置。同时农村房屋和土地承包经营权抵押涉及农民生活保障问题，应特别慎重，宜循序渐进，逐步推开。由于我国各地区经济发展不平衡，在经济比较发达的地区，土地规模化经营比较普遍，城乡一体化趋势明显，也可以结合当地特色产业重点推进。

此外，应结合农村产权制度改革，加快农村信用体系建设。将农村产权作为抵押物增加了农村金融抵押物的选择范围，但是要从根本上改善农村金融环境，还必须加快农村信用体系建设。一是结合农村产权制度改革，建立涵盖国土、房管、农委、财政、社保、公安的等部门信息的农户信用档案，作为农村信用体系的基本信用数据库，加快推进农村信用信息共享；二是开展科学的农村信用评价，出台针对信用户、信用村和信用镇的激励措施，使诚实守信者真正得到实惠；三是研究支持农村集体经济组织的金融优惠措施，可以给新型集体经济组织办理贷款卡，支持农村专业合作社等新型集体经济组织发展成为实实在在的农村经济主体，为农村产权抵押融资创造良好信用环境。

还要强化对金融机构的正向激励，调动金融支持城乡统筹发展的积极性。除加大对农业政策补贴、提高农业组织化程度、加快推广农业保险等措施外，还必须重视强化对金融机构的正向激励。一是人民银行应研究鼓励金融机构将在农村地区吸收的存款主要用于当地的激励政策；二是进一步发挥再贷款、再贴现政策工作在支持城乡统筹发展的政策作用；三是协调落实新近出台的支持农村金融机构的财税激励措施等。

8.3.3.5 建立科学的农村产权资产评估平台

由于我国地区经济发展的不平衡性，土地流转的地区差异性较大，土地流转价格也不一样，普遍来讲东部地区土地流转的价格要高于中西部地区。目前，我国农村土地分等定级和价格评估工作尚未全面展开，还缺少权威的计算方法和衡量标准计算农村土地价格，导致农民在流转土地时缺乏合理的价格参考，农民的自主定价又无法使土地价值最大化，因此使得土地流转价格普遍偏低，严重背离了土地价值，土地流转的效益难以有效体现。也因此使一些工商企业有机会在土地流转中竞相压低租金、损害农民利益。笔者认为，应根据各地实际情况，建立科学的农村产权资产评估平台，将农用地进行分等定级，科学评估土地价格，形成市场化的土地流转价格，在土地流转中应以农民自主定价为核心，以政府指导价为参考，收集和发布土地流转市场价格，按照市场供求关系合理确定土地流转价格标准，通过土地流转实现土地使用权的资本化。

一是确立转让主体自主定价为核心的定价方式。根据经济学的基本理论，市场交易双方自主定价、自愿交易可以保障交易双方都能获得合作剩余，从而促进社会资源的合理配置。根据这一基本原理，在土地流转中保障农民具有定价自主权，既可以有效保护土地转让双方的经济利益，又可促进土地资源的合理配置。在自主定价、自愿交易的条件下，农民可以根据家庭的实际情况自主决定是否参与土地流转，当需要把土地转出去的时候，可以把自家土地的详细资料放入土地流转服务中心的信息数据库进行挂牌交易。通常是转让方先根据自家土地的实际情况公布自己的转让要价和其他转让条件，当转入方有转入意愿时就会主动联系出让方，这样双方就可以就转让价格等转让条件开展博弈。双方可以根据流转土地的肥力、地理位置，以及土地市场的供求状况讨价还价，在自愿互利的基础上，就以转让价格为核心的转让条件签订流转合同。

二是科学评估土地价格。所谓土地估价就是指专门从事土地估价的人员在充分掌握土地市场交易资料的基础上，充分考虑土地的等级、产量、地理位置等因素，依据土地估价的原则、理论和方法，计算出土地流转价格的一种方法。估算出来的土地流转价格并不是土地流转的实际成交价，而只是交易主体自主定价的参照物。为了避免或减少由于土地转让双方信息不对称或博弈力量不对等所引起的定价偏差，各级政府要建立一套从省市到县区的农村土地地价评估体系，科学评估土地价格，为土地流转双方自主定价提供参考。

三是政府指导价应以评估的地价为基础。为了保护土地流转过程中的农民土地权益，政府也有必要在科学评估土地价格的基础上制定土地流转的政府指导价。一定要让农民了解政府的这种定价不具有强制性，属于行政指导行为，在土地流转的过程中农民可以参考，但不一定必须按照这个指导价进行流转。政府指导价应以科学的土地评估价为基础，根据流转土地的不同用途、不同等级区别制定，比如流转的土地用于种植粮食作物和用于种植花卉、水果和蔬菜等的流转价格应该有所区分，尤其是对于改变农业用途的土地，流转时应制定一个相对比较高的价格。这样做的好处一是增加土地转让用途的成本，有利于保护粮食生产安全；二是有利于农民分享土地增值收益，保护农民的土地权益。

8.3.3.6 发展现代农业企业组织

现代农业组织是面向市场配置资源要素，进行专业化生产，广泛参与社会分工协作的农业组织方式，是有效率的组织系统。现代农业组织具有市场化、专业化和社会化的现代农业特征，在组织形态和运行机制上都有别于传统农业组织。在组织形态上，现代农业组织具有灵活多样的形态变化，适应外部环境和条件变化，组织结构特征明显，协调作用突出。在运行机制上，首先，资源配置机制不同，传统农业以家庭劳动与家庭消费的均衡为机制，而现代农业则不以组织为边界，而是面向市场，追求利益最大化。其次，激励约束机制不同，传统农业组织主要是隐蔽性激励，靠非正规制度约束。而现代化农业组织内部，显性激励增强，而约束更多是正规制度发挥作用。最后，风险分担机制不同，传统农业是靠传统生产，追求风险最小化。而现代农业组织依靠市场化化解风险，而且为较强的风险收益偏好。

集体组织形式否定了农户的私有财产，为解决集体组织制度下激励不足问题，对其进行股份制改造，形成股份合作制，而股份合作制则是在保障私有产权的前提下，形成的共有产权组织形式。随着市场制度的完善，现代契约形式出现，为股份制公司形成和发展提供了条件，使其成为具有现代组织结构的企业形式。农业组织的主体形式不以公司制和共有产权为主体，仍然是以具有相当于业主制特征的家庭经营为主体。业主制的组织结构和组织行为特征更适应于农业生产，包括增进利益的经济能力提高和交易成本的降低，更多是保持"家庭经营"内部在不损失激励机制作用的前提下，通过生产环节之外的交易合作化来实现。现代农业企业形式区别于现代公司制企业形式，不是以资本主导的公司制企业形式扩张，而是在业主制农户成长的基础上，不断扩大专业合作组织规模，形成农户私有产权和合作社俱乐部产权相结合的复合产权结构。现代农业企业组织的典型形式是合作制，而不是现代企业制度的典型形态公司制，它与作为现代企业制度典型形态的公司制有所区别，这是由农业的本质特征决定的，所以，农户私有产权迈向现代的组织形式就是合作制。

农民专业合作社经济组织作为一种适用于现代农业的企业组织形式，与 20 世纪 50 年代我国实行的农业生产合作社有着本质区别。当时的农业生产合作社是建立集体经济的预备阶段，是一种否定农户私有产权的社会改造模式，最终形成的不是市场经济体制下的企业组织，而是计划经济体制下的行政组织；而作为现代企业制度的农民专业合作社，则是在农业家庭经营基础上，农民为增强自身的市场竞争地位，取得规模经济效益、扩大农业盈利空间，联合起来共同从事农产品运销和加工、农业生产资料采购和农业信用融资的一种企业制度，它是在市场经济条件下，农业走向现代经营方式的必然结果。而且，合作社是特殊的，它是双面的：一个是社员共同体，另一个是企业。所以，专业农户的成长和发展是农民专业合作经济组织建立的基础。

典型的农业合作社是在市场经济的条件下，单个农民出于增加自身利益的考虑，自发组织起来的互助合作经济组织。合作社的主要作用是帮助农民降低生产成本和解决农产品销售问题，提高农民收入，其发展目标是为农民服务，当合作社具备相当发展能力拥有必要的资产规模时，合作社就会进化到资本扩张型的新一代合作社。目前在浙江省台州市出现了社员不能自由进出，事先认购农产品销售份额，允许一人多票的"新一代合作社"。这种合作社已经进入了高端的销售领域和加工领域，其目标不再是主要为农民服务，转变为合作社资产价值增值。新一代合作社无论是在吸收社会资金，提高生产效率上还是在经营管理模式上都大大提高了组织活力和竞争力，提高了合作社对市场的反应能力，增加了农民收入。

参 考 文 献

1. 蔡昉:《中国城市限制外地民工就业的政治经济学分析》,载于《中国人口科学》2000 年第 4 期,第 1~10 页。

2. 王桂新、沈建法、刘建波:《中国城市农业转移人口市民化研究——以上海为例》,载于《人口与发展》2008 年第 1 期,第 3~23 页。

3. 王桂新、陈冠春、魏星:《城市农民工市民化意愿影响因素考察——以上海市为例》,载于《人口与发展》2010 年第 16 卷第 2 期。

4. 张桂文:《中国二元经济转换的政治经济学分析》,经济科学出版社 2011 年版,第 12 页、第 15~17 页、第 27~32 页、第 144 页。

5. 张桂文:《从古典二元论到理论综合基础上的转型增长——二元经济理论演进与发展》,载于《当代经济研究》2011 年第 8 期,第 41 页。

6. 张桂文:《二元经济转型视角下的中国粮食安全》,载于《经济学动态》,2011 年第 6 期,第 50 页。

7. 张桂文:《中国二元经济结构转换研究》,吉林大学出版社 2001 年版,第 28~37 页、第 70~71 页。

8. 张桂文:《农业转移人口市民化的困境与出路》,载于《光明日报》2013 年 2 月 22 日。

9. 张桂文、孙亚南:《人力资本与产业结构演讲耦合关系的实证研究》,载于《中国人口科学》2014 年第 6 期。

10. 王美艳:《转轨时期的工资差异:工资歧视的计量分析》,载于《数量经济和技术经济研究》2003 年第 5 期,第 94~98 页。

11. 潘家华、魏后凯:《中国城市发展报告 No.6:农业转移人口的市民化》,社会科学文献出版社 2013 年版,第 3 页、第 14~24 页。

12. 金三林：《农业转移人口市民化制度创新与对策》，载于《东方早报》2013 年 4 月 2 日。

13. 金中夏、熊鹭：《农业转移人口市民化道路怎么走——河北白沟的启示》，载于《经济日报》2013 年 1 月 31 日。

14. 刘传江：《中国农民工市民化研究》，载于《理论月刊》2006 年第 10 期。

15. 刘传江、程建林：《第二代农民工市民化：现状分析与进程测度》，载于《人口研究》2008 年第 9 期，第 305 页。

16. 刘传江：《农民工生存状态的边缘化与市民化》，载于《人口与计划生育》2004 年第 11 期，第 44～47 页。

17. 刘传江、董延芳：《农民工市民化障碍解析》，载于《人民论坛》2011 第 9 期，第 42～43 页。

18. 刘传江、程建林：《双重户籍墙对农民工市民化的影响》，载于《经济学家》2009 第 10 期，第 66～72 页。

19. 徐世江：《农业转移人口市民化的多重矛盾及其破解思路》，载于《辽宁大学学报（哲学社会科学版）》2014 年第 3 期，第 25～32 页。

20. 王杰力：《中国农民工就业歧视问题研究》，辽宁大学博士学位论文，2013 年。

21. 贝克尔、赵思新、黄德兴：《家庭经济学与宏观行为（上）》，载于《现代外国哲学社会科学文摘》，1994 年第 12 期，第 18～21 页。

22. 牛文元：《中国新型城市化报告 2009》，科学出版社 2009 年版，第 1 页。

23. 胡杰成：《农民工市民化问题研究》，载于《兰州学刊》2010 年第 8 期，第 91 页。

24. 国务院发展研究中心课题组：《农民工市民化进程的总体态势与战略取向》，载于《改革》2011 年第 5 期，第 6 页。

25. 王哲、宋光钧：《皖西农民工迁移与市民化意愿倾向分析》，载于《乡镇经济》2006 年第 7 期。

26. 梅建明：《进城农民的"农民市民化"意愿考察——对武汉市782 名进城务工农民的调查分析》，载于《华中师范大学学报》2006 年第 11 期，第 10～17 页。

27. 王春兰等：《流动人口城市居留意愿的影响因素分析》，载于《南方人口》2007 年第 1 期。

28. 张华、夏显力：《西北地区新生代农民工市民化意愿影响因素分析》，载于《内蒙古农业大学学报（社会科学版）》2011 年第 13 期，第 57～58 页。

29. 杨萍萍：《农民工市民化意愿的影响因素实证研究》，载于《经济与管理》2012 年第 7 期，第 71～74 页。

30. 成艾华、田嘉莉：《农民市民化意愿影响因素的实证分析》，载于《中南民族大学学报（人文社会科学版）》2014 年第 1 期，第 136～137 页。

31. 黄建新：《新生代农民工市民化：现状、制约因素与政策取向》，载于《华中农业大学学报（社会科学版）》2012 年第 2 期，第 45～47 页。

32. 张丽艳、陈余婷：《新生代农民工市民化意愿的影响因素分析——基于广东省三市的调查》，载于《西北人口》2012 年第 4 期，第 63～66 页。

33. 刘松林、黄世为：《我国农民工市民化进程指标体系的构建与测度》，载于《统计与决策》2014 年第 13 期，第 30～32 页。

34. 韩俊：《农民工市民化》，载于《中国经济报告》2013 年第 1 期。

35. 韩俊：《农民工市民化与公共服务制度创新》，http：//finance. sina. com. cn/，2013 年 2 月 1 日。

36. 成艾华、田嘉莉：《农民市民化意愿影响因素的实证分析》，载于《中南民族大学学报（人文社会科学版）》2014 年第 1 期，第 136～137 页。

37. 周密、张广胜等：《新生代农民工市民化程度的测度》，载于《农业技术经济》2012 年第 1 期，第 95～96 页。

38. 魏后凯、苏红键、李凤桃：《农民工市民化现状报告》，载于《中国经济周刊》2014 年第 9 期。

39. 王竹林：《城市化进程中农民工市民化研究》，中国社会科学出版社 2009 年版，第 123～166 页。

40. 黄锟：《中国农业转移人口市民化制度分析》，中国人民大学出版社 2011 版，第 67～99 页、第 104～266 页。

41. 黄锟：《城乡二元制度对农民工市民化影响的理论分析》，载于《统计与决策》2011 年第 22 期，第 82～85 页。

42. 胡杰成：《农民工市民化面临的障碍与对策》，载于《宏观经济管理》2012 年第 3 期，第 33～35 页。

43. 张国胜：《中国农民工市民化：社会成本视角的研究》，人民出版社 2008 年版，第 126～163 页。

44. 国务院发展研究中心课题组：《农民工市民化进程的总体态势与战略取向》，载于《改革》2011 年第 5 期，第 20～21 页。

45. 冯俏彬：《构建农民工市民化成本的合理分担机制》，载于《中国财政》2013 年第 13 期，第 63～64 页。

46. 陆成林：《新型城镇化过程中农民工市民化成本测算》，载于《财经问题研究》2014 年第 7 期，第 86～90 页。

47. 黄江泉：《农民工分层：市民化实现的必然选择及其机理浅析》，载于《农业经济问题》2011 年第 11 期，第 28～33 页。

48. 董楠：《我国农业转移人口市民化的困境与出路》，载于《学术界》2014 年第 3 期，第 216～223 页。

49. 吕文静：《论我国新型城镇化、农村劳动力转移与农民工市民化的困境与政策保障》，载于《农业现代化研究》2014 年第 1 期，第 57～61 页。

50. 孙蚌珠、王乾宇：《在全面改革中推进农业转移人口市民化》，载于《山东社会科学》2014 年第 1 期，第 15～19 页。

51. 张建丽、李雪铭、张力：《新生代农民工市民化进程与空间分异研究》，载于《中国人口》2011 年第 3 期。

52. 郭小燕、刘晨光：《农业转移人口市民化与中小城市功能提升关系研究》，载于《当代经济管理》2014 年第 8 期，第 54～58 页。

53. 李善同：《对城市化若干问题的再认识》，载于《中国软科学》2001 年第 5 期，第 4 页。

54. 周振华：《体制变革与经济增长》，上海三联书店 1999 年版，第 378 页。

55. 贾大明：《我国三农问题的现状与 21 世纪展望》，载于《经济研究参考》2001 年第 40 期，第 20 页。

56. 中国社会科学院农村发展研究所：《1999－2000 年：中国农村经济形势分析与预测》，社会科学文献出版社 2000 年版，第 104 页。

57. 国家统计局科学研究所《中国农村非农产业结构转换的研究》课题组：《非农产业结构转换的规律性与发展前景》，载于《经济工作者学习资料》2000 年第 23 期，第 37 页。

58. 陈孝兵等：《论中国农村劳动力的流转与就业》，载于《学术论丛》1999 年第 2 期，第 26 页。

59. 徐庆：《论中国经济的四元结》，载于《国民经济管理与计划》1996 年第 11 期。

60. 胡鞍钢、马伟：《现代中国经济社会转型：从二元结构到四元结构（1949—2009 年）》，载于《清华大学学报》2012 年第 1 期。

61. 官天明、石始宏：《河北省"空心村"现状调查及分析》，载于《中小企业管理与科技》2016 年第 4 期。

62. 熊远潮：《"三农"视野下中部地区农村空心化的成因与治理》，载于《广东土地科学》2015 年第 4 期，第 26、24 页。

63. 鲍丹：《交通拥堵房价高企生活成本增加大城市能否宜居?》，载于《人民日报》2010 年 11 月 25 日。

64. 焦晓云：《城镇化进程中"城市病"问题研究：涵义、类型及治理机制》，载于《经济问题》2015 年第 7 期。

65. 刘兆征：《农业转移人口市民化的意愿、障碍及对策——基于山西的调查分析》，载于《国家行政学院学报》2016 年第 3 期。

66. 国务院发展研究中心．"促进城乡统筹发展，加快农业转移人口市民化进程研究"课题组：《农民工的八大利益诉求》，载于《发展研究》2011 年第 12 期，第 98 页。

67. 周黎安：《中国地方官员的晋升锦标赛模式研究》，载于《经济研究》2007 年第 7 期，第 36～50 页。

68. 曾静：《深刻认识城镇化进程中的"立体污染"》，载于《中国国情国力》2013 年第 8 期，第 22 页。

69. 国务院发展研究中心课题组：《农民工市民化对扩大内需和经济增长的影响》，载于《经济研究》2010 年第 6 期，第 4 ~ 16 页。

70. 侯惠勤、辛向阳、易定宏：《公共服务蓝皮书——中国城市基本公共服务力评价（2012 ~ 2013 年)》，社会科学文献出版社 2013 年版。

71. 赵延东：《社会资本理论述评》，载于《国外社会科学》1998第 3 期，第 18 ~ 21 页。

72. 王爱华：《农民工市民化进程中的非制度障碍与制度性矫治》，载于《江西社会科学》2013 年第 1 期，第 182 ~ 185 页。

73. 张时玲：《农民工融入城市社会的制约因素与路径分析》，载于《特区经济》2006 第 6 期，第 136 ~ 137 页。

74. 龚文海：《农民工医疗保险：模式比较与制度创新——基于 11 个城市的政策考察》，载于《人口研究》2009 年第 4 期，第 92 ~ 98 页。

75. 李薇薇、Lisa Stearns：《禁止就业歧视：国际标准和国内实践》，法律出版社 2006 年版，第 523 ~ 525 页。

76. 张燕：《江苏省农民工就业现状调查》，载于《江苏农业科学》2012 年第 8 期，第 394 ~ 396 页。

77. 咸星兰：《中国新生代农业转移人口就业歧视与收入不平等问题研究》，东北师范大学博士学位论文，2016 年。

78. 平新乔：《民营企业中的劳工关系》，北京大学中国经济研究中心谈论稿系列，2005 年 1 月；《京华时报》，2010 年 3 月 13 日。

79. 杨红朝：《农民工工作环境权及其法律保护探析》，载于《中国安全生产科学技术》2011 年第 2 期，第 78 ~ 83 页。

80. 陈其安、唐凯俄、李云中：《农民工进城：就业安居保障制度创新设计》，社会科学文献出版社 2015 年版，第 40 页。

81. 高娜：《我国农民工就业歧视的社会经济效应分析》，硕士学位论文，云南财经大学，2012 年。

82. 谢嗣胜、姚先国：《农民工工资歧视的一项计量分析》，载于《中国农村经济》2006 年第 4 期，第 50 页。

83. 罗胤：《我国城市劳动力市场中的歧视问题研究》，吉林大学博士学位论文，2008 年。

84. 葛信勇：《农民市民化影响因素研究》，西南大学博士学位论文，2011 年。

85. 赵俊杰：《城乡户籍工资差异研究——基于人力资本视角的分析》，浙江大学硕士学位论文，2009 年。

86. 姚远：《农民工市民化意愿与我国城市化道路选择》，载于《法制与社会》2012 年第 8 期，第 204～205 页。

87. 才国伟、张学志：《农民工的城市归属感与定居决策》，载于《经济管理》2011 年第 2 期，第 158～168 页。

88.《制定〈户籍法〉推进户籍管理改革》，载于《人民公安报》2003 年 3 月 15 日。

89. 李长安：《转轨时期农民工就业歧视问题研究》，中国社会科学出版社 2010 年版，第 79 页。

90. 国务院发展研究中心课题组：《农民工市民化——制度创新与顶层政策设计》中国发展出版社 2011 年版，第 111～112 页、第 128～129 页。

91. 人力资源和社会保障部劳动科学研究所：《中国劳动科学研究报告集》经济科学出版社 2012 年版，第 436～438 页。

92. 陈文瑛等：《工伤保险行业差别费率确定方法探讨》，载于《安全与环境学报》2005 年第 3 期，第 113 页。

93. 王彦斌、盛莉波：《农民工职业安全健康服务的供给现状：基于某大型有色金属国有企业的调查》，载于《环境与职业医学》，2016 年第 1 期，第 42～45 页。

94. 国务院农民工办课题组：《中国农民工发展研究》，中国劳动社会保障出版社 2013 年版，第 177～195 页、第 209～219 页、第 267～283 页。

95. 卢现祥：《西方新制度经济学（修订版）》，中国发展出版社 2003 年版，第 90～91 页。

96. 曹信邦：《农民工流动条件下地区间社会保障利益冲突研究》，

中国劳动社会保障出版社 2007 年版，第 1101～1105 页。

97. 任兴洲等：《中国住房市场发展趋势与政策研究》，中国发展出版社 2012 年版，第 56～58 页。

98. 国家人口和计划生育委员会流动人口司：《中国流动人口发展报告 2016》中国人口出版社 2016 年版，第 12～13 页、第 110 页。

99. 沈琴琴、潘泰萍：《劳动经济学》，中国人民大学出版社 2013 年版，第 79 页。

100. 姜长云：《中国服务业：发展与转型》，山西经济出版社 2012 年版，第 119 页。

101. 徐亚丽：《安徽省新农保的保障水平及其对消费的影响》，安徽财经大学硕士学位论文，2016 年，第 17～18 页。

102. 李迎生、袁小平：《新型城镇化进程中社会保障制度的因应——以农民工为例》，载于《社会科学》2013 年第 11 期，第 76～85 页。

103. 《农民工随迁子女西安入学，近半要交万元门槛费》，载于《西安晚报》2014 年 10 月 15 日。

104. 北京市社科院：《北京社会治理发展报告 2014－2015》，社会科学文献出版社 2015 年版。

105. 张绘：《流动儿童就读无证打工子弟学校的质性研究——基于北京一所无证打工子弟学校的个案分析》，载于《北京教育学院学报》，2017 年第 31 卷第 1 期，第 20 页、第 22 页。

106. 陆红生：《土地管理学总论》，中国农业出版社 2011 年版。

107. 农经统计：《2014 年中国农村经营管理情况统计总报告及解析》，载于《农村经营管理》2015 年第 6 期，第 39 页。

108. 张林山：《农民市民化过程中土地财产权的保护和实现》，载于《宏观经济研究》2011 年第 2 期，第 13～17 页。

109. 胡宏伟：《对土地承包经营权的解析和讨论》，载于《农村经济》2006 年第 10 期，第 9～16 页。

110. 郭晓鸣、张克俊：《让农民带着"土地财产权"进城》，载于《农业经济》2013 年第 7 期，第 4～10 页、第 9～10 页。

111. 杨建军、轪丽芬：《农村宅基地置换模式比较与分析——以上海佘山镇、天津华明镇、重庆九龙坡区为例》，载于《华中建筑》2011年第2期，第112~115页。

112. 吴冕：《中国大城市病越演越烈——问诊中国"大城市病"（上篇）》，载于《生态经济》2011年第5期。

113. 胡晓娟：《基于"城市病"现象的中国城市化研究》，载于《长沙民政职业技术学院学报》2010年第2期，第20页。

114. 国家统计局：《2010年第六次全国人口普查主要数据》中国统计出版社2011年版，第41页。

115. 国务院课题组：《中国农民工调研报告》中国言实出版社2006年版，第151页、第162~171页。

116. 《2016年度人力资源和社会保障事业发展统计公报》，http：//www. ce. cn/xwzx/gnsz/gdxw/201705/31/t20170531_ 23357935. shtml。

117. 国家统计局：《国际统计年鉴》，http：//data. stats. gov. cn。

118. 国家统计局：《历年中国统计年鉴》，http：//www. stats. gov. cn。

119. 中国产业信息网：http：//www. chyxx. com/industry/201611/466191. html。

120. 国家统计局：《中国农村统计年鉴》，http：//www. stats. gov. cn。

121. 中国环保在线：http：//www. hbzhan. com/news/detail/88959. html（文章发表在2014年5月19日）。

122. 韦玉良：《我国水资源现状》2015年5月19日，http：//www. 360doc. com/content/15/0519/07/22598378_471610297. shtml。

123. 邱晨辉：《北京人均水资源仅为全国平均水平的1/20》，http：//www. china. com. cn/news/2017 – 06/13/content_41015142. htm。

124. 《北京市常住人口五年增154.3万人》，http：//news. xinhuanet. com/city/2017 – 06/14/c_129632362. htm。

125. 《我国地下水污染现状及控制与修复研究进展》，http：//huanbao. bjx. com. cn/news/20161220/797964 – 5. shtml。

126. 国土资源部：《2011中国国土资源公报》，http：//www. mlr. gov. cn/zwgk/，2012年5月10日。

127. 《"涨知识：新中国户籍制度变迁详解"》，http：//politics.

rmlt. com. cn/2014/0731/300583_4. shtml。

128. 国家统计局：《2011 中国发展报告》2011 年版，第 99～105 页。

129. 国家统计局：《历年农民工调查监测报告》，http：//www. stats. gov. cn/。

130. 《我国农村留守儿童、城乡流动儿童状况研究报告》，http：// bbs1. people. com. cn/post/1/1/1/153081639. html。

131. 《环境保护部发布第一季度 74 个城市空气质量状况》：ht- tp：//www. mep. gov. cn/gkml/hbb/qt/201304/t20130419_250977. htm。

132. 《我国地下水污染现状及控制与修复研究进展》：http：//hua- nbao. bjx. com. cn/news/20161220/797964 – 5. shtml。

133. 国家统计局辽宁调查总队：《2012 年辽宁农业转移人口监测调查报告》，2013 年 6 月。

134. 《农村土地流转中出现的新情况新问题及应对建议》，ht- tp：//bbs1. people. com. cn/post/2/1/1/142954520. html。

135. 《关于 2014 年全国职业病防治工作情况的通报》，http：//www. nhfpc. gov. cn/jkj/s5899t/201512/c5a99f823c5d4dd48324c6be69b7b2f9. shtml。

136. EHRLICH I, KIM J. Social Security and Demographic Trends：Theory And Evidence from the International Experience. Review of Economic Dynamics, 2007, 10 (1)：55 – 77.

137. Jorgenson, Dale. W. , "Surplus Agricultural Labor and the Devel- opment of a Dual Economy", Oxford Economic Papers, New Series, 1991, 19 (3)：23 – 25.

138. stark, O. and Bloom, D. E. , "The new economics of labor mi- gration", American Economic Review, 1985 (75)：173 – 178.

139. Stark, O. and Taylor, J. E. , "Migration Incentives, Migration types：The Role of Relative Deprivation", The Economic Journal, 1991, 101 (408)：1163 – 1178.

140. Glazer, N. , "We are all Multiculturalists Now". Cambridge, MA：Harvard University Press, 1977.

141. Lucassen, L. A, G. J. , Niets nieuws onder de zon? Devestiging van vreemdelingen in Nederland sinds de 16eeeuw. Justiti? le verkenningen, 27 (6), pp. 10 – 21, 1997.

142. Winfried Ellingsen, "social intergration of ethnic groups in Europe", Geografi I Bergen, University of Bergen. Department of Geography, 2003. http: //bora. nhh. no/handle/2330/2036.

143. Martens, P. L. , Immigrants and crime prevention In: P. O. Wikstr? m. R. V. Clarke and J. McCord (Eds), Intergranting Crime Prevention Strategies: Propensity and. Opportunity Stockholm: National Council of crime Prevention, 1995.

144. Josine Junger – Tas, "Ethnic minorities, social integration and crime", European Journal on Criminal policy and research, 2001 (9): 5 – 29.

145. John W. Berry, "Immigration, acculturation, and adaptation, Applied psychology: an international review", 1997, 46 (1): 5 – 68.

146. Ratna omidvar & Ted Richmond, "Immigrant settlement and social inclusion in Canada, Perspectives on social inclusion working paper series", Laidlav Foundation, 2003.

147. P. Hatziprokopiou, "Albanian immigrants in Thessaloniki, Greece: processes of economic and social incorporation", Journal of Ethnic and Migration Studies, Nov. 2003, http: //pdfserve, informaword, com/902999 _ 73900952_715702652. pdf.

148. Gordon, Milton M. , Assimilation in American life, New York: Oxford University press, 1964.

149. Josine Junger – Tas, "Ethnic minorities, social integration and crime". European Journal on criminal policy and research, 2001 (5): 29.

150. Han Entzinger & Renske Biezeveld, "Benchmarking in immigrant integration", Erasmus University Rotterdam, 2003.